未来学校丛书

丛书主编 王素
丛书副主编 袁野 李佳

CFSC
中国未来学校大会

数学建模
教学设计与案例

主 编 朱浩楠

中国人民大学出版社
·北京·

图书在版编目（CIP）数据

数学建模：教学设计与案例/朱浩楠主编. --北京：中国人民大学出版社，2022.8
（未来学校丛书/王素主编）
ISBN 978-7-300-30845-6

Ⅰ.①数… Ⅱ.①朱… Ⅲ.①系统建模-教学研究-中小学 Ⅳ.①G633.6

中国版本图书馆CIP数据核字（2022）第130612号

未来学校丛书
丛书主编 王 素
丛书副主编 袁 野 李 佳
数学建模：教学设计与案例
主 编 朱浩楠
Shuxue Jianmo：Jiaoxue Sheji yu Anli

出版发行	中国人民大学出版社		
社　　址	北京中关村大街31号	邮政编码	100080
电　　话	010-62511242（总编室）	010-62511770（质管部）	
	010-82501766（邮购部）	010-62514148（门市部）	
	010-62515195（发行公司）	010-62515275（盗版举报）	
网　　址	http://www.crup.com.cn		
经　　销	新华书店		
印　　刷	天津中印联印务有限公司		
规　　格	170 mm×240 mm 16开本	版　次	2022年8月第1版
印　　张	17.75	印　次	2022年8月第1次印刷
字　　数	316 000	定　价	87.00元

版权所有　侵权必究　印装差错　负责调换

本书编委会

主　　编　朱浩楠
副 主 编　代　毅　董万琳　马积良　王　尧
编委会成员（按姓氏笔画排列）
　　　　　　　马丽婧　王海华　刘文静　刘　丽　李　丽
　　　　　　　李　昉　李　爽　吴文庆　谷耀东　张　欢
　　　　　　　张鋆琪　周加兴　周新然　段运鹏　黄钲贤
　　　　　　　简焕森　管慧慧

总　序

当今，新科技革命方兴未艾，世界处于百年未有之大变局。科技的迅猛发展改变了生产方式，使社会和产业结构也发生了巨大的变化，未来的社会是一个人机共存的社会，是一个充满不确定性的社会。在这样的时代，教育要培养什么人、给学生提供什么样的教育内容、什么样的学习方式才能适合新的教育需求，这些是全球共同关注探索的问题。教育已经进入技术支撑的教育4.0时代。世界经济论坛（WEF）在2020年发布了《未来学校：为第四次工业革命定义新的教育模式》报告，经合组织（OECD）发布了《面向未来教育：经合组织关于未来学校教育的四种图景》报告，这些报告描绘了未来教育的可能形态和发展方向。从国际组织的报告到各国教育实践的探索，我们可以看出未来教育聚焦于人的核心素养的培养，知识的内涵扩大了，不仅有学科知识，还有跨学科知识、经验性知识、程序性知识；不仅要发展认知能力，还要发展元认知能力和社会情感能力。为此，课程的结构、内容和学习方式都将发生改变。技术赋能教育，个性化学习、混合式学习、项目式学习、思维发展型学习是未来主流的学习方式。

2014年，中国教育科学研究院成立了未来学校实验室，致力于未来学校的理论与实践探索。2016年，发布了《中国未来学校白皮书》，系统地阐述了对未来学校的认识。2018年，发布了《中国未来学校2.0：概念框架》。2020年，聚焦于未来教师的专业发展方向，制定了未来教师能力等级框架。未来学校实验室根据教育部课程改革的方向和学校发展的实际需求设计了有关未来学校教学的五个主题：数学建模、语文思维发展型课堂、混合式学习、大概念大单元教学、项目式学习。围绕以上主题，经过四个月的在线学习，三轮迭代，最终涌现出很多优秀的教师和教学设计案例。

这套丛书就是在主题研修的基础上，由各主题的导师团对本主题的理论进行阐述，并对精选的一些主题案例进行深度修改，最终形成的。这套丛书选择的五个主题非常符合当前教改的方向，也是我们很多教师在实际工作中存在迷茫和困惑的部分。丛书中的每本书都由两部分内容构成，第一部分内容是理论阐述，从学理的角度论述相关主题的概念、基本理论框架，以及如何进行相关主题的教学设计；第二部分内容给出了相对成熟的示范案例，并且每个案例都有专家点评，让读者能更好地理解这个案例可以学习到什么、还有哪些方面可以进一步提升。这种实操性的指导会对教师的教学实践起到很好的引导作用。

王　素
2022 年 4 月 12 日

目录

第一章
数学建模与数学核心素养的理论基础

第一节　数学建模对高中生培养数学底层思维的作用
　　　　及教学实施建议 ………………………………………… 2
第二节　高中数学建模教学的素材选取与组织形式 ……… 11

第二章
高中数学建模典型范例

第一节　数学建模的基本过程
　　　　——以人口模型为例 ………………………………… 26
第二节　医院给药时间间隔和药剂量的制定 ……………… 46

第三章
适用于高中的数学建模案例

第一节　罐装产品合理设计 ………………………………… 62
第二节　如何分配用水可以让衣服洗得更干净 …………… 78
第三节　听牌术的数学模型 ………………………………… 91
第四节　住房贷款问题 ……………………………………… 110
第五节　摩尔定律 …………………………………………… 127
第六节　数学建模应用
　　　　——种群数量变化研究教学设计 …………………… 142

第四章
适用于初中的数学建模案例

第一节　外卖的最优折扣 …………………………………………… 158
第二节　小轿车的经济时速问题 …………………………………… 175
第三节　三角函数在数学建模中的应用 …………………………… 183
第四节　数学建模的基本过程
　　　　——商品利润最大化 ………………………………………… 193
第五节　6.5 英寸手机屏幕比例的数学分析 ……………………… 202

第五章
适用于小学的数学建模案例

第一节　疫情下的放学路队 ………………………………………… 214
第二节　打电话 ……………………………………………………… 230
第三节　小学低年级测量 …………………………………………… 240
第四节　魅力小超市 ………………………………………………… 253
第五节　估算漏水量 ………………………………………………… 262

后记 ……………………………………………………………………… 273

[第一章]
数学建模与数学核心素养的理论基础

第一节 数学建模对高中生培养数学底层思维的作用及教学实施建议

一、写在前面

2020年教育部颁布的新版《普通高中数学课程标准》提出了高中数学学科核心素养的概念，包括"数学抽象"、"逻辑推理"、"数学建模"、"直观想象"、"数学运算"和"数据分析"六个方面。林崇德在《21世纪学生发展核心素养研究》中将核心素养界定为"学生在接受相应学段的教育过程中，逐步形成的适应个人终身发展和社会发展需要的必备品格与关键能力"。各学科核心素养既相互关联又有所区别，展现出各自学科特色。数学核心素养的提出，并不仅限于优秀数学人才的培养，而是希望培养全民的"数学底层思维"，即史宁中教授在访谈中所概括的数学育人最终目标："用数学的眼光观察世界"、"用数学的思维分析世界"以及"用数学的语言表达世界"。

数学底层思维的内涵决定了它不仅仅是面对数学世界中的数学问题所展现的思维，而且是当人们面对自然和社会中纷繁多样的现象和问题时，所展现的自发的、不依赖监督的、融汇数学学科核心素养的思维方式。如果学生仅仅能够在数学课堂上和数学考试中面对数学题目使用数学的思想方法，那么就不能称该学生具备了良好的数学底层思维；如果学生在面对学习和生活中遇到的各种现象和问题时能够主动地调用其掌握的数学思想方法来观察、分析和表达，才能称该生具备了良好的数学底层思维。

培养面向全民的数学底层思维，对社会的发展将起到极大的推动作用，具体包括但不限于如下两个方面。

推动1：增强数学和技术的沟通。

回望人类历史，除了一些特定时期的偶发联系，数学与技术并不像想象中那样紧密结合。甚至在绝大多数历史时期，数学也并没有像我们想象中那样极大推动了技术的发展。更多时候是技术的迭代反过来推动了数学的发展。这种现象直到计算机被发明和应用之后才渐渐有所好转，但是目前的工程技术领域对数学的应用依然停留在较为基础的层面。各大厂商的研发部门普遍缺少成建制的、能够建立有效数学模型以指导设计和生产的团队。很多企业的解决方式是聘用具有数学学位背景的专门人才，但是这样的人才往往专精于数学，对产品所处领域缺乏认识，所建立的数学模型要么难以受到行业认可，要么难以匹配所要解决的问题，所以出现不少"聘请大学教授为企业建模，但建出的模型完全没有解决该问题"的"文不对题"的现象。

长远的解决方案需要从培养面向全民的数学底层思维入手。当各行各业都有一大批从业人员具备良好的数学底层思维时，在一般问题的理解、转化和解决上，就能和专门的数学工作者无障碍、无偏差交流，有效实现数学和技术的沟通。

推动 2：促进资源和价值的流通。

当前中国已进入改革的深水区，处理好新兴行业和传统行业之间的关系，有助于形成良好的社会价值流动局面，加速社会发展。而在这个过程中，面向全民的数学底层思维的培养也起到至关重要的作用，下面用一个例子来说明这一点。

假设某位清华大学人工智能专业的博士生在毕业后创立了一家致力于研究养老行业中智能设备解决方案的科技公司，但是他大概率不会带领初创团队去养老院做一两年护工以体验行业生活、挖掘行业需求，而这些服务行业中的问题往往需要长久的职业实践才能挖掘和体会到。这种情况下，那些受过专业护理职业教育，且具备多年一线工作经验的护工就成为最合适的"问题提出者"。通过合作，清华大学的博士获得了他梦寐以求的现实问题，养老院的护工获得了改善工作环境以提升所在养老院用户体验的机会，这使得后者得以抢占市场先机获得额外的发展空间；即使是在养老院颐养天年的老人家，也会因为护理技术的更新换代而提升幸福感。在整个过程中，没有人是输家，价值的流动使得价值总量获得了提升，所有人都享受到了共赢的成果。这更不是一个谁养活谁的问题，而是谁需要谁的问题，一个良性社会的良性行业的发展，一定不是一场零和博弈，而是彼此互相需要下的共赢合作。

这个共赢过程有一个基础，就是除了这位清华大学的博士要具有数学专业技能之外，提出问题的护工也要具备一定的数学底层思维——什么样的问题适合用数学解决？如何以适当的形式提出问题？数学是有很大局限性的，并非所有的问题都能用数学解决，如果提出的问题不便于用数学解决，就会造成事倍功半的后果；用适当的形式提出合理的问题，是解决问题的前提。

不仅如此，正由于数学底层思维对"数学和技术沟通"以及"资源和价值的流通"的促进，学生具备了一定的数学底层思维，也将显著助力其未来职业发展。不是所有的学生都喜欢数学，也不是所有喜欢数学的学生将来都以数学为职业，社会也并不需要人人都成为职业数学家。但是当数学以外的行业与数学联姻，往往会迸发出新的活力，学生的未来职业生命力也将受到这些行业活力的加成而逐步绽放——当学生具备了一定的数学底层思维，结合他的兴趣和爱好，很容易开创新的数字化交叉领域和职业，并依靠其良好的数学底层思维而在该交叉领域展现出不可替代的价值。例如，一位出身艺术世家并擅长数学建模的学生打算将数学建模运用到艺术设计中，以期在数字艺术设计领域有所创新；另一位在高中时组建了自己的乐团且在学校内外小有名气的学生，也希望将数学建模和音乐制作相结合，以期为数字音乐制作注入更多的技术可能。这既是数学教育的社会责任的集中体现，也是立德树人目标交给数学教育的任务。

另外，高中是人才培养的重要阶段，衔接了义务教育和高等教育，起到承上启下的作用；高中亦是学生世界观、价值观和人生观形成的关键时期。高中数学教育对于学生培养数学底层思维效果显著，也至关重要。在高中数学学科六大核心素养之中，数学建模因其综合性与实践性，对于其他五个核心素养有枢纽和检验作用。

下面展开论述数学建模对高中生培养数学底层思维的作用及教学实施建议。

二、数学建模是培养高中生数学底层思维的良好载体

从知识量和人生阅历看，高中生已经具备了初步的提出和解决问题的能力，但在传统的数学课堂和习题训练中，学生面对的是已经完全暴露其数学结构的数学问题，缺少发现问题、提出问题、分析问题和构建数学模型的过程，因此很难通过它们培养数学底层思维。数学建模作为高中数学课程内容新的补充，强调使用所学数学知识解决身边的现实问题，为高中生提供了调用数学底层思维发现、提出、分析和解决问题的机会。

2021年3月7日，全国政协十三届四次会议第二场"委员通道"采访活动中，面对媒体，全国政协委员唐江彭提出，好的教育应该是培养终生运动者、责任担当者、问题解决者和优雅生活者，给孩子们健全而优秀的人格，赢得未来的幸福，造福国家社会。数学建模就是培育学生成为责任担当者和问题解决者的重要载体。

绝大多数的学生不需要也不会成为职业数学家，但是数学建模对他们而言同

样重要。面对我国 2035 年和 2050 年两个重要的战略时间节点,以及当前复杂多变的国际环境,我们所培养的人才不能再仅仅满足于"知其所以然",而应走向"知其若不然"——一个理论或模型不这样建立还能怎样建立?有没有更好的办法?为什么当初建立模型的时候没有选用这种办法?多种办法的适用性有什么异同?是否可能整合各种办法以获得更好的办法?如果面对这个问题没有更好的办法是否可能换一个思考的角度绕过这个问题?当我们"知其所以然",仅可以很好地复制出别人的研究成果,用别人的方法解决一部分难以解决但别人已经解决了的旧问题;只有当我们"知其若不然",才能跳出别人给我们营造的"专利壁垒",形成自主知识产权,不再受控于人,甚至解决全新的问题,占领时代先机。

"知其若不然"是我国在新时代赋予教育的必然使命。在以往传统的数学教育教学中,虽然通过"一题多解"等教学策略,能够实现部分"知其若不然"的培养效果,但依然是建立在有标准答案甚至陈腐答案的基础上。而数学建模是培养学生"知其若不然"的天然载体,因为学生在数学建模的每个步骤中都需要思考"不这样还能怎样""哪样更好",而且不同的学生可能建出不同的模型,一般的现实问题也并没有唯一的、最优的数学模型。这就为横向的迁移、比较和创新整合提供了条件。

当前,我们国家提出了人才选拔的"强基计划",强调基础学科的重要地位,向好奇心致敬。强基是好的,但是不能沦为以考试和升学为目的功利主义工具,否则就南辕北辙。

限于学生的数学知识储备和生活阅历,即便是在高中阶段面向实际问题的数学建模,也不是为了教会学生解决某一个具体的问题以达到"学以致用"的目的,而是为了通过让学生使用学过的数学知识解决问题加深对已知数学材料的理解,以及掌握利用数学解决问题的思想方法,达到"用以致学"的目的。所以在一线教学中应该尽量关注问题解决的思想方法和解决策略,举一反三,为将来学生使用更丰富的数学知识解决更为专门的问题做好思想和策略上的准备。

三、教学案例及教学建议

> **案例**:某班级固定在一个教室上课,学生在该教室内的座位可以自由调换,但一般来说学生们为了方便在不必要时没有调换的动机。过了一段时间,我们发现男生和女生自然地分成了两个区域就座。请你用数学建模的方式解释这个现象。

分析： 这个案例改编自2005年诺贝尔经济学奖得主托马斯·谢林的《微观动机与宏观行为》一书中白人和黑人社区自然隔离的例子。日常生活里有很多类似的宏观现象，我们当然可以把它们简单地归咎于道德或文化原因，但是这样得不到任何有用的分析，也无法揭示其背后的动机与结构。借助数学模型分析这些宏观现象，以获得对于其微观动机的观察，或者得到不同的微观动机和宏观现象之间的对应关系，会更加具有现实意义。

我们可以按照如下方法来处理这个问题：首先定义男生和女生对自己所就座的区域里的异性数量有一个"容忍度"，它代表所能接受的该区域内异性人数与同性人数比例，男生的容忍度记作R_1，女生的容忍度记作R_2，并假设容忍度是该区域内同性人数的线性函数。根据现实经验，通常情况下人们普遍和同性相处更加自然，即容忍度越高的人数越少，所以该线性函数单调递减。

具体来说，可设男生的容忍度R_1，表达式为

$$R_1(m) = R_{10} - am$$

其中，$a > 0$为"容忍系数"，即平均每个人对容忍度的贡献量；$R_{10} = R_1(0)$表示该区域内的最大容忍度，即存在男生能容忍该区域女生人数与男生人数比例的最大值；$m \in [0, R_{10}/a]$表示该区域内的男生人数。

同理，设女生的容忍度R_2，表达式为

$$R_2(f) = R_{20} - bf$$

其中，$b > 0$为"容忍系数"；$R_{20} = R_2(0)$表示该区域内的最大容忍度，即存在女生能容忍该区域男生人数与女生人数比例的最大值；$f \in [0, R_{20}/b]$表示该区域内的女生人数。

考虑同一个就座区域，如果该区域中女生人数大于男生的容忍度，男生就会离开此区域就座；如果该区域中男生人数大于女生的容忍度，女生就会离开此区域就座。在此规则下，可以描绘出该区域男生和女生人数的相平面，如图1-1-1所示，其中横坐标代表男生人数（m），纵坐标代表女生人数（f）。图1-1-1中给出了三种参数取值情况下的相平面示意图。

图1-1-1中的实线对应的方程为

$$\frac{f}{m} = R_1(m)$$

即

$$f = m(R_{10} - am)$$

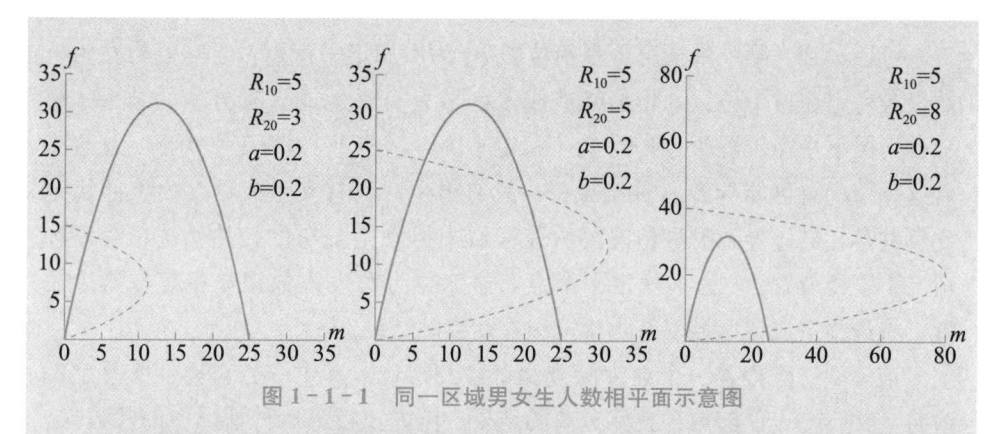

图 1-1-1 同一区域男女生人数相平面示意图

该曲线表示不同的男生人数所能容忍该区域内的女生人数边界曲线。图 1-1-1 中虚线对应的方程为

$$\frac{m}{f} = R_2(f)$$

即

$$m = f(R_{20} - bf)$$

该曲线表示不同的男生人数所能容忍该区域内的女生人数边界曲线，且均为二次曲线（抛物线）。

依据前文所述的基本假设，当该区域中女生人数大于现有男生所能容忍的女生人数时，男生就会选择离开；当该区域中女生人数小于现有男生所能容忍的女生人数时，还会有其他男生加入；当该区域中男生人数大于现有女生所能容忍的男生人数时，女生就会选择离开；当该区域中男生人数小于现有女生所能容忍的男生人数时，还会有其他女生加入。于是可以得到三种情况下各区域的相位变化趋势，如图 1-1-2 所示。

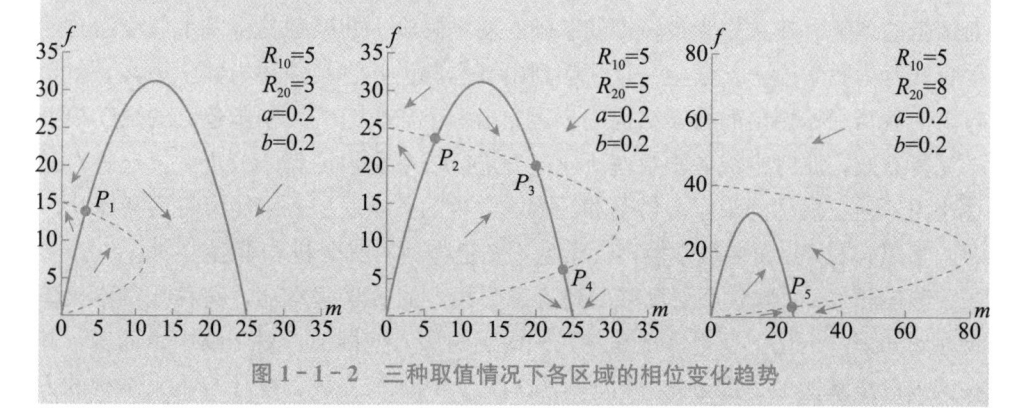

图 1-1-2 三种取值情况下各区域的相位变化趋势

可以看到，第一种情况下平衡位置 P_1 为不稳定平衡点，意味着男女生人数很难稳定在这个位置，将最终造成该区域只有女生或只有男生的结果；第二种情况下平衡位置 P_2 和 P_4 为不稳定平衡点，但 P_3 为稳定平衡点，这意味着这种情况有可能导致三种结果——只有男生、只有女生或男女生按照稳定比例共存，具体导致哪种情况要看该区域中男女生分布的初始情况；第三种情况下平衡位置 P_5 为不稳定平衡点，意味着男女生人数很难稳定在这个位置，将最终造成该区域只有男生或只有女生的结果。

该模型还隐含着一个更为深刻和奇妙的结论：其中一方对异性容忍度的改善，并不一定能够改善自然分离的结果。例如，将第二种情况中的参数 R_{20} 从 5 增大为 8，即增加女生对于男生的容忍度，其他条件不变，将出现第三种情况。这时女生的宽容并没有带来情况的好转，反而葬送掉了唯一可能稳定的均衡，再次出现性别分离的局面。这个结论和生活中通常认为的"忍一时风平浪静，退一步海阔天空"并不一致，如果不通过数学模型的分析很难发掘，是典型的"非数学不可察"的结论。

这个案例十分适合在高中课堂上作为函数章节后的数学建模案例讲授，实际上还可以引导学生利用所学的二次函数和不等式知识推导出三种情况下参数所满足的一般不等式关系。但是在教学实践中发现学生会产生如下三个方面的问题。

常见问题 1：面对现实现象，学生不知道从何入手建立数学模型。

教学建议 1：学生无法找到建模的切入点，就是因为不具备数学底层思维，即"无法用数学观察、分析和表达世界"的典型体现。其表现形式往往是陷入道德、文化或政治层面形而上的讨论，看上去思考丰富，但其实是自说自话，难以形成富有逻辑性的可靠论证。此时教师可以通过追问其思考依据，引导学生基于对情景的理解，建立作为逻辑推演基础的基本假设，并鼓励其将基本假设由自然语言转变为数学语言。学生一旦能够列出基本假设并将其描述为数学语言，就很容易沿着当中挖掘出的数学结构逐步建立出一个数学模型。初步建立的数学模型不见得有效，此时组织各小组就所建模型进行分享和讨论就十分重要。通过对其他小组所建立模型的观摩、借鉴和迁移，学生的数学底层思维能力将逐渐提升。

常见问题 2：面对数学模型，学生不知道如何对其分析和求解。

教学建议 2：数学底层思维的建立需要扎实的数学基本功，这种扎实不仅体现在对知识的记忆上，更体现在对知识内涵的深入挖掘上。对于高中生而言，其在课内已经掌握了一定量的分析连续与离散、几何与代数、统计与因果结构的方法。但是现实中由于高考的考察方向和现有习题的局限性，学生往往并没有充分挖掘所学课内知识的内涵。本案例实际上是借用了二次函数及其图像，通过分析相平面内各区域的运动趋势，来分析和求解模型，使用的数学知识即使对于初中生而言也并不难。但是多数高中生缺少对于函数图像的灵活分析经验，往往将函数图像作为结果的静态呈现形式，而忽略其作为分析工具的使用，更忽略对函数图像上不同区域的现实意义的考察，缺少以动态的眼光看待数学结构的意识、经验和底气。

这种状况在面对实际问题的建模时经常会暴露出来。此时教师不必惊慌或气馁，反而应当欣喜找到了数学素养的培养契机。教师可以在学生遇到困难时编制类似的、但更简单的问题来启发学生面对相关问题时的思路和方法，再让学生回到原困难处应用该方法来巩固和提升。这个过程集中体现了数学建模教育"用以致学"的功能——真的现实问题往往会蕴含自然界的本质规律，这种本质规律反映在数学模型中对应数学里的基本结构，对于这些基本结构的分析自然会增强学生对于课内所学数学知识的理解和掌握，进而提升其数学底层思维能力。

常见问题 3：面对分析结果，学生不知道对应什么现实结论。

教学建议 3：数学底层思维不仅体现在从自然世界向数学世界的转化上，还体现在从数学世界向自然世界的转化上。由于长期的传统应试教育的影响，学生面对数学中的结论，即使该结论是对现实建模的结果，也往往没有意识、没有能力将其翻译回现实情境中去。很多学生熟练地记住了很多经典范式的形式化分析方法，但是在整个分析过程中并不理解这样分析的原因，到头来得到了一大堆结果，并不清楚哪些结果是有意义的，哪些结果是没有价值的。

面对这种状况，教师可以让学生将数学结果从数学语言翻译为自然语言，并将其放回到现实情境中去理解，或让学生以通俗的语言将模型的建立过程和其中所蕴含的思想讲解给身边的同学、老师甚至家长；还可以让学生基于模型的结果写一篇报道刊发到年级或班级的宣传板报上，并限制报道中数学式子的使用数量，更多地尝试用自然语言表达。教学实践表明，这种训练可以显著增强学生对于数学方法和数学结果的理解，提升其数学底层思维能力。

四、结语

学生具备了数学底层思维，相当于具备了"用数学的眼光观察世界、用数学的思维分析世界以及用数学的语言表达世界"的素养。数学建模为培养数学底层思维提供了良好的载体。通过数学建模的教育教学，可以帮助学生综合调用其他多个数学核心素养，形成自然世界和数学世界之间的良好沟通能力。以高中数学为例，这些教育教学活动确实可以结合课内教学进度有效展开。在展开的过程中需要注意"用以致学"的教学方法和策略，关注对学生"知其若不然"的素养的培养。

参考文献

［1］中华人民共和国教育部．普通高中数学课程标准（2017年版2020年修订）．北京：人民教育出版社，2020．

［2］林崇德．21世纪学生发展核心素养研究．北京：北京师范大学出版社，2016．

［3］刘祖希．访史宁中教授：谈数学基本思想、数学核心素养等问题．数学通报，2017（5）．

［4］阎琨，吴菡．从自主招生到"强基计划"：基于倡议联盟框架的政策嬗变分析．中国高教研究，2021（1）．

［5］谢林．微观动机与宏观行为．北京：中国人民大学出版社，2013．

第二节　高中数学建模教学的素材选取与组织形式

一、写在前面

2020 年颁布的新版《普通高中数学课程标准》明确提出高中数学学科的六大核心素养，即"数学抽象"、"逻辑推理"、"数学建模"、"直观想象"、"数学运算"和"数据分析"。其中数学建模核心素养的培养成为贯穿高中数学课程内容的主线。课标对数学建模核心素养的界定为"对现实问题进行数学抽象，用数学语言表达问题、用数学方法构建模型解决问题的素养"，并将数学建模的过程概括为：在实际情境中从数学的视角发现问题、提出问题，分析问题、建立模型，确定参数、计算求解，检验结果、改进模型，最终解决实际问题。同时针对以往以高考考纲为一线教学指挥棒所造成的"不考不学""不考不讲"的应试教育陋习，国务院办公厅在 2019 年 6 月印发《关于新时代推进普通高中育人方式改革的指导意见》，明确强调，（到 2022 年）"学业水平选择性考试与高等学校招生全国统一考试命题要以普通高中课程标准和高校人才选拔要求为依据，实施普通高中新课程的省份不再制定考试大纲"。不仅如此，数学建模进入数学课程，改变了传统数学课程从概念到概念、从概念到定理的内容呈现模式，回归到知识形成过程，建立了数学世界与外部世界的联系，有助于形成对数学正确、完整的认识，更有助于提升学生运用知识解决问题的能力。数学建模甚至被视为新时代的一项社会生活技能。数学作为科学技术的基础地位不仅没有被削弱，而且得到越来越深入的理解和认识，"高科技本质上是数学技术"已经成为共识，尤其是在计算机科学、人工智能迅猛发展的今天，数学不仅是自然科学的重要基础，而且在社会科学领域也发挥着越来越大的作用。由此可见，作为数学应用和数学发现的基本功和基础，数学建模在立德树人、人才选拔、学科发展和社会发展中都发挥着至关重要的作用。

然而到 2021 年初，全国各地对新课标中数学建模素养的培养仍重视不够，各版本国家教材中的数学建模章节的课堂落实情况并不乐观。有些学校没有开展相关教研和课程开发，也没有组织教师学习相关文件，更没有进行课堂实践。为了以教师为支点促进数学建模在国内中小学从理论到实践的转化，2020 年 9 月到 2021 年 2 月由中国教科院主办的中国未来学校大会将数学建模作为五大主题之一。经过长达 4 个多月的多轮选拔和跟踪培训，来自全国多个地区（包括澳门特别行政区）的 20 位数学建模种子教师脱颖而出。在种子教师选拔之后，又成立了数学建模教师俱乐部，定期研讨和交流，在实践层面推动数学建模教育教学的落地。

在目前的发展阶段，亟须厘清数学建模教学的素材选取和组织形式的基本原则和方法。本文基于以上背景，梳理出教学素材选取的五个原则、教学的三种组织形式，并配以素材解析和教学建议，以供一线教师在课堂实践中参考和使用。

二、数学建模教学素材选取的五个原则

原则 1：基于课标，符合学情。

中国地域辽阔，不同地区的社会与自然环境差异较大，各地区教育发展尚不均衡。即使是在同一地区，不同学校的学情也不尽相同。这就需要教师在选择数学建模教学素材时，首先要把握学情，了解学生的认知水平和接受能力，再基于课标对素材进行必要的设计和改造。虽然基于课标，但是如果学情允许，面对特定问题时也可以补充学生能够理解且使用广泛的知识和方法，做到因材施教。但即使是略有补充，也要以课标内容为基础，在学生能够理解的知识范围内寻找材料，没有必要为了追求问题解决的完善度而使用超出学生接受能力的教学素材。

原则 2：贴近生活，兴趣驱动。

在高中阶段进行数学建模教育教学，兴趣驱动是重要原则，也是调动学生能动性、顺利开展课堂教学活动的基础。高中生处于青春期发育高峰，心理上渴望对自己有所了解或对感兴趣的事物发表观点，但又容易对自己缺乏兴趣的事物产生逆反情绪。针对高中生的这种心理特点，在选择数学建模教学素材时，应尽量选取学生在生活和学习中常见的素材和课题。

另外，兴趣驱动不仅具有能动性上的作用，而且还能帮助学生快速、高效地寻找建立模型的初始切入点。美国数学及其应用联合会和美国工业与应用数学学会的《数学建模教学与评估指南》的附录收录了男生 A 和男生 B 公平竞争追求女生 C 的素材，给学生的任务是利用数学建模给男生 A 设计竞争策略。这个任

务和话题很好地刺激了学生的兴趣点，学生会产生很多奇思妙想，自然地互相讨论和交流，并且对于模型结果的合理性有基本的直观感受。同样的模型可以迁移应用于公司 A 与公司 B 公平竞标时的竞争策略制定中。但是如果给学生的问题背景直接就是公司竞标，那么学生就无话可说，甚至无话想说，这样的课堂就沦为了没有学生参与的教师"一言堂"。

原则 3：数学适切，用以致学。

并不是知道的数学知识越多，数学及数学建模的素养就越高。很多大学毕业生的解决问题的能力其实不见得比优秀的高中生要好。使用更高等的数学，也并不意味着就能更好地解决问题，更不意味着就能挖掘更加深刻的自然或社会规律。2005 年诺贝尔经济学奖得主托马斯·谢林在其名著《微观动机与宏观行为》一书中挖掘了大量生活现象背后的深刻规律，但是所用的数学甚至没有超过中国的初中数学内容。另外，数学也有其学科局限性，并非所有的问题都适合用数学来解决，况且数学模型的有效性强烈地依赖于其基本假设和所研究课题的配对性，所以并非随便一个学生生活或学习中常见的、感兴趣的问题都适合拿来作为数学建模教学素材。

数学建模看上去是为了应用于现实社会，其实是从自然和社会中的纷繁现象中抽取、剥离出隐藏的深刻规律，甚至整个数学从某种程度上来说就是广义建模的产物，在数学内最抽象的领域当中也存在着不胜枚举的数学模型，例如概型（scheme）和层（sheaf）等——这些或抽象或具体的规律不见得立刻就能反应于现实世界，但是提供给我们真理之所以为真理的一个侧面观察角度。为了区别于我们之前通常喜欢强调的"学以致用"，我称刚才这个通过数学建模联系数学与世界的过程为"用以致学"。这里的"用"，不是"应用"的"用"，而是"用数学观察、分析和表达世界"的"用"。换句话说，这里的"用"是数学世界与自然世界产生联系从而获得灵感和问题的媒介。

所以在高中数学建模教学中应当尽量选取那些"非数学不可察"且"富有延展性"的素材。"非数学不可察"是指该问题如果不用数学建模很难分析清楚或者很难解决；"富有延展性"是指通过该素材的教学能够挖掘出丰富的数学、社会和自然深层规律，这些规律可以在较长的人生阶段中支撑学生的学习、思考和问题的解决。

原则 4：立意深刻，传道培德。

教育改革需要全面落实立德树人根本任务。数学建模作为数学学科和现实世界的联系，应起到应有的作用。这就要求在选择数学建模教学素材时，首先选择那些和国计民生密切相关的素材。例如：药剂量模型就是利用高中所学的函数和数列相关知识，通过建立数学模型优化给药时间和给药剂量；生态模型是利用高中所学的向量和导数相关知识，通过建立数学模型挖掘生态平衡的充分条件及其稳定性；传染病模型是利用高中所学的数列递推和导数知识预测疫情发展，为抗疫提供参考意见。类似的数学模型数不胜数，这些模型将传统数学课上所学的数学知识与社会和自然关联在一起，给予学生思考和解决这些问题的机会，避免因为"两耳不闻窗外事"所造成的偏听偏信，增强其对社会敏感事件的判断能力和问题解决能力。

原则 5：发散思维，创新引领。

数学建模教学，尤其是高中阶段的数学建模教学，并不是为了教会学生很多模型的套路，让学生学会套用模型解决问题，而是为了培育学生掌握发现问题、分析问题、解决问题的能力。所以高中数学建模教学素材最好选取那些思维较为发散、可以用多种途径解决的课题。例如，人口模型，既可以使用连续方法使用导数知识建立关于人口数量的微分方程模型，也可以使用离散方法使用数列知识建立关于人口数量的递推方程模型；再比如，在建立数学模型给图片去雾霾时，既可以使用线性函数或其他基本初等函数实现灰度直方图的拉伸，也可以基于高中所学的离散随机变量分布列的变换来实现灰度直方图的均衡化。虽然一个小组在解决问题时选取的路径或方法往往只有一种，但是不同小组会使用不同的策略和方法，再通过小组之间的成果交流，就能实现多种策略和方法的交流碰撞，提升学生对不同方法的理解和对比能力，达到事半功倍的效果。这个过程集中体现了数学建模对学生创新思维和创新能力的提升作用。

三、数学建模教学的三种组织形式：分散式、集中式和探究式

布卢姆将数学建模课堂分为教师主导型（teacher directive）、策略指导型（operative-strategic）和学生完全独立型（students totally alone）三种类型。该实证研究表明，教师主导型课堂和策略指导型课堂都可以明显提升学生数学素养，且策略指导型课堂的提升效果最为显著，但学生完全独立型课堂对学生能力没有明显提升效果。下面首先对布卢姆文章中所举三种课堂类型及其特点做简要说明。

教师主导型课堂：由教师发展解决一般问题的模式和方法，课堂节奏由教师把握；教学活动成系统性地在"教师基于平均学情面向全体学生的讲授"和"学生的个人（或小组）练习"之间转换。

策略指导型课堂：教学以学生主动的知识建构为目标，在教师讲授和学生探究之间寻求平衡；课堂活动在"教师指导下的小组独立任务"和"不同小组的解决方案之间的比较和反思"之间的转换；教师的指导围绕着数学建模的基本步骤（提

出问题、基本假设、符号约定、模型建立、模型求解、模型检验、模型应用）展开。

学生完全独立型课堂：完全由学生独立自主地开展数学建模课题探究活动，老师无参与。

基于策略指导型课堂在实证研究中的最佳表现，布卢姆建议更多地使用策略指导型课堂进行数学建模的教学。但他同时提到无论是三种课堂类型中的哪一种，经过富有经验的老师付出极大努力的 10 课时的培养，学生数学素养的提升效果都没有超过半个标准差。

面对这个现象，布卢姆在文章中反思并具体提出了三点改进建议。

改进建议 1：教师不仅要对建模课题有自己的研究和解决方案，还要设计符合学情的适合学生的解决计划，例如：学生每一步大概会做什么，会遇到什么问题，如何引导和解决。

改进建议 2：面对初学者时，教师可以更多地承担"模型建立者"（modeler）的角色，学生则更多地扮演"认知学徒"（cognitive apprenticeship）的角色。通过这个阶段让学生理解数学建模的基本步骤、思想和方法。

改进建议 3：增加对子能力、子方法的训练，以落实基本功。

中国学生在当前阶段普遍对数学建模接触较少，各校对基本数学工具，尤其是中高考中反复出现的重点知识内容的模式化训练较多，学生缺少对于数学建模基本步骤、思想和方法的了解，使用已知数学知识的思路尚没有打开。因而对于我国的数学建模初学者而言，教师主导型课堂更有利于学生对于数学建模过程和思想的理解和掌握；待学生对数学建模有了初步理解之后，再逐步放开，让学生更多地自主建立模型解决问题，进而渐进为策略指导型课堂；这样以发展的方式结合教师主导型和策略指导型课堂，可使学生的数学能力和素养获得更扎实、有效和立体的提升。当然，最后也可以使用以考试或竞赛为基本形式的学生完全独立型活动以诊断学生的数学素养提升水平。

上面我们对基于教师的不同角色所分类的三种课堂类型进行了讨论。如果改变划分的方式，基于教学素材的组织形式，又能将数学建模教学分为分散式、集中式和探究式三种。

分散式教学：适用于能够分为多个子模型，且每个子模型所用数学知识相对单一的课题。将各个子模型按照所涉及的知识点分配到相应章节中，作为具有数学建模味道的课堂练习。比较典型的例子是药剂量模型——设计数学模型以优化医院给药时间和剂量表，该模型在研究时可拆分为"单次给药吸收率子模型"和"多次给药阶段之间的递推关系模型"，适合将这两个子模型分别放到"基本初等函数及其图像"和"数列递推"教学单元之后，作为数学建模类型的练习题目布置给学生，并在课堂上讨论和讲解。分散式教学对于建立学生在学习数学各单元时的应用意识十分关键，能够有效打开学生的建模思路，并加深学生对相应知识板块的理解。可以看作是为集中式教学所做的日常准备。分散式教学因其特点十分适合教师主导型课堂。

集中式教学： 适用于整体性较强，且难以分为若干对应单一知识的子模型的课题，作为相对独立的教学单元在若干集中课时内教学。适用于集中式教学的例子十分丰富，例如生态模型——建立数学模型研究两个物种在资源丰富的情况下的种群数量变化规律，又分为竞争和捕食两种情况。该素材主要使用平面向量、导数和数列的知识，但难以拆分为若干使用单一知识的子模型，十分适合作为一个 3~4 课时的教学单元。通过该单元的教学，学生得以体验建立数学模型并求解的完整过程，这对于学生接下来进行有效的自主探究是十分必要和关键的铺垫。集中式教学因其特点适合教师主导型和策略指导型混合的课堂，学生的建模经验越多，越适合倾向于策略指导型课堂。

探究式教学： 适用于交叉学科或结论开放性问题，可实现高中多学科融合教学。此类型适合作为课后自主探究任务布置给学生，布置的时间节点适合根据课题规模选在寒暑假或某个周末。需要注意的是，探究式教学虽然以学生课后自主探究为展开形式，但在学生上交作品后，需要由教师整理、比较和点评，且须选择某一节课让优秀团队报告成果并接受其他同学或小组的质询。如果条件允许甚至可以举办跨班级的"模拟学术研讨会"，让所有的学生课题组展示其成果并相互交流。教师也必须就学生提交的成果暴露出的关键错误予以纠正和讲解。探究式教学适合面向已经具备一定的数学建模素养和实践经验的学生展开，是学生完全独立型课堂和策略指导型课堂的有机结合。

四、教学案例及教学建议

▶ **案例 1：适合分散式教学的典型案例——药剂量问题**

问题描述： 假设病人患有某种疾病需要住院治疗。医生决定采用针剂类药物 A。针剂类药物的特点是通过直接注射入血液吸收，注射时血液中的药物浓度瞬间提升；注射后血液中药物逐渐被人体吸收，浓度又逐渐降低，直到低于药物的有效浓度后，需要再次注射。这样一来医院需要制定注射剂量与给药间隔的计划表。好的设计不仅方便医生治疗、节省医疗资源，另一方面也能为病人节省开支、优化治疗体验。请建立数学模型，设计出一个你认为较优的计划表。

药剂量问题是典型的适用于分散式教学的素材,上面的问题可按照所用的知识板块分为如下四个子问题(见图 1-2-1)。

子问题 1:医院向病人注射了某药物,在时刻 $t=0$ 时,病人血液中的药物浓度接近 1mg/L,若血液中的药物浓度越高吸收速度越快,请你从图 1-2-1 的四个选项中选出可能符合实际情况的血液中药物浓度函数 $C(t)$ 的图像(　　)

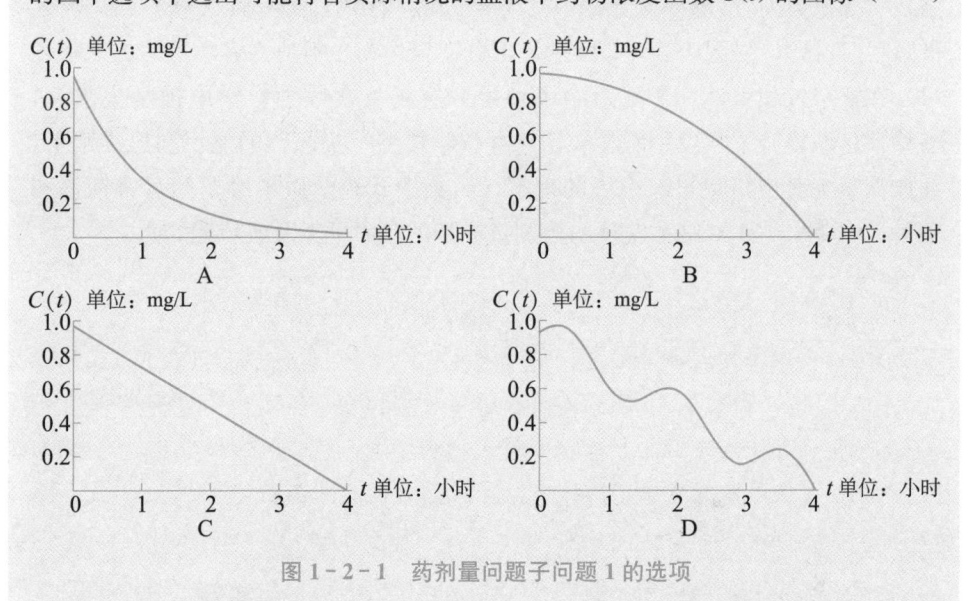

图 1-2-1　药剂量问题子问题 1 的选项

子问题 2:医院向病人注射了药物 A,在时刻 $t=0$ 时,病人血液中的药物浓度为 C_0 mg/L。已知经过 T 小时后,病人血液中的药物浓度为 $C_0 e^{-kT}$ mg/L,此时再次注射药物。假设每次注射药物后,血液中的药物浓度瞬间上升 C_0 mg/L。记 R_n 为第 n 次刚注射后的血液中药物浓度,$n \in \mathbb{N}^*$。请你写出数列 $\{R_n\}$ 的递推公式,并计算其通项公式及前 n 项和。

子问题 3:医院向病人注射了药物 A,在 $t=0$ 时,病人血液中的药物浓度为 C_0 mg/L。在 $t=1$ 时,病人血液中的药物浓度为 $\dfrac{C_0}{2}$ mg/L。设血液中药物浓度随时间变化的函数为可导函数 $C(t)$,且根据生物学知识,血液中的药物浓度越高,人体对药物的吸收速度越快。请建立数学模型求解函数 $C(t)$ 的可能表达式。

子问题 4:医院向病人注射了药物 A,在时刻 $t=0$ 时,病人血液中的药物浓度为 C_0 mg/L。已知经过 T 小时后,病人血液中的药物浓度为 $C_0 e^{-kT}$ mg/L,此时再次注射药物。假设每次注射药物后,血液中的药物浓度瞬间上升 C_0 mg/L。

记 R_n 为第 n 次刚注射后的血液中药物浓度，$n \in \mathbb{N}^*$。请你判断 $\lim\limits_{n \to +\infty} R_n$ 是否存在？如果存在，求出其值，并指出这个值的实际意义，利用其实际意义为医院优化给药时间表及单次给药剂量；如果不存在，说明理由。

从子问题 1 到子问题 4 分别对应目前高中课程中的"初等基本函数"（必修）、"等比数列"（选择性必修）、"导数及其应用"（选择性必修）和"数列极限"（选修），如图 1-2-2 所示，十分适合作为各板块内容学习后的课堂练习。在这个过程中，一个复杂的模型被分解到日常数学教学中被学生掌握，潜移默化地提升了学生用所学知识建立数学模型解决问题的意识和思维水平，并加深学生对于相应知识板块的理解，为集中式教学做了必要的日常铺垫和准备。图 1-2-3 给出了完整的药剂量模型的参考框架及各步骤难点。

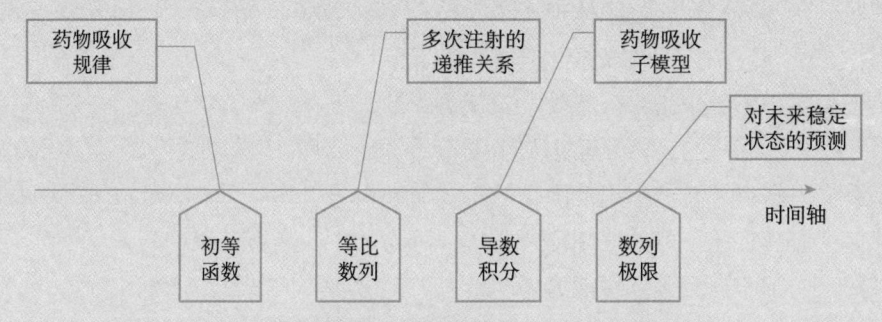

图 1-2-2 药剂量问题的子问题拆分及其对应的知识板块

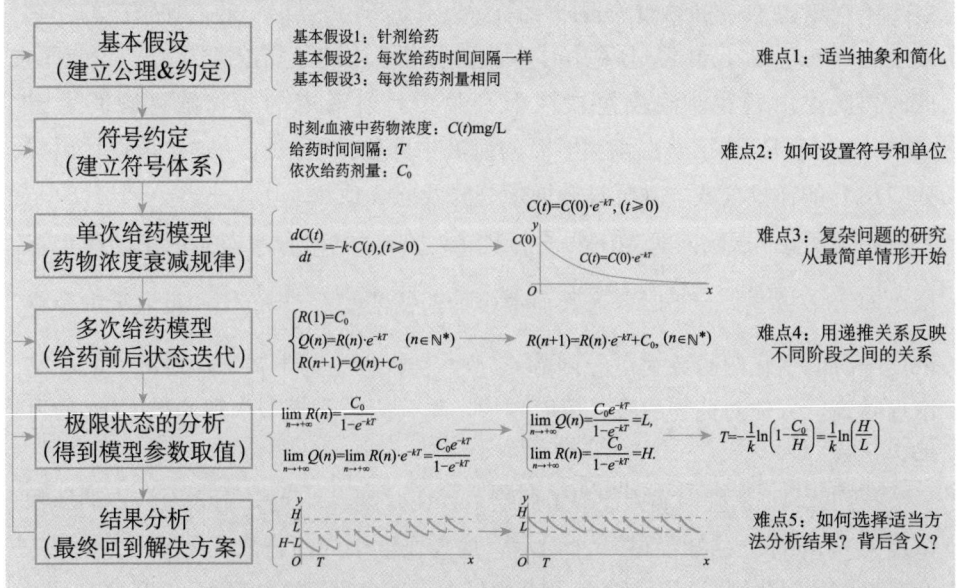

图 1-2-3 药剂量模型的参考框架及各步骤难点

从素材的选择上看，药剂量模型符合前文所说的前四条原则：可用高中课内数学核心知识和方法很好地解决，符合"基于课标、符合学情"原则；以医院就医为素材，符合"贴近生活、兴趣驱动"原则；该模型没有使用超出高中范围的数学知识，但却展现出"利用递推关系将局部的连续结构粘连为整体规律"的现代数学各领域中常见的典型思想，有利于学生深入理解"数列作为特殊的函数"以及"离散与连续"这对本质矛盾，符合"数学适切、用以致学"原则；关注改善医患关系的制度性优化，符合"立意深刻、传道培德"原则。但因为子模型的拆分，使得模型的解决框架和思路由教师主导的意味较强，所以对于"发散思维、创新引领"原则稍有弱化，适合作为数学建模初学者的基础性教学。

虽然问题已经被分割为四个方向明确的子问题，但是每个子问题依然具有较强的数学建模味道，这集中体现在"并没有给出明显的数学结构"以及"需要学生建立数学和现实之间的联系"两方面。

下面针对案例 1 给出四条教学建议。

教学建议 1.1： 学生在面对子问题 3 时可能会遇到列微分方程及其求解的困难，看上去超出了高中知识范围。但实际上方程 $C'(t)=-k \cdot C(t)$ 是对所给生物学规律"血液中的药物浓度越高，人体对药物的吸收速度越快"的数学描述。鉴于高中生的知识储备和理解能力，对这里的处理应和大学有所区别。求解该方程时可以建议高中学生从已知的函数中去带入尝试，这样很容易得出"在基本初等函数型中只有指数型函数符合要求"的结果。

教学建议 1.2： 子问题 4 是学生解决起来最为困难的，原因是学生没有形成联系数学世界和现实世界的能力和习惯，不会将所得的数学结果翻译解释为现实世界里的现象，也不会由现实世界的需求转化为数学处理的方向。实际上子问题 4 中 $\{R_n\}$ 单调递增且有解，$\lim\limits_{n \to +\infty} R_n$ 反映的是经过多次注射后再次注射时所趋向的稳定浓度。医院希望提升住院床位的流动性，病人不希望造成治疗时间和费用上的浪费，且双方都不希望治疗过程中发生药物过量造成中毒。于是站在医院和患者两方面利益考虑，$\lim\limits_{n \to +\infty} R_n$ 应当接近药物 A 的允许最高安全浓度（超出这个浓度就会药物中毒），而再次衰减后下次注射前的药物浓度 $\lim\limits_{n \to +\infty} R_n \cdot e^{-\lambda T}$ 应该接近药物 A 的最低有效浓度（低于这个浓度就没有治疗效果）。进而可以构造二元方程组解出合理的给药时间间隔 T 与单次给药剂量 C_0。

教学建议 1.3： 在得出给药时间间隔 T 与单次给药剂量 C_0 的取值之后，学生往往会觉得万事大吉。这就忽略了所得 T 和 C_0 的优越性是建立在 R_n 趋近于 $\lim\limits_{n \to +\infty} R_n$ 基础上，所以该 T 和 C_0 的取值对于注射次数 n 很小时并不适用。好的改进方案是像图 1-2-3 所示提升首次给药的剂量，强行使得 $R_1 = \lim\limits_{n \to +\infty} R_n$。这个经验其实很多学生都有，因为家里老人在生病吃药首次服药时都会遵医嘱加大用量，但是学生很难将这种生活经验和数学模型的结果相联系。教师在此时应当给予学生必要的提示。这一点至关重要，是培养学生有意识建立数学世界和现实世界之间联系的重要契机。其育人价值远大于教会学生生僻晦涩的数学概念或数学定理以追逐奥赛奖牌。

教学建议 1.4：在进行完四个子问题的教学后，应当以课堂总结或课后作业的方式，由教师指导学生整理出整个模型的框架，并体会各子模型在整个模型中所发挥的作用，以及相应的数学知识模块之间的联系，帮助学生在建立对数学模型基本框架认识的同时，提升对所学数学知识的整体性理解，即高中数学学科概观。

▶ **案例 2：适合集中式教学的典型案例——人口数量预测问题**

问题描述：从国家统计局官网可以查到新中国成立以来我国的常住人口数，试根据历史人口数据挖掘中国人口的发展规律，并以此推测未来 5 年的人口数量。

人口问题是数学建模教学中十分经典的问题，学生可以根据自己所掌握的数学程度，选择连续方法建立微分方程模型，也可以选择离散方法建立递推数列模型。限于高中生的知识水平，本文建议大多数学校的学生采用递推数列模型。参考模型可见乔达诺等所著《数学建模（原书第 5 版）》。

该模型的建立过程和学生常见困难或错误简述如下。

第 1 步：从国家统计局官网查找历史人口数据，并描绘散点图。这一步学生普遍缺乏查找数据的耐心和策略，并且在画数据散点图时，容易因为掌握不好坐标轴的比例尺而误判散点图形状或趋势。

第 2 步：根据数据特点，结合学生自身对国情的了解，挖掘影响人口数量的因素。这一步学生往往会想到很多因素，但无法定位最恰当的因素作为切入点，缺乏对各因素之间结构的科学分析策略。

第 3 步：设出必要的参数和变量，建立人口增长量和人口状态量之间的平衡方程，从而推导出不同年份人口数量的含参递推关系式。此处学生容易建立出错误的模型而不自知，或者发现所建模型不合理但不知如何修改。

第 4 步：根据递推关系和历史数据拟合模型参数。学生在高中课内都学习过最小二乘法线性回归，但是因为高考的考查过于模式化，所以学生往往不会对模型进行线性化处理以将非线性结果中的参数拟合变为线性拟合问题来处理。

第 5 步：根据确定参数后的递推关系，预测数据之外后一年的人口数量，并和真实数据进行对比，对模型的预测效果进行检验。这里学生经常跳过模型的检验，急于给出预测结果。

第 6 步：对模型的关键参数进行灵敏性分析。学生往往忽略此步，或者不知道该对哪些参数进行灵敏性分析。部分学生不理解灵敏性分析的目的。

下面针对案例 2 给出五条教学建议。

教学建议 2.1：教师在布置完每一步任务后，应给学生留白，让学生在实操中充分暴露其问题，之后再进行相应指导，这样会更有利于学生的成长。

教学建议 2.2：面对学生在案例第 2 步中无法定位最恰当因素的困境，教师可以提醒学生考虑各因素之间的逻辑关系，即哪些因素通过其他哪些因素起作用？哪些因素起直接作用？哪些因素起间接作用？教给学生科学分析因素的方法。

教学建议 2.3：面对学生在案例第 3 步中"建立出错误的模型而不自知"的困境，教师可以先让学生以现有思路继续求解模型并做模型检验，这样学生很容易发现模型的不合理之处。如果学生不知道从哪里改进模型，可以让学生从基本假设思考，并从错误的模型中去挖掘改进的契机［见图 1-2-4（a）、（b）］。此处教师千万不要急于公布正确的模型，而是应让学生充分地尝试和试错。

教学建议 2.4：面对学生在案例第 4 步中遇到的问题，教师可以插入 10～15 分钟讲解线性化的方法［见图 1-2-4（d）］，之后再让学生应用该方法来拟合模型参数。有条件的学校可以让学生对比线性化拟合和直接非线性拟合的结果的差异，并和学生讨论形成这种差异的原因。如果学生没有事先学过最小二乘线性回归，则可以让学生定性分析作为递推数列的人口数量的单调性和凹凸性［见图 1-2-4（c）］。

教学建议 2.5：面对学生在案例第 5 步和第 6 步中遇到的问题，教师可以对比不同小组的不同模型和结果，然后询问学生如何评价这些不同模型的优劣。此时学生就会想办法去检验模型和进行灵敏性分析了。如果学生对于模型检验和灵敏性分析的目的和意义不清楚，教师可以个性化解释或面向全体学生讲解。

从素材的选择来看，人口模型符合前文所说的所有五条原则：可用高中课内数学核心知识和方法很好地解决，符合"基于课标、符合学情"原则；以人口数量为素材，符合"贴近生活、兴趣驱动"原则；该模型没有使用超出高中范围的数学知识，但蕴含了"利用变化量和状态量之间的关系建立平衡方程以挖掘递推关系"的思想，符合"数学适切、用以致学"原则；建模过程中不可避免地需要

22 | 数学建模：教学设计与案例

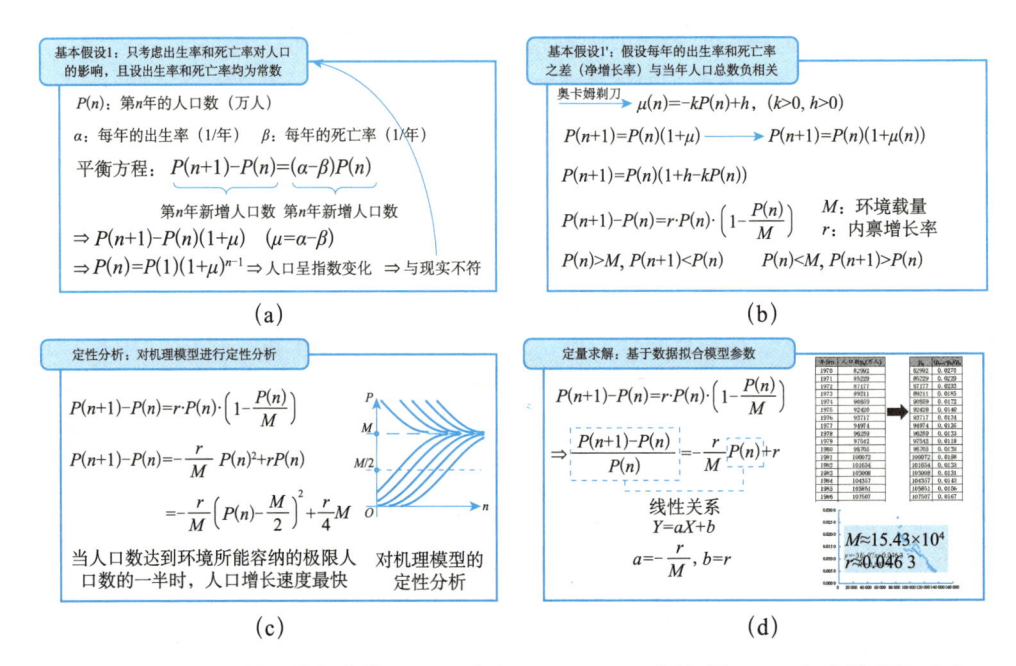

基本假设1：只考虑出生率和死亡率对人口的影响，且设出生率和死亡率均为常数

$P(n)$：第n年的人口数（万人）
α：每年的出生率（1/年）　β：每年的死亡率（1/年）
平衡方程：$P(n+1)-P(n)=(\alpha-\beta)P(n)$
　　　　　　　第n年新增人口数　第n年新增人口数
$\Rightarrow P(n+1)=P(n)(1+\mu)$　$(\mu=\alpha-\beta)$
$\Rightarrow P(n)=P(1)(1+\mu)^{n-1}\Rightarrow$人口呈指数变化　$\Rightarrow$与现实不符

(a)

基本假设1'：假设每年的出生率和死亡率之差（净增长率）与当年人口总数负相关

奥卡姆剃刀　$\mu(n)=-kP(n)+h,\ (k>0,\ h>0)$
$P(n+1)=P(n)(1+\mu)\longrightarrow P(n+1)=P(n)(1+\mu(n))$
$P(n+1)=P(n)(1+h-kP(n))$
$P(n+1)-P(n)=r\cdot P(n)\cdot\left(1-\dfrac{P(n)}{M}\right)$　M：环境载量
　　　　　　　　　　　　　　　　　　　　　　　　r：内禀增长率
$P(n)>M,\ P(n+1)<P(n)$　　$P(n)<M,\ P(n+1)>P(n)$

(b)

定性分析：对机理模型进行定性分析

$P(n+1)-P(n)=r\cdot P(n)\cdot\left(1-\dfrac{P(n)}{M}\right)$
$P(n+1)-P(n)=-\dfrac{r}{M}P(n)^2+rP(n)$
　　　　　　　$=-\dfrac{r}{M}\left(P(n)-\dfrac{M}{2}\right)^2+\dfrac{r}{4}M$

当人口数达到环境所能容纳的极限人口数的一半时，人口增长速度最快

对机理模型的定性分析

(c)

定量求解：基于数据拟合模型参数

$P(n+1)-P(n)=r\cdot P(n)\cdot\left(1-\dfrac{P(n)}{M}\right)$
$\Rightarrow\dfrac{P(n+1)-P(n)}{P(n)}=-\dfrac{r}{M}P(n)+r$

线性关系
$Y=aX+b$
$a=-\dfrac{r}{M},\ b=r$

$M\approx 15.43\times 10^4$
$r\approx 0.046\ 3$

(d)

图 1-2-4　人口模型从初步模型（a）的改进（b），以及定性分析（c）和定量分析（d）

考虑资源对人口数量的限制作用，启迪学生关于人与自然和谐发展的思想，符合"立意深刻、传道培德"原则；模型既可以用连续方法建立，也可以用离散方法建立，且求解方式可以定量也可以定性，发展方向比较丰富，符合"发散思维、创新引领"原则。

▶ **案例3：适合探究式教学的典型案例——探究生长素浓度和种子发芽率之间的关系**

问题描述：现行高中生物国家教材的必修三第三章第 2 节，讲授了"生长素的生理作用"：一定浓度的生长素类似物 α-萘乙酸对种子萌发和幼苗生长影响具有双重作用。α-萘乙酸的浓度为 0.01mol/L 时对胚根、胚轴的生长促进作用最大。以小麦为例，可知促进小麦种子萌发和幼苗生长的 α-萘乙酸的最适浓度为 0.01mol/L。浓度为 0.000 1～0.01mol/L 时，α-萘乙酸的浓度越大越能促进发芽；浓度大于 0.01mol/L 时，随浓度增大抑制作用逐渐增强。按照生物课标要求，学生需要在生物课上在教师带领下进行相关实验，并记录实验数据。试建立数学模型，在验证生物教材所教知识的正确性的同时，挖掘生长素浓度及种子发芽率之间的深层规律。

这个问题十分适合在相关生物实验课之后，留给学生作为数学的周末或假期作业。实际上，通过数学建模可以发现一条仅通过生物实验不易观察到的结论：种子发芽率的相对变化率和生长素浓度级（生长素浓度的数量级）之间呈线性关系——实际上生物书上的结论也可作为其推论演绎出来。建模时可以使用连续方法建立微分方程模型并给出解析解（只需要用到高中一元二次函数、指数函数和导数的课内知识），也可以使用离散方法变为递推数列模型。

从素材的选择上看，该案例符合前文所说的所有五条原则：可用高中课内数学核心知识和方法很好地解决，符合"基于课标、符合学情"原则；以生物学课内实验为素材，符合"贴近生活、兴趣驱动"原则；该模型没有使用超出高中范围的数学知识，但蕴含了"利用变化量和状态量之间的关系建立平衡方程以挖掘递推关系"的思想，符合"数学适切、用以致学"原则；建模结果印证了"凡事过犹不及"的道理，符合"立意深刻、传道培德"原则；模型既可以用连续方法建立，也可以用离散方法建立，且求解方式可以定量也可以定性，发展方向比较丰富，符合"发散思维、创新引领"原则。

下面针对案例3给出四条教学建议。

教学建议 3.1：该案例适合作为数学建模探究学习任务布置给对数学建模具有一定了解、具有初步数学建模素养的学生，不适合布置给最初接触数学建模的学生。

教学建议 3.2：即使该任务的大部分工作在课后进行，教师也应当在收集所有小组提交的作业后，利用一课时对作业中暴露出的问题进行集中点评和讲解，以纠正谬误、寻求提升。

教学建议 3.3：建议有条件的学校和教学班基于学生作品开展"小小学术研讨会"活动，让学生小组就各自的模型对比、答辩和磋商，这种形式相较于教师的独立讲解更具有教育感染力。

教学建议 3.4：如果学生无法完成课后探究任务，教师应提供策略指导，目的是使学生跨越障碍以继续完成任务，但切忌直接告知学生标准模型。

五、结语

要想落实数学建模在高中的教育教学，首先需要明确高中数学建模的教学有其不同于传统高中数学教学，也不同于大学数学建模教育教学的显著特点和目标。在教学素材选取方面，高中数学建模需要注意五个原则：基于课标、符合学情，贴近生活、兴趣驱动，数学适切、用以致学，立意深刻、传道培德，发散思维、创新引领。结合布卢姆所提出的教师主导型、策略指导型和学生完全独立型三种课堂类型，基于素材自身特点，又可将教学组织形式分为分散式、集中式和探究式三种。使用适切的案例配以适合的教学组织形式，方能真正提升学生的数学建模素养，达到"用以致学"的目的。

参考文献

[1] 中华人民共和国教育部．普通高中数学课程标准（2017年版2020年修订）．北京：人民教育出版社，2020．

[2] 王尚志，胡凤娟．数学教育的育人价值．人民教育，2018（Z2）．

[3] 美国数学及其应用联合会（COMAP），美国工业与应用数学学会（SIAM）．数学建模教学与评估指南．上海：上海大学出版社，2017．

[4] 王尚志，吕世虎，张思明．理解《普通高中数学课程标准（2017年版）》的八个关键问题．人民教育，2018（9）．

[5] 谢林．微观动机与宏观行为．北京：中国人民大学出版社，2013．

[6] BLUM W. Can modelling be taught and learnt? some answers from empirical research, trends in teaching and learning of mathematical modelling，ICTMA14. Springer，2011.

[7] GIORDANO F R，FOX W P，HORTON S B. 数学建模：原书第5版．北京：机械工业出版社，2014．

[第二章]
高中数学建模典型范例

第一节 数学建模的基本过程
——以人口模型为例

一、背景

人口问题是关乎国家命脉的重大问题，也是各国政府首要关心的问题之一。借助数学模型，可以加深我们对于人口增长规律的认识，也可以得到对现有资源所能容纳的人口极限的预测。人口模型的预备知识简单，包含数学建模的所有步骤，且应用广泛，并具有重大现实意义，于是人口模型一般作为数学建模学习过程中最先介绍的模型之一。

1798年，英国经济学家托马斯·罗伯特·马尔萨斯发表著名的《人口原理》。该书认为人口按照几何级数增长，即呈指数增长，但是地球上的资源是有限的，无法永久承受人口的指数爆炸式增长，并指出二者之间的矛盾是导致饥荒、战争和疾病的周期性爆发的原因。这个理论自提出以来就在学术界和舆论界饱受争议，学者们对资源有限的情况下人口是否还会呈指数爆炸式增长表示怀疑。后来学界提出了著名的逻辑斯蒂（Logistic）人口模型，该模型不仅适用于对人口数量研究，也广泛适用于研究有限资源环境下生物群落的演化。人口模型是最为典型的资源受限情况下带有自我增益的动力学系统之一。

本节以人口模型为载体，带领学生一起完整地体验数学建模的各个步骤（见图2-1-1），并通过巧妙设计的课堂环节力争让学生体会各个步骤的必要性和注意事项。

本节的模块一仅需要学习过基本初等函数与数列递推即可完全掌握，模块二需要以最小二乘法为预备知识。如果缺少最小二乘法的预备知识，可以在参数拟合环节借助软件计算，跳过最小二乘法的相关原理——这样的处理不会影响本章其余部分的学习（见图2-1-2）。

发现问题 → 基本假设 → 提出问题 → 模型建立 → 模型求解 → 模型检验 → 模型应用

图 2-1-1 数学建模的基本过程

模块一

现实世界的现象和需求 → 马尔萨斯人口模型 → 马氏人口模型的缺陷 → 修订基本假设 → 修订马氏模型为新模型 → 对新模型演绎分析

模型结果对现实的指导 ← 模型的检验灵敏性分析 ← 得到对未来人口的预测 ← 基于数据拟合模型参数

模块二

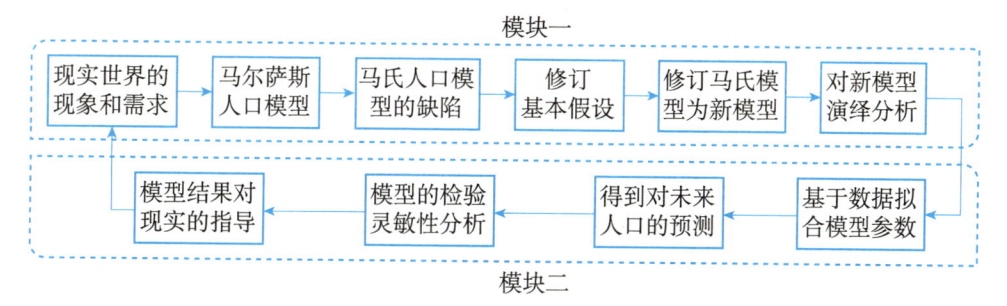

图 2-1-2 章节构架结构图

本节适合在高一上学期基本初等函数和数列章节后学习，针对的是尚不知道数学建模过程、不了解数学建模各步骤的必要性、不了解如何将一个现实问题转化为数学问题并且不了解数学建模的解如何作用于现实世界的学生。

二、预备知识、学习目标及评价量表（见表 2-1-1 和表 2-1-2）

表 2-1-1 预备知识、学习模块与学习目标拆解

预备知识	学习模块	学习难度	学习目标
基本初等函数 数列递推	模块一 基本假设与模型的建立 （2课时）	★★ 高考难度	（1）能够理解指数人口模型的不合理性。 （2）能够提出合理的人口模型基本假设并引入适切的参数及变量。 （3）能够基于对现实的理解，利用平衡方程建立适切的离散型人口模型。 （4）能够对模型进行基本的演绎分析（例如，何时人口增长速度最快，何时人口数量加速上升，何时人口数量减速上升，等等）。
基本初等函数 数列递推 最小二乘法	模块二 模型求解、模型检验及结果分析 （1课时）	★★ 高考难度	（1）能够基于历史数据拟合出模型参数并预测未来人口数量。 （2）能够检验模型的准确性并呈现参数的变化对模型的影响。 （3）能够基于模型的结果进一步挖掘历史事件和解释历史阶段。 （4）了解数学建模的完整步骤。

表 2-1-2　知识和能力掌握维度及其评价量表

各阶段	表现性证据（满分 18 分）					
	1 分	1.5 分	2 分	2.5 分	3 分
基本假设	能够提出基本假设，但是无法自圆其说	缓冲级	能够提出并解释合理的基本假设，但无法设出适切的参数及变量	缓冲级	能够提出并解释合理的基本假设，并设出适切的参数及变量
模型建立	能够用符号表达基本假设，但是无法建立模型	缓冲级	能够基于基本假设列出各变量和参数之间的关系，但无法建立适切的形式化数学模型	缓冲级	能够基于基本假设利用平衡方程建立适切的形式化数学模型
模型求解	能够对模型进行变形，但是无法得到实质结果	缓冲级	只能通过一种方式观察模型，能够得到部分结果	缓冲级	能够同时通过对模型的形式化演绎和数据拟合两种方式得到对规律的观察和未来的预测
模型检验	无法对模型进行检验，但是可以讲出对结果的直观感受	缓冲级	能够对模型的有效性进行检验，但不能有效分析模型参数扰动对模型结果的影响	缓冲级	能够对模型的有效性进行检验，且能够有效分析模型参数扰动对模型结果的影响
结果分析	仅能描述模型的结果但不知其意义	缓冲级	能够将对应的模型结果对应到相应的历史时期	缓冲级	能够根据模型的结果挖掘出某些历史证据
数学建模步骤	能说出数学建模的步骤	缓冲级	理解数学建模各步骤的内涵但无法描述其必要性	缓冲级	理解数学建模各步骤的内涵及其必要性
合计	总评分：＿＿＿＿＿分				

三、课堂设计

> **模块一** 基本假设与模型的建立（2 课时）

要点 1：基本假设是对现实环境的抽象，相当于数学中的公理，基本假设的合理性对模型结果的有效性具有决定性的影响，需要反复尝试和琢磨。

要点 2：不同的基本假设代表观察问题的不同视角，任何视角都具有历史局限性，不同的视角会对应不同的数学模型，它们代表了相应历史局限性下对应观点的结果。

要点 3：基于基本假设适切地设出变量和参数，并且利用数学的语言将变量和参数之间的关系描述出来，是建立模型的开端。

要点 4：建立数学模型时需要综合使用数学的文字语言、符号语言和图形语言。

要点 5：数学模型的建立，是将现实问题转化为数学问题的过程。一旦数学模型建立出来，就可以使用丰富的数学工具去分析相应的数学结构，往往从模型本身的演绎就能够得到一些重要的结论。

表 2-1-3　某国常住人口历史数据　　　　　单位：万人

年份	常住人口数	年份	常住人口数	年份	常住人口数	年份	常住人口数
1950	55 196	1978	96 259	1991	115 823	2004	129 988
1951	56 300	1979	97 542	1992	117 171	2005	130 756
1955	61 465	1980	98 705	1993	118 517	2006	131 448
1960	66 207	1981	100 072	1994	119 850	2007	132 129
1965	72 538	1982	101 654	1995	121 121	2008	132 802
1970	82 992	1983	103 008	1996	122 389	2009	133 450
1971	85 229	1984	104 357	1997	123 626	2010	134 091
1972	87 177	1985	105 851	1998	124 761	2011	134 735
1973	89 211	1986	107 507	1999	125 909	2012	135 404
1974	90 859	1987	109 300	2000	126 743	2013	136 072
1975	92 420	1988	111 026	2001	127 627	2014	136 782
1976	93 717	1989	112 704	2002	128 453	2015	137 462
1977	94 974	1990	114 333	2003	129 227	2016	138 271

课堂设计

第 1 课时	教师活动	学生活动
环节一 挖掘影响人口数量的因素 （10 分钟）	**数学建模步骤一：提出问题** 引导学生观察人口数量随时间不断变化的复杂现象，理解研究人口变化规律的现实需求。 某国通过人口普查，统计得到表 2-1-3 所示某国常住人口历史数据。请同学们观察并尝试寻找人口变化的规律，思考这些数据能够产生哪些利用价值。 **问题 1**：研究人口问题有哪些意义？ **备注 1**：这个问题学生回答时会比较发散，不必进行约束，但是应注意维持基本的课堂秩序并限制时间（建议给学生的回答时间不超过 2 分钟）。如果没有学生回答，可以由教师通过本节"单元背景"中的内容予以启发。 **数学建模步骤二：基本假设** 引导学生衡量各种因素的权重大小，关注主要因素，忽略次要因素，从而简化现实问题。 **问题 2**：大家想一下，影响人口数量的主要因素有哪些？ **备注 2**：这里学生的回答会更加发散，教师应该把学生的所有回答抄录到黑板的某个区域，这样一方面便于后面发言的同学看到前面说过哪些，另一方面也方便教师进行下一步的筛选。 **问题 3**：简单起见，我们先对人口数量的总数建立数学模型。建立数学模型时，往往不会从一开始就考虑很多因素，你能够为这些因素对人口影响的直接程度排一个顺序吗？ **备注 3**：大多数学生会直接将出生率和死亡率放在最前面，有个别学生可能不认同这个顺序，这时候可以让学生之间互相辩论。教师要进行必要的语言引导。	**预期回答 1**：预测未来人口总数、控制人口增长、制定国家生育政策…… **预期回答 2**：出生率、死亡率、资源、人口迁移、科技、经济、教育、人口结构、战争、疾病等。 **预期回答 3**：按照各因素对人口影响的直接程度由大到小排序，如出生率、死亡率、资源、人口迁移……

续表

第1课时	教师活动	学生活动
环节二 将挖掘出的因素与人口数量关系通过数学语言表达，并判断其合理性 （30分钟）	**数学建模步骤三：建立模型** 引导学生引入参数变量，利用数学语言表达现实问题并初步建立数学模型，并将模型应用于认识和分析人口增长规律、探究人口极限、发现初步模型的不合理性。为引导学生对基本假设和模型的重新修正奠定基础。 **问题4**：数学建模是一个寻求多、快、好、省地解决问题的过程，当面对很多的因素时，往往需要从最重要的因素开始逐个添加，并尝试建立初步模型。排在最前面的因素大家公认是出生率和死亡率，那么这两个因素是如何影响人口数量的呢？ **基本假设**：只考虑出生率和死亡率对人口的影响，并暂将其作为常数。 请你设出必要的变量，并且将它们之间的关系用数学符号语言表达。注意各变量的单位。 **备注4**：此处学生使用的数学载体会有很多，不用限制。如果有学生提出数列之外的模型，可以表扬这个孩子，并让其用他的模型（如微分方程等）尝试后面的步骤，并在课下与老师交流。 **思维提升**：建立上述递推模型时用到数学建模中非常重要的"平衡原理"——等式两端通用两种方式表示相同的量，来建立方程或递推模型。 这是构建数学模型的常用思想。 **问题5**：这个模型是个数列递推模型，同学们能够得到这个数列的通项公式吗？ **问题6**：这个通项公式中有几个参数？它们之间能够进行合并吗？合并后有什么好处呢？ **备注6**：如果学生没能看出 $\alpha-\beta$ 的整体性，教师应当给予适当提示。例如：我们在做数学题目时，如果见到几个参数总是绑定在一起，那么我们是不是可以用整体法将其看作一个新的参数呢？那这个问题中有没有可以绑定在一起的参数呢？ **问题7**：按照我们刚刚建立的模型，人口数量的变化趋势是怎样的呢？这个趋势符合现实情况吗？按照目前中国的情况，我们可以假设 $\mu=\alpha-\beta>0$，即净增长率为正。	**预期回答4**： 设出生率为 α，死亡率为 β，其中 $\alpha=\dfrac{\text{新增出生人口数}}{\text{总人口数}}1000‰$， 单位：1/年 $\beta=\dfrac{\text{新增死亡人口数}}{\text{总人口数}}1000‰$， 单位：1/年 第 n 年的人口数为 P_n，单位：万人 那么 $P_{n+1}=P_n\cdot(1+\alpha-\beta)$ **预期回答5**： $P_n=P_1\cdot(1+\alpha-\beta)^{n-1}$，$n\in\mathbb{N}^*$ **预期回答6**：参数有 P_1、α、β，其中 α 和 β 一直绑定在一起，所以可以用 $\mu=\alpha-\beta$（单位：1/年）来整体替换。这样参数就会变得更加简洁： $P_n=P_1\cdot(1+\mu)^{n-1}$，$n\in\mathbb{N}^*$ 这个参数 μ 的现实意义是人口每年的净增长率。 **预期回答7**：P_n 会趋于正无穷，不合理，不符合现实。

续表

第1课时	教师活动	学生活动
环节二 将挖掘出的因素与人口数量关系通过数学语言表达,并判断其合理性 (30分钟)	**备注7**:这里的 μ 称为"人口自然增长率"。在人口数量相对较少的时期,自然资源、环境条件对人口增长的限制作用并不显著,基于"人口自然增长率稳定,即 μ 为常数"的假设建立起来的数学模型,可以应用于这些特定阶段,但对于模拟经历一系列演变发展之后的人口数量,它的局限性就会愈益明显。 **问题8**:不合理的原因是什么呢? **备注8**:人口自然增长率 μ 实际上会不断地受到资源环境的影响,教师可以顺势诱导学生理解为何需要将常量 μ 变成随时间变化的变量,为学生修正基本假设、增加考虑因素、完善数学模型提供明确清晰的思路。 **数学建模步骤四:修正基本假设和基础模型** 引导学生对基础模型进行演绎分析,并且根据分析结果所得的矛盾,理解初步模型的不合理性,是由于基本假设引起——在过度简化问题时忽略了资源环境对人口自然增长率的限制作用、将 μ 假设为常量。引导学生将 μ 改成反映资源限制的变量并重新修正基本假设,完善数学模型,使其更加符合实际。 **问题9**:下面该考虑什么因素呢?之前的模型又该如何修正呢? **基本假设**:只考虑出生率和死亡率对人口的影响,但将其视作现有人口的函数,反映资源对人口的限制。 **备注9**:此处学生都会考虑资源限制,但是很多学生会重新构建模型,而非在之前模型的基础上修正。此处需要教师引导:科学就是在不断修正前人的错误结论的基础上逐步发展起来的,不要总是从头来过。还有一部分学生会认为资源总数不是有限的,他们的理由是虽然地球资源总数有限,但是随着科技的发展,对于资源的利用率在逐步提高,所以相当于资源总量在增多。此处教师可以引导:在很短的历史时期内,我们认为资源总量保持不变。并鼓励考虑科技提升的同学继续按照他们自己的认识对模型再修正。	**预期回答8**:因为我们只考虑到了出生率和死亡率,考虑的因素过少了。 **预期回答9**:该考虑资源对人口的影响了。随着人口数量的增加,假设资源总数不变,那么净增长率 μ 就不应是一个常数,而是随人口增多而逐渐减少的变化的量 μ_n。为简便起见,我们假设人口净增长率 μ_n 是第 n 年的人口数 P_n 的线性减函数,即 $\mu_n = -kP_n + h(h>0, k>0)$ (如果有学生认为线性关系不好,教师应该引导:我们可以先从线性关系出发,如果线性关系能够解决问题,我们就没必要用非线性关系。这也是数学建模中非常重要的"简单有效原则",在哲学上被称为"奥卡姆剃刀")。 这样模型就变为了 $P_{n+1} = P_n \cdot (1+h-kP_n), n \in \mathbb{N}^*$ 此数列一般情况下难以求通项。

续表

第1课时	教师活动	学生活动
环节三 第1课时小结 （5分钟）	**课堂总结：** 恭喜同学们，你们实际上建立了两个模型，其中第一个模型是1798年英国经济学家马尔萨斯在其《人口原理》一书中所建立的"人口指数爆炸模型"，具有历史局限性。第二个模型是后来科学家们在马尔萨斯模型基础上改进所得的逻辑斯蒂模型。很显然逻辑斯蒂模型更加符合实际。	**课后作业（小组形式）：** 以小组为单位（3~4人一组）研究逻辑斯蒂人口模型的递推数列 $[P_{n+1}=P_n\cdot(1+h-kP_n), n\in\mathbb{N}^*]$ 的性质，尝试给出各参数的实际意义，并撰写研究报告（word格式或PPT格式），下节课上进行小组汇报。

第2课时	教师活动	学生活动
环节一 作业汇报 （15分钟）	课前挑选出做得较好的小组，并组织作业汇报，每组5分钟，共选3组。 对于其他小组，将其作业张贴在班级的学习园地，以供互相交流之用。 每组汇报之后，教师应有1分钟点评，说一说该组哪里做得好，其他同学可以从中学习到什么（教师需要提前设计并打印、发放好记录表格，课后作为课堂任务收集，这将是重要的教研素材）。	3个被选出的小组分组汇报，其余小组对3个选拔出来的汇报小组进行再排序打分，并对比给出自己小组作业的优缺点。
环节二 引导学生对 模型演绎分析 （20分钟）	**数学建模步骤五：模型的演绎分析** 本环节是第1课时"数学建模步骤四：修正基本假设和基础模型"的顺承和递进，目标是引导学生通过简单的代数变形和不等式性质，探究新修正模型的单调性和凹凸性，即人口数量的增减及其速度。通过对模型的量化分析，加深学生对人口变化的具象理解，同时也为第3课时的模型求解等步骤进行铺垫。 **问题1：**经过刚才3个小组的汇报，同学们都能得到这个递推数列的哪些性质呢？又是如何得到的呢？来总结一下。 **备注1.1：**教师这里要注意策略引导，即，当学生能够说出结论，但是对于分析方法剖析不到位时，教师需要补充和纠正，尤其对于其数学推理的严密性，教师应充分把关，但是不要替代学生去做具体的计算。可以分别请提出各个结论的学生到黑板上给其他同学讲解。如果学生到黑板前	**预期回答1：**至少得到如下三个性质： （1）单调性和人口数量之间的关系 ● 当 $P_n<\dfrac{h}{k}$ 时，$P_{n+1}>P_n$； ● 当 $P_n>\dfrac{h}{k}$ 时，$P_{n+1}<P_n$；

续表

第 2 课时	教师活动	学生活动
环节二 引导学生对模型演绎分析 （20 分钟）	无法顺利推出，可以由其他同学到黑板前补充。但是注意凡是到黑板进行板演讲解的同学，均要给予表扬和鼓励，不能因为其板演过程中的细枝末节的错误而批评。 **备注 1.2**：关于数列的凹凸性的讨论，即对于差分数列 $\{\Delta_n\}$ 的讨论是一个难点，需要对数列的单调性有更加抽象的认识。此处如果学生想不到，老师可以在课堂上帮助学生构造新数列 $\{\Delta_n\}$，并提问此差分数列的单调性。	研究方法：代数变形＋不等式性质 (a) 作差与 0 比 $$P_{n+1} - P_n = (h - kP_n)P_n$$ (b) 作商与 1 比 $$\frac{P_{n+1}}{P_n} = 1 + (h - kP_n)$$ (2) 何时人口增长速度最快？ $\Delta_n = P_{n+1} - P_n = (h - kP_n)P_n = -kP_n^2 + hP_n$ $\Delta_n = -k\left(P_n - \frac{h}{2k}\right)^2 + \frac{h^2}{4k}$ ● 当 P_n 越接近 $\frac{h}{2k}$ 时，Δ_n 越大，即人口 P_n 增长越快； ● 当 P_n 越远离 $\frac{h}{2k}$ 时，Δ_n 越小，即人口 P_n 增长越慢。 (3) 当人口增长时，何时人口增长越来越快？何时人口增长越来越慢？（即数列的凹凸性） $$\Delta_{n+1} = -kP_{n+1}^2 + hP_{n+1}$$ $$\Delta_n = -kP_n^2 + hP_n$$ $\Delta_{n+1} - \Delta_n = (h - k(P_{n+1} + P_n))(P_{n+1} - P_n)$ ● 当 $\frac{P_{n+1} + P_n}{2} > \frac{h}{2k}$，$\Delta_{n+1} - \Delta_n < 0$ 即当前后两个月的人口平均数大于 $\frac{h}{2k}$，人口增长越来越慢； ● 当 $\frac{P_{n+1} + P_n}{2} < \frac{h}{2k}$，$\Delta_{n+1} - \Delta_n > 0$ 即当前后两个月的人口平均数小于 $\frac{h}{2k}$，人口增长越来越快。

续表

第 2 课时	教师活动	学生活动
环节三 挖掘上述环节中各结论的现实意义 （5分钟）	**数学建模步骤六：建模结果的解释和现实翻译** 引导学生总结归纳在分析过程中生成的数量关系和数学性质，然后将这些数学语言翻译成现实情境中的文字叙述，促进学生理解建模结果的现实意义，体会如何通过数学建模研究现实问题，并最终产出有用结论和指导意见，为后续步骤"模型应用"埋下伏笔。最后，联系其他学科的相关内容，融会贯通，并领略数学建模广泛的应用性。结束前，帮助学生回顾和梳理两个课时的建模过程，强调步骤之间的逻辑关系，在巩固掌握各个步骤的同时，也要促进学生的灵活应用。 **问题 2**：上面的众多结论中，哪些是非常关键的量？上述结论用这个量改写后的文字描述是什么呢？这个量所对应的现实含义是什么呢？单位是什么？ **备注 2**：教师在此处应该向学生指明——当我们不太清楚一个数学形式化对象或关系的含义时，尝试用自然语言描述这个对象或关系，往往就能得到非常直观的呈现。此外，教师应当引导学生从这个过程中体会——数学变量的实际意义，往往不是从它出现的时候就能知道，而是通过对含有它的诸多结论的观察中得到。这也是数学中演绎法的精髓——通过演绎看清事物本质。 **问题 3**：在生物数学中，该递推模型的经典形式为 $$P_{n+1}-P_n=r\left(1-\frac{P_n}{K}\right)P_n$$ 其中 K 为人口承载上限，r 为人口的自然增长率。那么这个形式的模型和我们刚刚建立的模型的参数有什么对应关系呢？	**预期回答 2**： 比例 $\frac{h}{k}$ 在结论中反复出现，将其记为 M，用这个新参数描述上述各结论即 ● 人口 P_n 小于 M 时，人口增多； ● 人口 P_n 大于 M 时，人口减少； ● 人口数越接近 $\frac{M}{2}$ 时，人口增长速度越快，反之越慢； ● 前后两月人口平均数小于 $\frac{M}{2}$ 时，人口增长速度越来越快； ● 前后两个月人口平均数大于 $\frac{M}{2}$ 时，人口增长速度越来越慢。 通过上述描述，M 相当于是"有限资源所能容纳的人口数量极限"。 **预期回答 3**：有如下对应关系： $$K=M=\frac{h}{k}$$ $$r=h$$

续表

第 2 课时	教师活动	学生活动
环节三 挖掘上述环节 中各结论的 现实意义 （5 分钟）	问题 4：上述这些结论在其他学科中见过吗？是什么呢？ 备注 4：教师此时可以向生物老师借一本生物教材在课堂上直观展示。目的在于促进学生联系学过的相关概念，量化理解抽象的逻辑规律，体会到数学建模可以应用到不同领域的探究当中。但是注意控制时间，这个问题的停留时间不要超过 2 分钟，否则会冲淡课堂主题。	预期回答 4： 见过，生物课上学习种群数量时会学到"当种群数量为种群极限数量的一半时，种群数量的增长速度最快，不到其一半时会增长速度逐渐加快，超过其一半时增长速度逐渐放慢"，即生物种群数量的 S 形曲线。
环节四 第 2 课时小结 （5 分钟）	课堂总结： 上个课时我们挖掘了影响人口数量的因素，建立了只考虑出生率和死亡率两个主要因素的马尔萨斯模型，添加资源限制的因素并对马尔萨斯模型进行了修正。这节课我们通过数学演绎的方法在此基础上挖掘了修正后的逻辑斯蒂模型的性质。我们综合使用了数学的三种语言形式中的符号语言与自然语言，从理解模型和提出重要参数 $M = \dfrac{h}{k}$ 的角度，可以看到不同数学语言形式之间相互转化的重要意义。当然数学语言还有图形语言的形式，我们留给同学们作为作业。	课后作业（个人形式）： 如果将数列 P_n 看成关于年份 n 取值在正整数 n 上的函数值 $P(n)$，在平面直角坐标系 $n-o-P$ 中描绘出 $P(n)$ 的函数图像的大致趋势。 注意：描绘函数图像时，至少要包含课上挖掘出的各个性质。也欢迎在此基础上对于更多性质的再挖掘。 对于描绘得好的作业成果，将展示在班级或年级的学习园地上。

模块二　模型求解、模型检验及结果分析（1 课时）

要点 1：不同的数据拟合出的模型参数值不同，不同的参数值对应不同的模型的解，所以数据是通过对参数的影响传递对于模型结果的影响。

要点 2：因为参数的拟合值只可能是近似值，于是对参数的灵敏性分析是必要的。好的模型需要具备稳健性特征，即参数若发生震荡，结果不会发生大的变化。稳健的模型抗随机干扰和系统误差的能力强，更具有实用价值。

要点 3：求解出模型后，还需要对模型进行检验。一般的做法是拟合模型参数时使用一部分数据，而拿另一部分数据和预测值之间的残差水平来衡量模型的模拟效果，并将其作为模型检验的依据。

要点 4：模型是否具有现实价值在于它的结果是否可以指导人们更深刻地认识或预测现实事物。所以仅仅得到模型的解并通过检验还是不够的，还应该利用模型得出对现实有指导意义的结论。

要点 5：没有完美无瑕的模型，任何模型都有改进的空间，具体的改进方案应该视问题的具体环境而定，基于调研和洞察，不能想当然地指定。

课堂设计

第 3 课时	教师活动	学生活动
环节一 模型求解与参数拟合 （15 分钟）	**数学建模步骤七：模型求解与参数拟合** 通过最小二乘法拟合数据，得到针对某国的具体模型参数，为后文的模型检验和分析以及模型的应用做准备。此处注意引导学生挖掘模型的线性结构，并正确使用必要的信息技术，如 Excel、手持科学计算器等。 **问题 1**：前两节课我们建立并初步分析了人口模型：$$P_{n+1}-P_n=r\left(1-\frac{P_n}{M}\right)P_n$$ M 为人口承载上限，r 为人口的自然增长率，即 $$\frac{P_{n+1}-P_n}{P_n}=-\frac{r}{M}P_n+r$$ 注意：因为参数还没确定具体数值，所以这个模型目前并不针对某个具体国家，而是一个一般规律。表 2-1-3 给出了某国在某些年份的总人口数据，下面我们就来针对这些数据拟合模型的参数，从而得到针对这个国家具体情况的模型。同学们想一想，给定表 2-1-3 中的数据，如何拟合参数 M 和 r 呢？用你的方法拟合的过程中，哪些数据是可用的？哪些数据是不可用的？为什么？分小组（3 人一组）利用手边的计算器实践一下。	**预期回答 1**：之前我们学习过最小二乘法线性拟合，参考数据的具体形式，我们可以借助多项式拟合来拟合函数关系。 设给定数据点为 (n, p_n)，其中 n 为年份，p_n 为对应年份的人口真实数据。因为模型是递推关系，考虑到表 2-1-3 中 1970 年之前的数据并非每年都有，所以只使用 1970 年之后的数据。将 1970 年后的数据点变形为 $$\left(p_n, \frac{p_{n+1}-p_n}{p_n}\right), 1970\leqslant n\leqslant 2015$$ 预留 2016 年的数据用来稍后检验模型的预测效果。 在 Excel 中按照每行一个数据点做出如下表格（篇幅所限仅列出一部分） | 年份 n	人口 p_n（万人）	p_n	$(p_{n+1}-p_n)/p_n$
---	---	---	---
1970	82 922	82992	0.0270
1971	85 229	85229	0.0229
1972	87 177	87177	0.0233
1973	89 211	89211	0.0185
1974	90 859	90859	0.0172
1975	92 420	92420	0.0140
1976	93 717	93717	0.0134
1977	94 974	94974	0.0135
1978	96 259	96259	0.0133
1979	97 542	97542	0.0119
1980	98 705	98705	0.0138
1981	100 072	100072	0.0158
1982	101 654	101654	0.0133
1983	103 008	103008	0.0131
1984	104 357	104357	0.0143
1985	105 851	105851	0.0156
1986	107 507	107507	0.0167	

续表

第 3 课时	教师活动	学生活动
环节一 模型求解与 参数拟合 （15 分钟）	**备注 1.1**：有条件的教师应该鼓励学生每组带一个笔记本电脑，或者直接用学校的电教室上课。并且教师需要在课前将数据表格拷贝到相应电脑当中（最好以 Excel 表格形式），以方便学生课上调用和计算，省去学生手动录入数据的麻烦。 **备注 1.2**：部分地区的学生对数据处理和信息技术的使用不擅长，甚至没有接触过，或者教师此前尚未进行最小二乘法的学习。此时可以由教师利用电教设备现场演示计算过程，并展示计算结果。但是依然强烈建议学生自己动手操作，信息技术和数学的结合是新时代数学人才培养、公民数学素养教育的重要一环。 **备注 1.3**：此环节的难点是如何调整数据结构和模型结构以达到线性化拟合的需求。如果学生能够完成这个线性化过程最好，如果学生无法自行完成，教师应当在课上做策略引导，但是不建议直接给出处理方法。这里是培养学生形成数据素养和计算思维的重要环节，直接对应数学核心素养中的"数学运算"和"数据处理"。 **备注 1.4**：对于拟合优度（R^2）的介绍不是高中课内的内容，不建议在课堂上展开。如果学生素质比较好，可以鼓励学生在课后自己查阅相关文献或网络资料去了解相关内容。 　　（实际上，拟合优度过高并不见得是好事，也不能说明拟合效果就一定好，还需要结合统计中的假设检验方法综合观察。） **问题 2**：观察拟合结果，能够得到该国人口数量最多为多少吗？	之后使用一次函数 $$y = ax + b$$ 对数据进行拟合，所得结果如下 $$a \approx -3 \times 10^{-7},\ b \approx 0.046\ 3$$ 下图给出了拟合效果图，其中的虚线为拟合直线（R^2 被称为拟合优度，其值越接近 1，则表示拟合效果越好）。 $y = -3E\text{-}07x + 0.046\ 3$ $R^2 = 0.842\ 9$ 进而可得模型中 M 和 r 拟合值如下 $$\frac{r}{M} = -a \approx 3 \times 10^{-7}$$ $$r = b \approx 0.046\ 3$$ $$M \approx 15.43 \times 10^4$$ **预期回答 2**：根据模型预测的该国的人口数量最多为 15.4 亿人。

续表

第 3 课时	教师活动	学生活动
环节二 模型的检验 （5 分钟）	**数学建模步骤八：模型的检验** 使用 2015 年之前的数据作为参数拟合的样本数据，使用 2016 年的数据作为检验数据。如果模型对 2016 年的人口数据拟合值较好，则可说明模型比较符合所给数据的趋势。这个环节引导学生提出并实践模型检验的基本方法，并突出相对误差评判机制。 **问题 3**：我们已经得到了模型的参数，我们由当前的参数取值 $$r \approx 0.046\,3, M \approx 1.54 \times 10^5$$ 以及递推关系 $$P_{n+1} - P_n = r\left(1 - \frac{P_n}{M}\right)P_n$$ 如何预测该国 2016 年的人口数？ **问题 4**：如何评价这个预测的准确程度呢？或者说，如何评价模型计算结果和现实的吻合程度呢？ **备注 4.1**：学生肯定会先提出用绝对误差（残差）看预测效果的想法，此时教师应该引导学生从绝对误差向相对误差转变。 **备注 4.2**：这里要提醒学生理解模型和数据之间的关系——即使模型可以很好地拟合数据，或者做出很好的预测，也只能说明模型仅仅适用于某种情况，不能说模型放之四海而皆准。不同背景下的数据有可能对应着不同基本假设下的不同模型。 **思维提升**：可能有很多模型都能很好地符合所给数据的趋势，但是其中往往不是所有模型都能够正确反映现实机理。所以不能因为模型能够很好地符合所给数据就说模型是准确的，还需要仔细考察其现实机理。	**预期回答 3**：将 2015 年人口数据以及各参数值代入递推式，可得 $$P_{2016} \approx 13.81 \times 10^4 \text{（万人）}$$ 即 2016 年的预测人口约为 13.81 亿。 **预期回答 4**：通过相对误差来判断，2016 年的拟合数据相较 2016 年真实值的相对误差可定义为 $$\text{相对误差} = \frac{\text{预测残差}}{\text{真实值}}$$ $$= \frac{\text{真实值} - \text{预测值}}{\text{真实值}}$$ 代入数据可得 $$\text{相对误差} \approx \frac{13.83 - 13.81}{13.83} \approx 9.2 \times 10^{-4}$$ 可以看到模型比较符合所给的数据趋势。

续表

第 3 课时	教师活动	学生活动
环节三 模型的分析和应用：灵敏性分析与信息挖掘 （15 分钟）	**数学建模步骤九：模型的分析和应用** 引导学生理解模型灵敏性的定义，并通过计算实验的方法，通过对参数取值进行固定变量式的扰动，得到对模型各参数的灵敏性分析和比较。 之后通过课堂提问的方式，引导学生将模型的结果应用回现实情境当中，并让学生体会：模型建立、求解、分析并不是结束，还应该尝试在应用模型的过程中不断完善模型。 **问题 5**：同学们觉得模型的参数拟合值受什么影响？ **问题 6**：在做人口普查时，不可能百分之百得到精确值，也就是人口数据统计的误差一般是无法消除的。那么这些数据统计误差对参数拟合值，以及对未来人口的预测值会有影响吗？除了人口数据的采集环节，还有哪些环节可能带来误差？ **问题 7**：当参数拟合值因为系统误差以及近似精度的不同而发生微小变化时，如果预测结果的相对误差改变不大，那么就称模型是"稳健的（或不灵敏的）"，否则称模型是"不稳健的（或灵敏的）"。对于人口模型来说，我们希望模型灵敏一些好呢，还是稳健一些好呢？ **问题 8**：我们如何观察建立的模型是否稳健呢？ **问题 9**：下面的表格是对比实验的结果，其中集录了参数取值在当前基础上改变 $\pm 1\%$、$\pm 5\%$、$\pm 10\%$，对 2016 年人口总数预测结果的相对误差的变化情况。通过这些对比实验结果可以看出什么呢？模型的预测结果的改变受参数 r 和 M 中哪个的波动影响更加灵敏呢？ **备注 9**：此问题也可作为课后作业留给学生自行探究，并不一定非要作为课上的环节。教师可酌情考虑。	**预期回答 5**：受人口数据影响，不同的人口数据得到的参数拟合值不同。 **预期回答 6**：会有影响。 还有一个环节可能带来误差，那就是对于参数拟合值的近似精度的选取，不同的近似精度下的参数取值有微小偏差。 **预期回答 7**：希望模型稳健一些好。 **预期回答 8**：可以用做计算实验的办法，对参数取值做扰动，观察预测的相对误差的变化情况。 **预期回答 9**：可以看出当参数 r、M 扰动时，对 2016 年的预测相对误差影响都处于比较小的范围内。但是通过相对变化幅度来看，可以看到这两个参数中 M 对结果的影响更明显，即模型相对参数 M 比相对参数 r 更加灵敏，但是模型整体表现较为稳健。

续表

第3课时	教师活动	学生活动
环节三 模型的分析和应用： 灵敏性分析与信息挖掘 （15分钟）	（见下表及问题）	

改变r值	−10%	−5%	−1%	当前取值	+1%	+5%	+10%
2016年预测相对误差	9.8E-4	9.3E-4	9.2E-4	9.2E-4	8.7E-4	6.7E-4	4.4E-4
相对误差变化幅度	6.8%	1.4%	0.05%	0	−5.3%	−26.8%	−52.2%

改变M值	−10%	−5%	−1%	当前取值	+1%	+5%	+10%
2016年预测相对误差	15.0E-4	10.4E-4	9.2E-4	9.2E-4	4.6E-4	−13.7E-4	−35.3E-4
相对误差变化幅度	63.0%	13.0%	0.5%	0	−5.0%	−249.2%	−484.1%

问题10：下面的四个事件是2016年该国发生四件大事，通过观察对2016年的数据预测和现实之间的差距，哪件事对人口的影响较为显著呢？
事件A：全面二孩政策正式实施
事件B：户籍制度改革将有新突破
事件C：城镇化方向出现重大调整
事件D：军队改革全面展开

预期回答10：预测的2016年的人口比2016年的真实数量少，绝对数量上真实人口比预测人口多出约127万人。这意味着2016年必有对于人口增长的利好消息。在左侧的四个事件中，对人口的最大利好为事件A，即全面二孩政策正式实施。

问题11：同学们从这个例子中能体会到数学模型的什么用处？

预期回答11：数学模型能够挖掘或佐证很多历史事件。

| 环节四
第3课时小结
（10分钟） | **课堂总结**：
(1) 经过这3节课的学习，我们以人口模型为载体，体验了数学建模的全过程，见前文图2-1-1和图2-1-2。
(2) 我们所建立的数学模型还有可以进一步完善的地方，同学们可以结合课后练习的建议方向提出自己的改进方案。 | **课后作业**（个人形式＋团队形式）：
(1) 撰写数学建模感悟文章（1 000字），描述数学建模的基本过程及感悟，可作为与语文学科的联合作业。
(2) 完成"课后练习"。其中的第3、4、5、6道题难度较大，可让学生选择其中的两个问题展开分组研究，研究成果可作为研究性学习成果，展览于年级学习园地上。对于特别优秀的研究成果，建议组织年级内小规模报告会，让该项目小组报告其优秀成果。 |

四、重难点解析——连续和离散之间的转化

离散人口模型的一般差分方程如下所示：

$$P(t_i+\Delta t) = P(t_i) + k(M-P(t_i))P(t_i)\Delta t \tag{1}$$

其中 $\Delta t > 0$ 为采样时间间隔，t_i 为第 i 个采样时间点，$P(t_i)$ 为第 i 个采样时间点所得采样数据，$i=1, 2, \cdots, N$。且满足 $t_{i+1}=t_i+\Delta t$，$i=1, 2, \cdots, N-1$。$N \in \mathbb{N}^*$ 为大于 1 的正整数，表示采样的总次数。将（1）式变形可得

$$\frac{P(t_i+\Delta t) - P(t_i)}{\Delta t} = k(M-P(t_i))P(t_i) \tag{2}$$

（2）式的左边的几何意义是函数 $P(t)$ 在区间 $[t_i, t_{i+1}]$ 之间函数值的平均变化率 $K_{[t_i, t_{i+1}]}$。当 Δt 越来越接近 0，则 $K_{[t_i, t_{i+1}]}$ 越来越接近函数 $P(t)$ 在 t_i 处的瞬时变化率。

实际上，如果函数 $P(t)$ 是一个开区间 (a, b) 上的连续函数，并且对于任意的 $t \in (a, b)$，当 Δt（允许是负的）越来越接近 0 时，$\frac{P(t+\Delta t) - P(t)}{\Delta t}$ 的极限都存在，则称函数 $P(t)$ 在 (a, b) 上可导，并记 $\frac{P(t+\Delta t) - P(t)}{\Delta t}$ 的极限为 $P'(t)$（如果存在的话），它表示函数 $P(t)$ 在 t 处的瞬时变化率。上述过程从几何上观察，就是当 Δt 越来越接近 0 时，平均变化率 $\frac{P(t+\Delta t) - P(t)}{\Delta t}$ 越来越接近瞬时变化率 $P'(t)$（见图 2-1-3）。

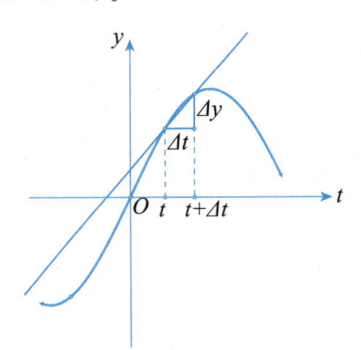

图 2-1-3 当 Δt 趋于 0 时，可导函数的平均变化率趋于瞬时变化率

当 $P(t)$ 可导时，差分方程（1）可变为如下形式：

$$P'(t) = k(M-P(t))P(t)$$

这样的方程在数学上被称为**微分方程**。微分方程的一般理论是大学学习的内容，不属于高中知识。但是利用导数的定义实现微分方程和差分方程之间的近似转化，是数学建模中非常常用的技术。

对于人口模型来说，如果采用上面的微分方程去建立模型，是可以利用微积分求出解析解的，形如 $P(t) = \dfrac{M}{1+C_0 e^{-Mkt}}$，其中 M、k、C_0 为三个待定正常数，

且 M 的现实意义同数列递推模型，为资源受限所能容纳的最大人口数。但是如果采用数列递推的方法，一般参数情况下无法解出通项公式。这也可以看作微分方程模型和数列递推模型之间的重要差别。对于高中生，推荐使用数列递推模型，但是不排斥学生自建微分方程模型。当学生自己建立微分方程模型并遇到一些处理上的困难时，教师应当进行策略指导。

一般地，如果有一个微分方程形如
$$y'(t) = f(y)$$
其中 $f(y)$ 为关于 y 的某个连续函数，则通过引入一个移动步长 $\Delta t > 0$，并利用"瞬时变化率近似等于平均年变化率"的原理，就可以将上式近似写为
$$\frac{y(t+\Delta t) - y(t)}{\Delta t} \approx f(y)$$
当 $|\Delta t|$ 越小，这个近似越精准；当 $|\Delta t|$ 越大，这个近似越粗糙。

在实际数学建模的过程中，即使函数 $y(t)$ 是可导的，但因为采样行为一般不可能是连续的，所以往往都是得到离散的观测序列 $S = \{t_i, y(t_i)\}$。这里面隐藏了一个效率与效果之间的矛盾，它是数学上"离散与连续"这对矛盾在数学建模中的投射。

一方面，如果采样间隔 $|\Delta t|$ 变长，则在一段时间内的采样次数就可以变少，这在很多时候意味着项目成本的降低，因为采样往往不是免费的，很多时候采样还需要重新做实验，而很多实验需要耗费大量的人力和物力。但是这样一来"用平均变化率近似瞬时变化率"这件事的近似程度就会下降。如果这个近似精度过差，那么就会造成采样无法有效指导我们对于函数 $y(t)$ 的观察，最终导致研究失败。

另一方面，如果采样间隔 $|\Delta t|$ 变短，那么近似的精度会有效提升，但代价就是一段时间内的采样次数也会跟着明显增加，这往往会带来难以承担的成本的增加。如果成本超过了预算或者达到难以承受的水平，那么即使研究不会无疾而终，也面临被搁置暂缓的风险。

人们在解决问题时，凡是遇到这种两难的境地，往往需要做出妥协，从而让两个对立的方面同时不至于太过糟糕。$|\Delta t|$ 越小，采样信息越接近连续，近似精度越高，但成本会升高；$|\Delta t|$ 越大，采样信息越离散，成本会降低，但近似精度会下降。这体现了数学上的"连续"与"离散"这对矛盾。矛盾并不意味着对立，矛盾意味着选择，面对什么问题时选择偏向连续的方法，又在面对什么问题时选择偏向离散的方法，需要建模人员根据实际需求来决定，往往需要一些尝试和分析。

在数学上，有一种自适应的采样步长确定方法，可以在函数 $y(t)$ 图像平缓的地方将 $|\Delta t|$ 变大，在函数 $y(t)$ 图像的"急转弯"处又将 $|\Delta t|$ 变小。调整 $|\Delta t|$ 变大变小的依据在于函数 $y(t)$ 的"弯曲程度"，也就是数学上的曲率。但是曲率是大学数学的内容，我们这里不做过多展开。

但是一个极端重要的点是：当我们试图将一个连续系统 $y'(t) = f(y)$ 通过采样近似为一个离散系统 $\dfrac{y(t_i + \Delta t) - y(t_i)}{\Delta t} \approx f(y(t_i))$ 时，不可能避免参数 Δt 的引入。这个参数对于结果的影响可以使用更高等的数学的方法在某些情况下降低，但是绝不可能消除。最多就是从一个位置变换到另一个位置，或者从一种形式变换为另一种形式。这个参数本身可以看作大自然在"连续"和"离散"两个风格迥异的世界之间挖出的一道鸿沟，而采样则是在这道鸿沟上架起的一座摇摇晃晃的铁索桥。

五、学生课后练习与教师拓展阅读材料

学生课后练习*

（1）通过国家统计局官网检索你所在省市的人口数据，并利用课上学习的人口模型预测该省市的未来三年人口数量。在计算过程中需要独立完成模型的所有的细节计算和推导，撰写并提交一篇研究报告。（提示：注意数学三种语言——文字语言、符号语言和图形语言的综合使用。）

（2）一般的人口模型有三个参数：所能承受的最大人口数量 M、人口自然增长率 r 和初始迭代人口 P_1，其中哪个参数的震荡对结果的影响最大？说明理由。

（3）※所能承受的最大人口数量 M 既是模型参数，又是模型的预测结果，请谈一谈你对这个参数在数学模型中的作用和地位的看法，并在同学之间交流。

（4）※不同城市的人口数据拟合出的模型参数值有哪些区别？为什么会造成这些区别？请你分析不同城市人口数据的不同特征对于模型参数拟合值的影响。

（5）※※如果仅考虑你所在城市的青年（15～34 岁）的人口数量，课上学习的人口模型是否依然适用？为什么？如果不能适用，应该如何修正你的人口模型，以得到对所在城市各年龄段人口数量的分别预测。

（6）※※考虑你所在省市周边的城市群，每座城市都可以建立相应的人口模

---

* 在本书"学生课后练习"中出现的"※"为难度标识，"※"越多难度越大，其中带有 3 个"※"的题目不适合留作学生练习题，但是适合教师作为拓展的研究方向。

型。如果再增加考虑城市之间的人口流动，针对各个城市分别建立的人口模型应该如何整合和修正？请你在这个方向上推广单一城市或国家的人口模型，建立多区域之间的人口流动模型，并借助推广后的模型研究京津冀、沪三角或粤港澳大湾区的人口流动趋势。

（7）※※※社会的发展在历史尺度上会对最大人口数量 M 形成关键影响。请你进一步推广你的人口模型，以研究科技、教育、经济等社会发展对于最大人口数量 M 的影响。（备注：本问题改编自 IMMC2019 的复赛试题，原题目请参考官网文件：http：//istem.info/ueditor/php/upload/file/20180406/1523000434688138.pdf。）

教师拓展阅读材料

（1）高梅，康宝生，曹黎侠. 数学模型在西安市人口预测中的应用. 西安工业大学学报，2019，39（4）：373-377.

（2）COCLITE G M，DONADELLO C，NGUYEN T N T. A PDE model for the spatial dynamics of a voles population structured in age. Nonlinear analysis，2020：196.

参考文献

刘来福. 高中数学建模. 北京：北京师范大学出版社，2019.

第二节 医院给药时间间隔和药剂量的制定

一、背景

随着医药理论与技术的逐步完善，为每位患者制定安全有效的个性化用药方案，如给药剂量、给药间隔等，可以有效缓解医院和病人之间的矛盾，是和谐社会高效医疗的必然要求。在临床治疗中，根据患者的特定情况建立血药浓度（血液中的药物浓度）模型，是制订方案的理论基础和广泛使用的分析工具。借助数学模型描绘用药期间的血药浓度变化，所涉及的预备知识难度不大，但建立的模型同时包含了连续和离散的成分。因此，本节内容除了有现实应用意义之外，还可以促进学生理解并掌握从简单深入到复杂、从单阶段递推到多阶段地分析和解决问题的常规建模方法。

血药浓度是药物动力学的基础概念，与患者用药后的治疗效果直接相关。如果血药浓度不足，则会导致治疗无效；如果血药浓度过高，则容易引起中毒等不良反应。在临床用药中，部分疾病如头疼、肠胃痉挛等常采用单剂量给药方案，即一次用药就可以获得满意的疗效；但多数疾病需要采用多剂量给药方案，按照合理的剂量和时间间隔多次重复给药，使血药浓度达到并稳定在有效范围之内。

本节首先引导学生利用指数函数和导数相关知识建立单次给药吸收率子模型，从最简情况开始分析注射药剂之后血药浓度的衰减情况，然后利用数列递推建立多阶段模型，探究多次给药之后血药浓度的变化规律和稳定趋势，再通过将稳定状态的需求转化为方程组求解得到最佳的给药时间间隔和每次注射后血药浓度的瞬时提升值，最后基于加快疗程、节省费用的现实需求，对给药方案进行首次注射量加倍的优化处理。

本节内容的模块一以指数函数和导数作为预备知识，模块二以数列作为预备知识，适合在高二上学期学习数列和导数相关章节后开展。通过本章内容的学习，可以提升学生利用函数和导数建立和求解连续模型的能力，并通过递推模型的建立和求解过程加深学生对数列及其研究方法的理解。

二、预备知识、学习目标及评价量表（见表2-2-1和表2-2-2）

表2-2-1 预备知识、学习模块与学习目标拆解

预备知识	学习模块	学习难度	学习目标
指数函数导数	模块一 吸收率子模型的建立、求解与分析 （1课时）	★★ 高考难度	（1）学会从简单到复杂地解决问题的策略。 （2）进一步提升学生利用已学过的函数和导数知识，建立连续模型并求解的能力。 （3）进一步理解指数函数及其图像与性质。
数列递推等比数列	模块二 多阶段递推模型的建立、求解与分析 （1课时）	★★ 高考难度	（1）学会多阶段模型的建立方式——利用数列递推。 （2）体会建立既含有连续成分又含有离散成分的数学模型的过程。 （3）加深学生对数列及其研究方法的理解。

表2-2-2 知识和能力掌握维度及其评价量表

各阶段	表现性证据（满分12分）				
	1分	1.5分	2分	2.5分	3分
基本假设	能够提出基本假设，但是无法自圆其说	缓冲级	能够提出并解释合理的基本假设，但无法设出适切的参数及变量	缓冲级	能够提出并解释合理的基本假设，并设出适切的参数及变量
单次给药的吸收率子模型的建立和求解	能描绘吸收率子模型的函数图像大致形状，但无法建立具体模型	缓冲级	能够利用指数函数建立单次给药的吸收率子模型，能解出模型参数值，但不能解释模型参数的实际意义	缓冲级	能够利用指数函数建立单次给药的吸收率子模型，能解出模型参数值，并能解释模型参数的实际意义
多次给药阶段之间的递推关系模型的建立和求解	无法建立多次给药阶段之间的递推关系模型	缓冲级	能够建立多次给药阶段之间的递推关系模型，需要在帮助下才能完成通项公式和极限状态推导	缓冲级	能够建立多次给药阶段之间的递推关系模型，并能推导出通项公式和极限状态

续表

各阶段	表现性证据（满分 12 分）				
	1 分	1.5 分	2 分	2.5 分	3 分
模型的分析和改进	无法列出方程求解最优时间间隔和最佳药剂量，无法理解首次注射的优化方法	缓冲级	在提示下能够列出方程求解最优时间间隔和最佳药剂量，能理解给出的首次注射的优化方法	缓冲级	能够根据现实情景列出方程求解最优时间间隔和最佳药剂量，并能根据实际情况对首次注射进行优化
合计	总评分：_____ 分				

三、课堂设计

模块一　吸收率子模型的建立、求解与分析（1 课时）

要点 1：通过对单次给药的吸收率子模型的建立、求解和分析，有意识地复习函数图像、指数函数、导数等高中函数与导数部分的相关内容。

要点 2：通过单阶段子模型辅助建立多阶段模型的过程，培养学生从简单到复杂、从单阶段到多阶段的处理问题的策略。

课堂设计

第 1 课时	教师活动	学生活动
环节一 提出问题与 提出基本假设 （15 分钟）	**背景介绍：** 病人住院期间会接受药物治疗，给药的剂量和给药的时间间隔如果没有计算好，除了会显著影响治疗的效果，还会影响医院和患者之间的关系，造成矛盾。 **问题 1：** 如果给药剂量和给药时间间隔没有安排好，对于病人会造成什么影响？请根据经验分情况说明。	可以在课前布置预习任务：查阅相关网络资料，或询问父母亲人，了解病人住院的经历和心态。 **预期回答 1：** 如果药剂量过小或给药时间间隔过长，病人的住院时间没有被充分地用来治疗，但是却花着住院费，既延误了病情，又浪费了金钱。 如果药剂量过大或给药时间间隔过小，则会造成血液中的药物堆积，当血药浓度高出人体所能承受的安全浓度时，会产生副作用。

续表

第1课时	教师活动	学生活动
环节一 提出问题与 提出基本假设 （15分钟）	**问题 2：** 如果给药剂量和给药时间间隔没有安排好，对医院会造成什么影响？请根据经验分情况说明。	**预期回答 2：** 如果药剂量过小或给药时间间隔过长，相当于对应床位的时间没有被充分利用，造成医疗资源的浪费，后续病人无法及时收入，对医院也是一种损失； 如果药剂量或给药时间间隔变化过大或没有规律，则会给医院医护人员的排班和交接造成很大麻烦，且不利于病人状态的中长期观察。
	问题 3：为了简便起见，我们先讨论针剂注射的情况，同学们想一想，针剂注射和口服用药有什么区别？这种区别反映在数学模型中又是怎样的？	**预期回答 3：**针剂注射时，血药浓度是瞬间提升的；口服用药时，血药浓度是缓慢提升的。 放到模型当中，如果是针剂注射，那么可以假设每次注射后血药浓度瞬间提升一个量。
	问题 4：下面我们一直假设针剂注射，为了研究这个问题，我们需要设出哪些变量？单位又是什么？ **备注 4.1：**这时有的学生可能会设每次注射剂量为 C_0，而非每次注射后血药浓度的瞬间提升值。这时可以向学生追问："那对于不同体型和不同血液容量的病人，是设剂量好，还是设浓度好呢？"教师应该在此引导学生明白将血药浓度设为变量的必要性和优越性。一方面，血药浓度是影响药效的直接因素，以其作为变量建立起来的数学模型，表达形式相对简洁，数量关系相对清晰。另一方面，设绝对剂量会导致引入更多变量。 **备注 4.2：**这里其实提出了模型的三个基本假设，教师应该在学生回答后明确指出并抄写在黑板的显著位置： **基本假设 1：**给药方式为针剂注射。 **基本假设 2：**每次给药后血药浓度的瞬间提升值 C_0 为定值。 **基本假设 3：**给药时间间隔为定值 T。	**预期回答 4：**需要设出如下变量： 血药浓度随时间变化的函数 $C(t)$（mg/L），t 的单位为小时。 每次注射时血药浓度的瞬间提升值 C_0（mg/L），给药时间间隔 T（小时）。简单起见，假设 C_0 和 T 均为定值。

续表

第 1 课时	教师活动	学生活动
环节二 建立单次给药吸收率子模型 （15 分钟）	**问题 1**：同学们觉得这个问题在处理上有什么复杂的地方？ **问题 2**：我们研究问题一般沿着从简单到复杂的路径展开。对于这个问题来说，我们可以首先研究什么简单情形呢？ **问题 3**：大家都学过生物学中的"渗透压原理"，血药浓度越高，人体吸收得就越快，反之则越慢。下面有四个函数图像，其中哪一个更符合注射一次后血液中药物浓度 $C(t)$ 的走势呢？ $C(t)$ 单位：mg/L （图 A） $C(t)$ 单位：mg/L （图 B） $C(t)$ 单位：mg/L （图 C） $C(t)$ 单位：mg/L （图 D）	**预期回答 1**：（1）每次给药后人体对药物的吸收情况。 （2）不同次给药之间的递推关系。 **预期回答 2**：对于这个问题，先研究只注射一次的情形最为简单。 **预期回答 3**：A 更符合。因为根据渗透压原理，血药浓度越高，药物被人体吸收得越快，即血药浓度下降的速率越快；随着人体对药物的吸收，血药浓度会逐渐下降，所以血药浓度下降的速率会越来越慢。所以选 A。

续表

第1课时	教师活动	学生活动
环节二 建立单次给药吸收率子模型 （15分钟）	**问题4**：大家看一看，上面A选项像是什么函数的图像？你能建立出相应的函数模型并证明它符合渗透压原理吗？ **备注4.1**：如果学生没能找到函数模型，教师可提醒学生从基本初等函数中筛选。这里的难点是参数如何设置。如果学生没能够给出参数k的实际意义，教师应给予提示。 **备注4.2**：有一些程度较好的高中生能够直接从渗透压原理建立微分方程$C'(t)=-k \cdot C(t)$，进而直接解出$C(t)=ae^{-kt}$，而不必经历问题3和问题4的引导过程。此处在教学时可根据学情灵活处理。	**预期回答4**：指数函数的图像。 函数模型：$C(t)=ae^{-kt}$，其中a，$k>0$，为参数。k具有实际意义，注意到 $$C'(t)=-k(ae^{-kt})$$ $$=-k \cdot C(t)$$ 于是k的实际意义为人体对药物的吸收率，该函数模型符合渗透压原理：$C(t)$越小，$\lvert C'(t) \rvert$越小。
环节三 求解并分析单次给药吸收率子模型 （10分钟）	**问题1**：假设注射前人体中没有该种药物的成分，且经过6小时血药浓度刚好降低为刚注射后的一半。大家能确定刚刚建立的函数模型中参数的取值吗？ **问题2**：观察所得函数模型的结果，如果初始浓度$C(0)$发生变化，6小时以后血药浓度还能够衰减为$C(0)$的一半吗？为什么？这给了你什么启发？ **备注2**：学生容易得到"经过t时间衰减到原来的多大比例，仅和吸收率参数k有关"的结论，但很可能理解不到"再次注射后，依然是按照同样的衰减比例吸收"这个水平。此时不用着急，可以留一个课后思考问题："单次给药吸收率子模型对研究多次给药的情况有什么帮助？"	**预期回答1**：可以通过列方程解出 $$\begin{cases} C(0)=C_0 \\ C(6)=\dfrac{1}{2}C(0) \end{cases}$$ 即 $$\begin{cases} a=C_0 \\ ae^{-6k}=\dfrac{1}{2}C_0 \end{cases}$$ 解得 $$\begin{cases} a=C_0 \\ k=\dfrac{\ln 2}{6} \end{cases}$$ 进而函数模型变为 $$C(t)=C_0 e^{-\frac{\ln 2}{6}t}$$ **预期回答2**：即使初始浓度$C(0)$发生变化，6小时以后血药浓度依然会衰减为$C(0)$的一半，因为 $$\dfrac{C(t)}{C(0)}=\dfrac{ae^{-kt}}{a}=e^{-kt}$$ 于是经过t时间衰减到原来的多大比例，仅和吸收率参数k有关，和刚注射后的初始浓度$C(0)$无关。 这意味着，再次注射后，依然是按照同样的衰减比例吸收的。

续表

第 1 课时	教师活动	学生活动
环节四 总结与作业 （5 分钟）	**课堂总结：** 我们研究了单次给药情况下的吸收率子模型，这个子模型是指数函数型的形式，其模型参数具有很强的实际意义。下节课我们将在此基础上建立多次给药情况下的模型，请同学们思考：单次给药吸收率子模型对研究多次给药的情况有什么帮助？	**课后作业：** （1）以个人为单位，尝试在单次给药吸收率子模型的基础上，建立针对多次给药的数学模型，并撰写 1~2 页的研究报告。 （2）将你的研究报告在小组中分享，以小组为单位对组内各成员的建模方案进行讨论。

模块二 多阶段递推模型的建立、求解与分析（1 课时）

要点 1： 通过对多阶段递推模型的建立、求解和分析，有意识地复习数列递推、等比数列、数列求和等高中数列核心知识。

要点 2： 注意培养学生通过数列极限观察和预测多次给药后的稳定状态，增强学生对数列极限的直观感受。

要点 3： 分析模型时，不能单纯地从数学的角度进行分析，而应时刻关注所研究问题的背景，站在医院和病人双方利益的角度出发，设计出对双方都有益的方案。

课堂设计

第 2 课时	教师活动	学生活动
环节一 多阶段递推模型的建立 （20 分钟）	**导语：** 上节课我们建立了单次给药吸收率子模型，这节课我们来建立多次给药情形下的数学模型。 **问题 1：** 根据之前的情境，第一次注射前血药浓度为 0mg/L，针剂注射后血药浓度瞬间提升到 C_0，之后衰减，经过 T 时间后衰减到多少呢？	拿出上一课时的作业，基于作业中的思考准备回答教师的问题。 **预期回答 1：** 根据上节课的吸收率子模型 $C(t)=C_0 e^{-kt}$，于是可得 $C(T)=C_0 e^{-kT}$，即经过 T 时间后药物浓度衰减为刚注射时的 e^{-kT} 倍。

续表

第 2 课时	教师活动	学生活动
环节一 多阶段递推 模型的建立 （20 分钟）	**问题 2**：根据情境，第一次注射后经过 T 时间第二次注射，血药浓度又瞬间提升 C_0，之后衰减，经过 T 时间第三次注射，如此往复。那么第二次刚注射后和第三次注射前血药浓度分别为多少呢？ **备注 2**：如果此时学生没能给出答案，那么教师应当提醒学生关注上节课最后发现的规律："经过 t 时间衰减到原来的多大比例，仅和吸收率参数 k 有关，和刚注射后的初始浓度 $C(0)$ 无关。"这意味着，第二次注射后衰减的起始状态，是基于第二次刚注射后的瞬时浓度，其吸收率 k 不变，所以经过时间 T，依然衰减为第二次刚注射后瞬时浓度的 e^{-kT} 倍。 **问题 3**：如果我们设 R_n 为第 n 次刚注射完药物时血液中的药物浓度（单位：mg/L），同学们能计算出数列 $\{R_n\}$ 的通项公式吗？ **备注 3**：教师这里应当让同一组的学生独立完成该问题，学生可以在组内交流不同做法。不排除学生会提出除了右侧三种方法外的其他方法。 **注意**：这一步的目的在于以模型求解为载体，复习数列的处理方法，右侧三种方法分别对应： 方法 1 对应"代数变形凑新数列法"，方法 2 对应"代数变形化为经典数列法"，方法 3 对应"合情推理＋数学归纳法证明法"。这三种方法基本也是高考处理数列问题的重要方法。	**预期回答 2**：第二次刚注射后血药浓度为 $C(T)+C_0=C_0e^{-kT}+C_0$ 第三次注射前血药浓度为 $(C_0e^{-kT}+C_0)e^{-kT}$ $=C_0e^{-2kT}+C_0e^{-kT}$ **预期回答 3**：此处学生可以有如下三种处理方式，都可以得到通项公式。 **方式 1**：基于数列递推 根据情境可得递推关系 $R_{n+1}=R_ne^{-kT}+C_0,\ n\in\mathbb{N}^*$ 变形可得 $R_{n+1}-\dfrac{C_0}{1-e^{-kT}}=e^{-kT}\left(R_n-\dfrac{C_0}{1-e^{-kT}}\right)$ 进而可得 $R_n-\dfrac{C_0}{1-e^{-kT}}=e^{-(n-1)kT}\left(R_1-\dfrac{C_0}{1-e^{-kT}}\right)$ $R_n=\dfrac{C_0}{1-e^{-kT}}(1-e^{-nkT}),\ n\in\mathbb{N}^*$ **方式 2**：基于等比数列求和 $R_{n+1}=R_ne^{-kT}+C_0$ $\quad\quad=R_{n-1}e^{-2kT}+C_0e^{-kT}+C_0$ $\quad\quad=\cdots$ $\quad\quad=C_0(1+e^{-kT}+\cdots+e^{-nkT})$ $\quad\quad=C_0\dfrac{1-e^{-(n+1)kT}}{1-e^{-kT}}$ **方式 3**：基于归纳法 $R_1=C_0$ $R_2=C_0\dfrac{1-e^{-2kT}}{1-e^{-kT}}$

续表

第 2 课时	教师活动	学生活动
环节一 多阶段递推 模型的建立 （20 分钟）		$R_3 = C_0 \dfrac{1-e^{-3kT}}{1-e^{-kT}}$ …… $R_n = C_0 \dfrac{1-e^{-nkT}}{1-e^{-kT}}$
环节二 多次给药递推 模型的求解与 分析 （10 分钟）	问题 1：得到了 R_n 的通项公式后，能否观察 R_n 呈现出什么样的特殊趋势呢？翻译（对应）到现实情境中，血药浓度有什么样的变化模式？ 备注 1：这里教师需要引导学生将数列 $\{R_n\}$ 单调递增并趋于定值的性质翻译到具体情境当中，促进学生理解数列的极限反映了注射药物后的瞬时浓度在后期会无限接近某个水平，从而达到了"稳定状态"。以此启发学生明晰模型求解和优化的方向：利用有效和有害阈值能够确定血药浓度的瞬间提升值 C_0。 问题 2：如果假设药物 A 在人体中的有效浓度阈值为 L mg/L，在人体中的有害浓度阈值为 H mg/L，那么基于我们在第一节课最开始的讨论，在同时考虑病人和医院利益的情况下，应该如何制定给药剂量 C_0 和给药时间间隔 T 呢？ 备注 2：上面方程组其实很好解，但是有的学生用蛮力解就会很麻烦。教师可以让不同组学生展示不同解法，并以此为载体强调解方程组的两种方向：加减消元法和代入消元法。	预期回答 1：由于 $R_n = C_0 \dfrac{1-e^{-nkT}}{1-e^{-kT}}$： （1）$\{R_n\}$ 为单调递增数列； （2）当 $n \to +\infty$ 时，$R_n \to \dfrac{C_0}{1-e^{-kT}}$。 随着注射次数的增加，每次刚注射完药物后的瞬间血药浓度会不断上升，逐渐接近但不会达到或超过某个水平。 预期回答 2：同时考虑病人和医院的利益，在趋于稳定状态时，刚注射后血药浓度应该尽可能接近（但不超过）H，而再经过 T 时间衰减后，即下次注射前的血药浓度衰减到 L 附近，这样既能够保证药物在病人住院期间每时每刻都发挥着疗效，又能保证没有造成药物的浪费，即 $\begin{cases} \dfrac{C_0}{1-e^{-kT}} = H \\ \dfrac{C_0}{1-e^{-kT}} e^{-kT} = L \end{cases}$ 解得 $\begin{cases} C_0 = H - L \\ T = \dfrac{1}{k}\ln\dfrac{H}{L} \end{cases}$
环节三 模型结果基于 现实的优化 （10 分钟）	问题 1：你能画出病人住院期间血药浓度函数 $C(t)$，$t>0$ 的完整图像吗？这是个什么函数？请尝试用你学过的和函数性质相关的概念去描述这个函数图像。	预期回答 1：是一个分段函数，示意图如下：

续表

第 2 课时	教师活动	学生活动
环节三 模型结果基于 现实的优化 （10 分钟）	问题 2：基于现实情境如何对模型进行进一步优化？优化方案对应的血药浓度的函数图像呈现什么性质？能否为整段函数图像写出统一的解析式。 备注 2：如果学生没有想出右侧的回答，可以用生活现象提醒学生：一般老人长期服用或注射某种药物时，第一次服用或注射的剂量一般会是后面服用剂量的两倍，为什么要这样安排呢？	预期回答 2：可以。实际上第一次注射时可以直接使得血药浓度达到最高值 H 附近，然后每隔时间 T 再注射 $H-L$ 剂量，这样一来从第一次注射以后就进入稳定的周期状态了。会减少如上图中从刚开始注射到接近稳定状态这个过程中的药物浪费。 当然也可以利用高斯取整函数写出 $C(t)$ $(t>0)$ 的统一解析式： $$C(t)=C_0 e^{-k\left(t-\left[\frac{t}{T}\right]T\right)}$$
环节四 总结与作业 （5 分钟）	课堂总结： 我们用两个课时建立了药剂量的完整模型，很好地解决了我们上节课开头提出的问题。那么同学们回顾一下，我们在解决这个问题时都用到了什么数学工具呢？ 进一步地，如果基本假设发生了变化，比如"针剂注射"变为了"口服"，那么分析方法和结论会发生相应变化呢？留给大家作为课后思考。	课后作业： （1）以个人为单位，梳理在本单元两个课时中所用到的所有数学工具及其用法，并提交 A4 纸一页的《论离散方法与连续方法的联姻》的数学感悟文章，并在小组中传阅讨论。 （2）以小组为单位，研究"针剂注射"变为了"口服"后的新模型，提交 2～4 页的研究报告。

四、重难点解析——从单阶段模型到多阶段模型的推演

生活中的很多问题都受多因素影响，例如上一章人口增长现象与环境可以承载的最大人口数、人口自然增长率和初始迭代人口数密切相关。数学建模时往往通过合理的假设减少影响的变量，降低着手研究的难度。但是在实际问题中，同样的因素在事物发展的不同阶段影响效果也许是不同的，例如智力、勤奋、学习兴趣在不同的学习阶段对于学习效果可能产生不同的影响。这就需要我们找到一

种研究方法，由单阶段过程推演事物发展的全过程。

对于药剂量模型来说，我们最容易研究的情况就是单次给药的过程，但是服用或者注射药物往往需要进行多次才能达到治疗疾病的效果。我们可以通过对单次给药过程的详细研究，再结合多次给药过程之间的联系，研究整个给药过程。这实际上就是一种由简入繁、由局部到整体的研究思路，这样的方法在函数、数列等高中核心知识的学习过程中经常出现。

本节的第一个重点自然是研究单阶段的给药模型。结合生活中的经验和建模过程中对变量的要求我们建立了三个基本假设：

基本假设 1：给药方式为针剂注射。

基本假设 2：每次给药后血药浓度的瞬间提升值 C_0 为定值。

基本假设 3：给药时间间隔为定值 T。

在选择函数模型上我们从基本初等函数中选择了指数函数模型 $C(t) = ae^{-kt}$，其中 $a, k > 0$，为参数。k 具有实际意义，注意到

$$C'(t) = -k(ae^{-kt}) = -k \cdot C(t)$$

于是 k 的实际意义为人体对药物的吸收率。该函数模型符合渗透压原理——$C(t)$ 越小，$|C'(t)|$ 越小。注意这里使用了导数中**复合函数的求导法则**。

值得注意的是，有些同学此处可能会选择反比例函数，这很不好。因为首先药剂量模型中药效无法达到无穷大，可能不存在坐标轴纵向的渐近线，其次反比例模型的参数实际意义不如指数函数模型强。

接着我们发现，如果初始浓度 $C(0)$ 发生变化，经过同样的时间后血药浓度能够衰减的比例是相同的。以经过 6 小时血药浓度刚好降低为刚注射后的一半为例，即使初始浓度 $C(0)$ 发生变化，6 小时以后血药浓度依然会衰减为 $C(0)$ 的一半。这是因为

$$\frac{C(t)}{C(0)} = \frac{ae^{-kt}}{a} = e^{-kt}$$

而

$$C(6) = e^{-6k} = C_0 e^{-6 \times \frac{\ln 2}{6}} = \frac{1}{2} C_0$$

建立了单阶段的模型后，我们希望能够以此为基础找到多阶段的模型。这和知道数列首项求出剩余项是类似的。

如果直接根据问题的实际背景写出通项公式比较困难，可以先利用前后若干项的关系找到递推公式，这也是数列中很重要的一种求出每一项值的方法。可以从第二阶段开始想，第二次给药除了第二阶段这个与第一阶段完全相同的过程，

还会附加第一阶段剩余的药物，于是很自然我们找到了第二阶段的血药浓度关系式

$$C(T) + C_0 = C_0 e^{-kT} + C_0$$

第三阶段的血药浓度关系式直接写出也不困难

$$(C_0 e^{-kT} + C_0) e^{-kT} = C_0 e^{-2kT} + C_0 e^{-kT}$$

上述递推关系对于第 n 个阶段类似，于是可得数列递推关系式

$$R_{n+1} = R_n e^{-kT} + C_0, \ n \in \mathbb{N}^*$$

其中 R_n 为第 n 次注射后血药浓度瞬时值（单位：mg/L）。上式是数列中比较典型的递推关系，通过如下过程可以构造一个等比数列以求出数列 $\{R_n\}$ 的通项公式。首先寻找是否有常值数列满足这个递推关系。考虑以 λ 为未知数的方程（也被称为特征方程）

$$\lambda = \lambda e^{-kT} + C_0$$

解得

$$\lambda = \frac{C_0}{1 - e^{-kT}}$$

观察方程组

$$\begin{cases} R_{n+1} = R_n e^{-kT} + C_0 \\ \lambda = \lambda e^{-kT} + C_0 \end{cases}$$

将两式相减，可得

$$R_{n+1} - \frac{C_0}{1 - e^{-kT}} = e^{-kT} \left(R_n - \frac{C_0}{1 - e^{-kT}} \right), \ n \in \mathbb{N}^*$$

进而 $\left\{ R_n - \frac{C_0}{1 - e^{-kT}} \right\}$ 构成等比数列，于是根据等比数列通项公式可得

$$R_n - \frac{C_0}{1 - e^{-kT}} = e^{-(n-1)kT} \left(R_1 - \frac{C_0}{1 - e^{-kT}} \right)$$

$$R_n = \frac{C_0}{1 - e^{-kT}} (1 - e^{-nkT}), \ n \in \mathbb{N}^*$$

当然还可以利用迭代法，结合等比数列的求和公式计算

$$\begin{aligned} R_{n+1} &= R_n e^{-kT} + C_0 \\ &= R_{n-1} e^{-2kT} + C_0 e^{-kT} + C_0 \\ &\cdots \\ &= C_0 (1 + e^{-kT} + \cdots + e^{-nkT}) \\ &= C_0 \frac{1 - e^{-(n+1)kT}}{1 - e^{-kT}} \end{aligned}$$

最终也得到一样的 R_n 表达式。

除此之外也可以通过递推关系试算数列 $\{R_n\}$ 的前若干项，猜测出数列的通项公式，再用数学归纳法严格证明。

通过对这个案例的处理，可以顺带复习处理递推数列的常见方法，并深入体会这些方法之间的关系。

至此多阶段的模型已经建立完毕，我们找到了第 n 次刚注射后血药浓度瞬时值 R_n 的通项公式为

$$R_n = C_0 \frac{1-e^{-nkT}}{1-e^{-kT}}, \quad n \in \mathbb{N}^*$$

如果我们想得出最终的结论，就需要分析 R_n 的变化趋势，即分析这个通项公式的未来状态，也就是这个数列的极限。当把 R_n 看作函数 $f(x) = C_0 \frac{1-e^{-kTx}}{1-e^{-kT}}$ 在正整数集上的限制函数，利用复合函数的单调性，可以发现 $\{R_n\}$ 为单调递增数列。当 $n \to +\infty$ 时，

$$R_n \to \frac{C_0}{1-e^{-kT}}$$

结合生活经验，不难得出：应该尽量让血药浓度介于有效浓度阈值 L 与有害浓度阈值 H 之间。所以比较有效率的办法是：第一次注射时可以直接使得血药浓度达到安全药物浓度上限 H 附近，然后每隔时间 T 之后再注射，使得血药浓度上升 $H-L$，即回到安全药物浓度的上限 H 附近。这样一来从第一次注射以后就进入稳定的周期状态了，会减少从刚开始注射到接近稳定状态这个过程中的药物浪费（见图 2-2-1）。

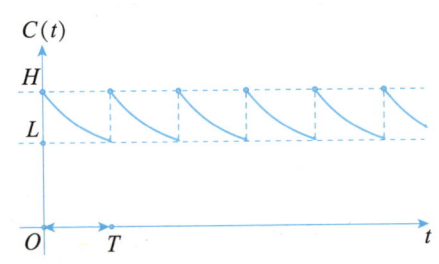

图 2-2-1 最终方案中血药浓度 $C(t)$ 随时间 t 变化的函数图像

事物的发展往往是比较复杂的多因素或多阶段的累积过程，对单阶段的研究并非管中窥豹，而是通过研究事物发展的起始阶段或某个特定的阶段，厘清单阶段的数学和自然过程。之后才能以此为基础，通过寻找不同阶段之间的关系，由简入繁、由局部到整体地构建多阶段整体模型。这种思想在大量的数学模型中都

有体现。用铁索桥比喻的话，对单阶段模型的研究就仿佛是找到了每一步要使用的木板，并且用结实的锁链将这些木板串联起来，最终筑成了一条通向结果的道路。

五、学生课后练习与教师拓展阅读材料

学生课后练习

（1）通过采访你家附近医院针剂注射方式使用较多的成人科室的医生，利用课上学习的知识结合某种具体药物建立多阶段递推模型，并且求出在同时考虑病人和医院利益的情况下每次给药后血药浓度的瞬间提升值 C_0 和给药时间间隔 T。在计算过程中需要独立完成模型的所有的细节计算和推导，撰写并提交一篇研究报告。（提示：注意数学三种语言——文字语言、符号语言和图形语言的综合使用。）

（2）※同种药物采用针剂注射方式对成人和儿童拟合出的模型参数值有哪些区别？为什么会造成这些区别？请你分析不同人群的不同特征对于拟合出的模型参数值的影响。

（3）※※如果"针剂注射（快速静脉注射）"变为了"恒速静脉点滴"以及"口服（或肌肉注射）"后，课上建立的多阶段递推模型是否依然适用？为什么？如果不能适用，应该如何修正你的模型，并且求出同时考虑病人和医院利益的情况下每次给药后血药浓度的瞬间提升值 C_0 和给药时间间隔 T。

（4）※※※前面我们建立数学模型时为了简化均采用了一室模型。所谓的一室模型是把机体看成单个同体单元，适用于给药以后，药物立即迅速地分布在血液和其他体液组织中，并达到动态平衡的情形。但实际上药物在体内通常不是一室配置的，而是更多地呈现出二室配置的特点。二室模型假设药物进入体内后在两个房室内配置，一个是中央室，另一个是外周室，并假定药物首先进入中央室，然后再由中央室向外周室转移。请你进一步推广你的多阶段递推模型，以研究在三种常见给药方式（快速静脉注射、恒速静脉点滴、口服或肌肉注射）下基于二室模型的药剂量模型，并且分别求出在同时考虑病人和医院利益的情况下每次给药后血药浓度的瞬间提升值 C_0 和给药时间间隔 T。

教师拓展阅读材料

（1）李进文．一室模型药物吸收计算的概率论法．中国临床药理学与治疗

学，2012，17（1）：59-63.

（2）陆瑜，朱家壁，梁秉文. 二室模型药物体内吸收计算方法的改进. 中国药学杂志，2002，37（5）：388-389.

（3）罗刚. 药物吸收速率常数 K_a 的计算方法（综述）. 川北医学院学报，1987（1）：76-81，84.

参考文献

[1] 刘国祥. 药物在机体内分布的数学模型. 赤峰学院学报（自然科学版），2008（7）.

[2] 张树文. 周期脉冲给药一室模型的研究. 鞍山师范学院学报，2001（9）.

[3] 陆瑜，朱家壁，梁秉文. 二室模型药物体内吸收计算方法的改进. 中国药学杂志，2002，37（5）.

第三章
适用于高中的数学建模案例

本书从第三章开始收录了来自全国各地16位一线高中、初中和小学教师设计的数学建模教学案例。收录进本书的案例并不是完美的，所有案例均有改进空间，甚至部分案例存在问题依然较多，改进空间还很大。本书收录这些案例的意图是希望读者通过案例获得对好的数学建模教学设计的启发和思考，所以请读者在阅读时将下面章节视为案例而非范例来看，同时从批判和鉴别的角度独立思考。

为帮助读者思考和总结，本书在第三、四、五章每个案例后面均附有分册主编对案例的评语，即"专家评价"，以供读者参考。

第一节 罐装产品合理设计

一、背景

超市里各种商品琳琅满目，在饮料酒水货柜，通常都是圆柱形的包装设计，而在鲜奶区，则多为方形纸盒设计。选取本案例作为建模入门教学，学生们非常熟悉，以此为载体的建模课题，学生不畏惧、可思考、有话说，能激发学生的学习内驱力，有效增强学生学习数学的兴趣。

国家统计局公布的数据显示，2019 年规模以上工业企业每百元营业收入中的成本为 84.08 元，比上年增加 0.18 元，主要是原材料、用工成本上升。原材料成本约占生产成本的 50%～60%。《中共中央关于制定国民经济和社会发展第十四个五年规划和二〇三五年远景目标的建议》指出，要"加快推动绿色低碳发展""全面提高资源利用效率"，营造全社会共同推动、共同参与绿色低碳发展，应对气候变化的良好氛围。本案例的选取充分考虑社会需求和时代特色，体现了数学学科的德育价值。

本节内容是基于人教 B 版必修第四册第十一章"立体几何初步"的学习内容，进行整合的数学建模专题课。在《普通高中数学课程标准》中，大篇幅显现本案例培养数学建模、数据分析、逻辑推理等数学学科核心素养的信息，对于没有体验过数学建模的学生是非常好的切入点。同时，该课题具有非常适合的低起点特征。

本节案例通过引导学生从二元均值不等式出发，拓展到三元均值不等式，以空间几何体为基础建立表面积模型，运用三元均值不等式进行模型求解，考察圆柱形产品的最省料设计、方形产品的合理设计，同时与现实数据进行比对，对模型进行改进。

此类课题通常会产生两个研究方向：体积一定，表面积最小；表面积一定，体积最大。本案例选择前者，原因之一是日常罐装饮料容积基本保持在 228～400ml，以 330ml 居多；牛奶则以 250ml 居多，可以明确研究"体积一定，用料最省"，以降低难度。原因之二是考虑实际产品批量生产过程中，原材料会保证充足，获取持续利润，不太符合"原材料一定，追求体积最大"的经济逻辑。

本案例的模块一以均值不等式和立体几何为预备知识，模块二以三元均值不等式为预备知识，适合在高一学完立体几何初步后开展。本案例的选取有助于增强学生对均值不等式、空间几何体求表面积和体积的理解与应用，增强立体几何、不等式、函数、平面几何、推理与证明之间相关性的认识。对解释动植物界的经济法则都有一定指导意义。

二、预备知识、学习目标及评价量表（见表 3-1-1 和表 3-1-2）

表 3-1-1　预备知识、学习模块与学习目标拆解

预备知识	学习模块	学习难度	学习目标
均值不等式 立体几何	模块一 运用基本的立体几何知识，建立体积为定值、形状不同的几何体表面积数学模型 （1 课时）	★★ 高考难度	（1）能够根据实际情境建立正确的数学模型。 （2）能够提出合理的模型假设，并引入适切的参数及变量。 （3）能够使用均值不等式进行比较。 （4）能对模型进行基本的演绎分析。
三元均值不等式	模块二 对两种数学模型进行对比、分析和求解，并进行稳健性验证 （1 课时）	★★★ 略高于高考难度	（1）能够对均值不等式进行类比，得到三元均值不等式，并进行证明。 （2）能够利用三元均值不等式求解模型。 （3）能够对模型进行合理性分析。 （4）能够将结果解释为现实中的数据。

表 3-1-2　知识和能力掌握维度及其评价量表

各阶段	表现性证据（满分 15 分）				
	1 分	1.5 分	2 分	2.5 分	3 分
基本假设	能够提出基本假设，但是无法自圆其说	缓冲级	能够提出并解释合理的基本假设，但无法设出适切的参数及变量	缓冲级	能够提出并解释合理的基本假设，并设出适切的变量和参数

续表

各阶段	表现性证据（满分15分）				
	1分	1.5分	2分	2.5分	3分
模型建立	能基于基本假设厘清各变量和参数之间的关系，但无法建立适切的形式化数学模型	缓冲级	能基于基本假设，利用立体几何知识建立适切的形式化数学模型	缓冲级	能基于基本假设，利用立体几何知识建立适切的形式化数学模型，并能准确说明各个参数的几何意义
知识拓展	不能通过类比得到三元均值不等式	缓冲级	能通过类比得到三元均值不等式	缓冲级	能通过类比得到三元均值不等式，并能证明
模型求解	无法联想到用三元均值不等式对模型进行求解	缓冲级	能够联想到利用三元均值不等式进行求解，但不会具体操作	缓冲级	能够联想到利用三元均值不等式进行求解，并能正确操作
模型检验	不能对模型结果进行深入分析	缓冲级	在提示下能够对模型参数进行分析，并且能解释相应结果	缓冲级	能够对模型参数进行分析，可以解释相应结果，同时对改进模型提供思路
合计	总评分：_____分				

三、课堂设计

模块一 运用基本的立体几何知识，建立体积为定值、形状不同的几何体表面积数学模型（1课时）

要点1：引导学生从日常生活中抽象出数学问题，并将其合理数学化，有针对性地运用柱体体积公式。

要点2：通过对模型条件的选取分析，结合实际情况，提高学生分析和解决问题的能力以及逻辑思考能力。

课堂设计

第1课时	教师活动	学生活动
环节一 背景介绍与 提出问题 （3分钟）	**背景介绍：** 在现实生活中，我们周围存在各种各样的物体，它们具有不同的几何形态和特征。我们能否以数学建模为工具说明为什么物体是以这样的形态存在而不是那样的？今天我们就来讨论这个问题。 **问题1：**走进超市，各种商品琳琅满目，同学们留意过物品都是以什么几何形态存在的吗？并举例说明。 **备注1：**学生可能还想到其他形状，如异形等不常见几何体，教师表示肯定后，引导学生根据产品用途对包装进行分类辨别。 **问题2：**你用数学的思维去思考，能研究什么问题吗？ **备注2：**这里学生思考到的数学问题可谓五花八门，如售价问题、打折问题等，教师要适当引导，将学生引导到研究形状的方向上来。 **问题3：**一起来说一说你对这个问题的认识。 **备注3：**学生可能只会用感受性语言描述产品设计原因，教师要及时总结，写到黑板上。如： 好看——美观 最少的材料装最多东西——成本 方形，若膨胀便于看保质期——质量 产生压强——耐压 纸盒不容易制成圆形——技术 **问题4：**如果利用数学研究所有要素，未免有点夸张，同学们有什么好的研究方向吗？ **备注4.1：**问题可能有点发散，方向不太好把握，学生对"好"不知怎么理解。鼓励学生大胆表达之后，教师总结：判断"好"的标准是能否运用自己学过的知识去解决，自然引导到计算几何体的体积和表面积。	**预期回答1：**大多数是圆柱体和长方体。 **预期回答2：**饮料酒水，通常都是圆柱形的包装设计，而在鲜奶区，则多为方形纸盒设计。这是为什么？ **预期回答3：**节约成本、形象美观、利于存储、消费便利、保证质量、技术要求。 **预期回答4：**研究生产成本，考虑一下"体积一定，用料最省"的问题。

续表

第1课时	教师活动	学生活动
环节二 问题数学化 基本假设 (15分钟)	**备注 4.2**：学生可能会说研究性价比，教师要肯定这是一个比较不错的方向，课后尝试一下。这个问题实际上是经典的商品定价问题或购物问题。 如果学生一时无法找到研究的方向或者基本明确想研究体积或者表面积，但无法将实际问题数学化，老师可以从两个角度进行引导。 **角度一**：老师可以提前通过购物网站查询饮料的容积和包装，并截图展示。 发现购物网站上综合排名靠前的饮料容积基本保持在228～400ml，以330ml居多，而牛奶则通常是250ml。这样可以引导学生明确研究"体积一定，几何体表面积最小"的问题。 **角度二**：在生物学和物理学中，研究一种多因素作用下的实验现象时，我们通常采用控制变量法，这在数学建模的过程中也是适用的。而且一般情况下，在产品批量生产过程中，原料基本会供应充足，不大可能出现"原材料一定，追求体积最大"的问题。 **有利于培养数学抽象的核心素养。** **问题 5**：明确了研究方向，你能给出基本假设简化研究要素吗？同时设计出必要的变量，并用数学符号表示。 **备注 5**：学生还可能提出：忽略压强对外壁产生的影响，这实际上等同于基本假设2；假设容积等于体积，也等同于基本假设2。 **有利于培养数学抽象的核心素养。**	**预期回答 5**： **基本假设 1**：侧面和底面材质用料都一样，厚度一致。 **基本假设 2**：将物品看成圆柱体和长方体等几何体，忽略拉环等外围配置。 **基本假设 3**：产品在切割过程中的损耗忽略不计。 **符号约定**：体积/容积为 V (ml)，底面半径为 r (cm)，高度为 h (cm)，底面一边长为 a (cm)，一边长为 b (cm)，表面积为 S (cm²)。

续表

第1课时	教师活动	学生活动
	问题6：同学们可以尝试建立容器的体积 V 为定值时关于表面积的数学模型吗？ **备注6.1**：同学们看到这一提问，会立刻着手运算，但真正运算时会发现，这有很多困难。难点在于计算方形盒的表面积时，是计算长方体的表面积还是正四棱柱，谁的表面积更小，如何进行比较。教师要随时观察，追问到底，适时提问。 **备注6.2**：如果学生仅写出②③中的一个，则教师直接进行追问：为什么是这样的长方体（正四棱柱）？还可能是什么样子？为什么另一种不行？如果学生三种情况都写出来，则直接提问问题7。 **有利于培养数学建模的核心素养。**	**预期回答6**：如果容器是圆柱体，则其表面积为 $$S=2\pi r^2+\frac{2V}{r} \quad ①$$ 如果容器是长方体，则其表面积为 $$S=2ab+\frac{2V(a+b)}{ab} \quad ②$$ 如果容器是正四棱柱，则其表面积为 $$S=2a^2+\frac{4V}{a} \quad ③$$
环节三 表面积模型建立 （22分钟）	**问题7**：同样是方形表面积表达式，模型②和模型③哪个更好一点？理由是什么？ **备注7.1**：这里又出现"好"的标准问题，可以让学生再次大胆表述，教师引导学生小心求证。 **备注7.2**：对于两种预期回答，教师可以引导学生：数学建模一般都是从最简单的情形分析，然后逐步增加影响模型的因素，再对模型进行修改。所以先从模型③开始与圆柱体进行比较。 **特别强调**：学生的两种预期回答都很有代表性。 认为模型③更好的同学，将经历正四棱柱和圆柱体最小表面积的比较过程，发现当正四棱柱表面积最小时变为正方体，显然非常不符合实际，将会被摒弃。那就无法利用数学工具解释为什么牛奶包装要采用方形盒设计。 认为模型②更好的同学会思考：既然模型具有广泛的代表性，那么合理的尺寸到底是什么，才能解释现实情况？进而为第二课时的学习做好铺垫。 **有利于培养逻辑推理的核心素养。**	**预期回答7**： 模型③更好。因为体积一定的柱体，正棱柱的表面积最小。证明过程：当体积 V 一定时，如果长方体的高度不变，为 h，将边长为 a 和 b 的底面转换成等面积的正方形，则边长为 $\sqrt{ab}$，侧面积为 $4\sqrt{ab}\,h$，根据均值不等式有 $$2ah+2bh \geqslant 4\sqrt{ab}\,h，$$ 可见，体积和高度均相同的棱柱中，正棱柱的侧面积更小。所以，只需要比较正四棱柱和圆柱体的表面积就可以了。另外，模型③比模型②更简洁。 模型②更好。因为考虑实际情况，会发现方形的牛奶盒好像底面都不是正方形的，这样模型②就更加有代表性。

第 1 课时	教师活动	学生活动
环节四 总结与作业 （5 分钟）	**课堂总结：** 这节课就上到这里，同学们经过对实际问题的分析讨论，运用基本的立体几何和均值不等式知识，建立了体积为定值、形状不同的几何体表面积数学模型。请同学们观察两个模型的共同特点，并且根据已有知识经验，思考模型的解决方案。 **备注：** 在学习中，有意识地引导学生注意知识的迁移，培养解决问题的能力，充分运用类比联系法。 **有利于培养逻辑推理的核心素养。**	**课后作业：** （1）以个人为单位，总结和梳理本节课的研究过程和方法，思考两个模型的求解方法，写出主要的推导过程。 （2）将自己的推导过程在群内分享，讨论大家推导过程的科学性、严谨性和简洁性，并进行完善。

模块二 对两种数学模型进行对比、分析和求解，并进行稳健性验证（1 课时）

要点 1： 充分运用散点图、类比推理、均值不等式等综合知识，引导学生学会对模型进行分析求解，提高学生知识迁移能力和数据分析等核心素养。

要点 2： 从国家行业标准和实际情况等多种角度出发，引导学生对模型可靠性进行分析，提高学生逻辑推理能力和辩证分析问题的能力。

课堂设计

第 2 课时	教师活动	学生活动
环节一 模型求解 （20 分钟）	**导语：** 上节课同学们建立了两个表面积模型，这节课我们就来讨论在两种模型下，哪种几何体的表面积更小。 **问题 1：** 两个模型结构上有什么共同的特点？有什么启示吗？如何观察到表面积的变化规律？ **备注 1.1：** 学生可能遇到的困难是：当无法用现有的知识求解时，想不到先描绘再观察散点图。为了方便计算数据，可定义 $V=330\text{ml}$。 **备注 1.2：** 提醒学生将数据可视化，选定适合的横纵坐标描绘散点图。 | r (cm) | 3 | 3.5 | 4 | 4.5 | | S (cm²) | 276.548 7 | 265.540 4 | 265.531 | 273.901 2 |	**预期回答 1：** 模型都是二次函数和反比例函数和的形式，应该可以利用相同的处理办法进行求解。可以求出不同半径或边长取值下的表面积，观察变化趋势，寻找最小值进行比较。

续表

第2课时	教师活动	学生活动
环节一 模型求解 （20分钟）	 	r（cm）	3.6	3.7	3.8	3.9
---	---	---	---	---
S（cm^2）	264.763 4	264.395 2	264.413 4	264.798 | （散点图：横轴3.4~4，纵轴264~266，S(ml)曲线） | a（cm）	5	6	7	8
---	---	---	---	---
S（cm^2）	314	292	286.571 4	293 | | a（cm）	6.8	6.9	7	7.1
---	---	---	---	---
S（cm^2）	286.597 6	286.524 3	286.571 4	286.735 5	 （散点图：横轴6~8，纵轴286~289，S(ml)曲线） **问题2**：从数据和散点图上能得到什么信息？ **有利于培养数据分析的核心素养。** **问题3**：刚才我们得到了两个模型的大致印象。数学常常讲究大胆假设，小心求证，能不能通过严格的数学推导进行求解呢？如果能，能用哪一部知识进行求解？有没有解决过类似的问题？ **备注3**：问题可能比较发散，学生头脑中还没有完整的知识体系。如果没有学生回答，教师可以从以下两个方面进行引导。	**预期回答2**： （1）同等体积下，圆柱体的表面积更小，为264.39cm^2。此时，圆柱直径为7.4cm，高度为7.67cm。 （2）正四棱柱的表面积比圆柱体多出22.13cm^2，底面边长为6.9cm，高度为6.9cm，变成正方体。 （3）正方体形状的牛奶盒，与实际情况不符，说明模型不合理。相对来讲，圆柱形表面积模型更符合实际，直径∶高≈1∶1。 **预期回答3**：在均值不等式中，曾经学过"所有周长一定的矩形中，正方形的面积最大"，也求解过"已知面积为定值，求周长最小值"。 **有利于培养逻辑推理的核心素养。**

续表

第2课时	教师活动	学生活动
环节一 模型求解 (20分钟)	(1) 同学们学过的知识有函数、不等式、立体几何、统计、概率、向量、三角函数，帮助学生进行知识归类。 (2) 同学们曾经学过已知某一变量为定值，求另一变量最小或最大的最优问题吗？ **有利于培养数据分析的核心素养。** **问题4**：比较一下问题情境和解决方法，你能猜想到两个数学模型如何解决吗？ **备注4.1**：类比推理是数学研究的重要手段之一。要想解决这个问题，学生必须跨越这个鸿沟，可有效地锻炼学生的思维能力和观察能力。这也是平面类比到空间、二维推广到三维的经典应用。同时，这也是在必修第一册学习均值不等式时，学生没有经历过二元均值不等式推广到三元均值不等式的过程的处理办法。 如果教师预计将在立体几何结束时完成类似建模课题，可以在讲解均值不等式时就进行拓展。在教材中标题页左下角标和数学实验部分均涉及三元不等式推广信息，学生也容易掌握，就没有必要设置该拓展环节。直接帮助学生回顾应用就可以了。 **备注4.2**：对于三元均值不等式，学生可能类比出的结果为 $a+b+c \geqslant 3\sqrt{abc}$ 这时，老师可以让学生动手带入一组数简单验证一下，如，$a=b=c=2$，则 $6 \geqslant 6\sqrt{2}$，显然不成立。需要对类比结果进行修正，进而得到正确结果。 **问题5**：你能对 $a+b+c \geqslant 3\sqrt[3]{abc}$ 进行证明吗？ **备注5**：证明完毕，向同学强调：利用三元均值不等式求最值时，同样满足"一正二定三相等"。证明方法也有很多种，学生只要给出一种就可以，其余的方法可以让学生课后交流，证明过程不作为本节课的重点。 **有利于培养数学运算的核心素养。**	**预期回答4**： 问题情境类比 | 矩形面积一定	几何体体积一定
---	---
求周长最小	求表面积最小 | 变量及应用类比 | ab 为定值	abc 为定值
---	---
$a+b \geqslant 2\sqrt{ab}$	$a+b+c \geqslant 3\sqrt[3]{abc}$	 **预期回答5**：这里给出一种证明方法： $a+b \geqslant 2\sqrt{ab}$ $c+\sqrt[3]{abc} \geqslant 2\sqrt{c\sqrt[3]{abc}}$ $a+b+c+\sqrt[3]{abc} \geqslant 2\sqrt{ab}+2\sqrt{c\sqrt[3]{abc}}$ $\geqslant 4\sqrt{\sqrt{ab}\sqrt{c\sqrt[3]{abc}}} = 4\sqrt[3]{abc}$ $a+b+c \geqslant 3\sqrt[3]{abc}$ 根据均值不等式等号成立的条件，当且仅当有 $a=b$，$c=\sqrt[3]{abc}$，$\sqrt{ab}=\sqrt{c\sqrt[3]{abc}}$，

续表

第 2 课时	教师活动	学生活动
环节一 模型求解 (20 分钟)	**问题 6**：你能用三元均值不等式对数学模型进行求解吗？	综合起来，当且仅当 $a=b=c$，等号成立。 **预期回答 6**： 求解圆柱体表面积模型 $$S=2\pi r^2+\frac{2V}{r}=2\pi r^2+\frac{V}{r}+\frac{V}{r}$$ $$\geqslant 3\sqrt[3]{2\pi r^2 \times \frac{V}{r} \times \frac{V}{r}}=3\sqrt[3]{2\pi V^2}$$ 当且仅当 $2\pi r^2=\frac{V}{r}=\frac{V}{r}$，即 $r=\sqrt[3]{\frac{V}{2\pi}}$ 时，表面积最小，此时 $h=2r=d$，面积最小值为 $3\sqrt[3]{2\pi V^2}$。 求解正四棱柱表面模型 $$S=2a^2+\frac{4V}{a}=2a^2+\frac{2V}{a}+\frac{2V}{a}$$ $$\geqslant 3\sqrt[3]{2a^2 \times \frac{2V}{a} \times \frac{2V}{a}}=6\sqrt[3]{V^2},$$ 当且仅当 $2a^2=\frac{2V}{a}=\frac{2V}{a}$，即 $a=\sqrt[3]{V}$ 时，表面积最小，此时为正方体，面积最小值为 $6\sqrt[3]{V^2}$。而 $6\sqrt[3]{V^2}=3\sqrt[3]{8V^2}$ 很容易比较 $\sqrt[3]{2\pi V^2}<\sqrt[3]{8V^2}$。
环节二 模型分析 与检验 (10 分钟)	**问题 7**：比较实验观察法和理论推导取得的结果，你有什么发现？ **问题 8**：对比搜集到的饮料罐数据，看看是否符合实际情况。 **备注 8**：这里老师可以提前布置任务，让学生测量一下常见饮料罐的尺寸。或者老师给出《包装容器 铝易开盖铝两片罐》(GBT 9106.1—2009)。数据引用如下表：	**预期回答 7**：两种方法得到的结果基本是一致的。同等体积下，圆柱形的表面积略小于方形的表面积。圆柱体的高度约等于直径时，表面积最小。 **预期回答 8**：实际中罐体的高度为 11.52cm，直径为 6.604cm，对比如下： |	直径	高度	h/d
---	---	---	---
实验	7.4	7.67	1.04
推导	d	h	1
国标	6.604	11.52	1.744	

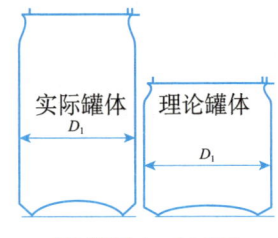

续表

第2课时	教师活动	学生活动
环节二 模型分析 与检验 （10分钟）	**罐体主要尺寸**　单位：毫米 	名称	符号	公称尺寸					极限偏差
---	---	---	---	---	---	---	---
		250mL	275mL	330mL	355mL	500mL	
罐体高度	H	90.93	98.95	115.20	122.22	167.84	±0.38
罐体外径[a]	D_1	66.04 ||||| —
罐体内径	D_2	57.40 ||||| ±0.25
翻边宽度	B	2.22					±0.25	 [a] 工具保证尺寸。 **问题9**：出现偏差的原因是什么？ **备注9**：学生不难想到容器的包装设计，实际上会不断地受消费习惯、审美感受、质量要求的影响，教师可以顺势引导学生理解在众多影响因素中，影响设计的主要因素是材料因素，为学生修正基本假设、完善数学模型提供明确思路。 **问题10**：圆柱体表面积模型出现偏差的原因我们找到了，现在我们来看方形表面积模型。方形盒表面积最小时，变成正方体，这是不符合实际的，那影响方形盒尺寸设计的因素又有哪些呢？方形盒的尺寸到底如何设计才比较合理呢？	**预期回答9**： （1）形状因素：实际罐体和理论罐体大小对比如图： 实际罐体 D_1　　理论罐体 D_1 （比例尺1∶24.55） 考虑上部边缘缩小，底部中间凹入，比理想化的圆柱体实际盛装的容积要小，还要装入等体积的饮料，则需要由"矮胖"变成"瘦高"，以提高容积。 （2）材料因素： **基本假设1**：侧面和底面材质用料都一样，厚度一致。而实际上，无论是拉环式还是留片式罐体，顶盖要承载一定的启破力，所以同等材质下，顶盖需要比侧壁更厚才满足要求。 （3）外观因素：从东方生活美学角度来看，"瘦高"的物体更耐看。如果比例能够接近黄金比例1.618，那就更完美。 （4）便利因素：从人体工学来讲，实际罐体的手持性更好，更舒服。 **预期回答10**：在盒型的结构设计上，无论是简单盒型还是复杂盒型，都要满足最基本的条件：不能超过正常人手握容器的最佳直径。否则，只能用手提式而不是手握式。

续表

第 2 课时	教师活动	学生活动
环节二 模型分析 与检验 (10 分钟)	**备注 10**：由于没有现成的数据，教师可以提前让学生查阅资料《人机工程学手册》《成年人手部号型》等国家标准，或者自己进行实验测量最佳直径。或者参考《包装容器 铝易开盖铝两片罐》(GBT 9106.1—2009)，将最佳直径定为 6.604cm。 **问题 11**：这就相当于已知圆的直径，寻找其内接长方形。实际上，能从我们身边的长方形中得到很多启发，就以 A4 纸为例，长宽比是多少？如果沿着长边中线剪开，你会得到哪些性质？得到什么启示？ **备注 11**："认识 A4 纸"是小学五六年级的一节数学课，学过的同学或者接触过的同学，老师就可以直接帮助同学们回顾："同学们，小学数学我们都学习过 A4 纸的奥秘，你还记得 A4 纸的比例吗？"如果学生没有学过，老师也可以提前布置任务，比如观看视频小学数学六年级"A4 纸的今生与来世"，或者查阅科普文章《看似普通的 A4 纸 其尺寸为何如此"怪异"？》**有利于培养直观想象和逻辑推理等核心素养。**	**预期回答 11**：长宽比是 $\sqrt{2}:1$。实际上，把边长之比为 $\sqrt{2}:1$ 的矩形沿长边对折，对折后的矩形与原矩形相似，若把这种对折继续下去，可以得到一组相似的矩形。按照这个比率生产出的纸张能始终保持同一个长宽比率，保证纸的形状不失真，在纸张分割生产过程中不会造成任何的纸张浪费，相邻型号的两张纸有着相同的侧边，这就为打印成比例放大缩小的文档和图案带来极大方便。用这种规格的纸打印的文件、印制的书籍报刊既美观整齐，也便于陈列、包装和收藏。 A 号纸对折示意图
环节三 对比与模型 改进 (10 分钟)	**问题 12**：通过上面的分析，你觉得圆柱形表面积模型应该加入哪个因素呢？又如何对基本假设进行修改？模型会发生怎样的变化？	**预期回答 12**：对于圆柱形表面积模型，考虑材料因素，基本假设 1 可修改为：侧面和底面所用材料厚度不一致，底面是侧面的 λ 倍 ($\lambda>1$)。则模型可修改为 $$S=2\lambda\pi r^2+\frac{2V}{r},$$ $$S=2\lambda\pi r^2+\frac{2V}{r}=2\lambda\pi r^2+\frac{V}{r}+\frac{V}{r}$$

续表

第 2 课时	教师活动	学生活动
环节三 对比与模型 改进 （10 分钟）		$\geqslant 3\sqrt[3]{2\lambda\pi r^2 \times \dfrac{V}{r} \times \dfrac{V}{r}} = 3\sqrt[3]{2\lambda\pi V^2}$，当且仅当 $2\lambda\pi r^2 = \dfrac{V}{r} = \dfrac{V}{r}$，即 $r = \sqrt[3]{\dfrac{V}{2\lambda\pi}}$ 时，表面积最小，此时 $h = 2\lambda r = \lambda d$，面积最小值为 $3\sqrt[3]{2\lambda\pi V^2}$。
	问题 13：当参数取值不同而发生微小变化时，如果参数的相对误差比改变不大，那么就称此时模型是"稳健的（不灵敏的）"，否则称模型是"不稳健的（灵敏的）"。对于表面积模型来说，我们如何观察 λ 为何值时模型较好呢？ **备注 13**：这个数学实验对于学生来说有点困难，老师可以直接在计算机上演示给学生，学生观察结论。 **有利于培养数据分析的核心素养。**	**预期回答 13**：可以利用数学实验的办法，对参数取值做扰动，观察实验结果的变化情况。 | λ | 1.7 | 1.744 | 1.8 | |---|---|---|---| | r (cm) | 3.137 822 6 | 3.111 209 | 3.078 604 2 | | S_{min} (cm²) | 315.505 41 | 318.204 3 | 321.574 3 | | h (cm) | 10.668 597 | 10.851 9 | 11.082 975 | | h/d | 1.7 | 1.744 | 1.8 | | r 的相对误差 | 0.049 720 6 | 0.057 78 | 0.067 654 7 | | h 相对误差 | 0.073 906 5 | 0.057 995 | 0.037 936 2 | | △h/△r 相对误差比 | 1.486 436 8 | 1.003 714 | 0.560 732 6 | 可以看出当参数 λ 扰动，表面积取最小值时，直径 d 和高度 h 相对误差影响都处于比较小的范围内。但是通过相对误差比来看，当 $\lambda = 1.7$（更准确地说是 1.744）时，两个参数相对误差变化幅度基本一致，这两个参数 $d = 6.22$cm，$h = 10.85$cm 更贴近实际数据。此时，圆柱体的高度已经不约等于直径，而是满足 $h/d \approx 1.7$。此时圆柱体的表面积模型为 $$S = 3.4\pi r^2 + \dfrac{2V}{r}。$$
	问题 14：对于方形表面积模型，如何更改或增加基本假设，又该如何求解，同学们说一说并动手尝试。	**预期回答 14**：增加基本假设： （1）成人正常手握容器最佳直径为 6.604cm。 （2）底面长宽比为 $\sqrt{2} : 1$。 （3）根据一般情况，牛奶盒体积为 250ml。

第2课时	教师活动	学生活动
环节三 对比与模型改进 （10分钟）	问题15：如何验证模型的可靠性？	手握容器的抽象图 则表面积模型修改为： $$S=2\sqrt{2}a^2+\frac{2V(a+\sqrt{2}a)}{\sqrt{2}a^2};$$ 则有 $a^2+(\sqrt{2}a)^2=6.604^2$，解得 $a=3.81\text{cm}$。此时，底面的长为 5.39cm，高度为 12.17cm，表面积最小值为 316.40cm^2。 **预期回答15**：可以测量常见牛奶盒的尺寸，进行粗略的比较。发现：以某品牌 250ml 牛奶为例，宽 3.8cm，长 5.4cm，高 13.1cm，考虑到纸盒上下底要比侧壁厚、纸盒的厚度以及测量误差，认为模型是合理的。
环节四 总结与作业 （5分钟）	**课堂总结：** 经过2节课的学习，我们利用数学建模工具给出了饮料罐是圆柱形、牛奶盒是方形的合理解释，体验了数学建模的全过程，你能说出数学建模的步骤有哪些吗？ 关于饮料罐体积和表面积还有许多值得我们研究的方向，比如，将圆柱体进一步细化，抽象成圆台+圆柱，分析方法和结论会发生怎样的变化，同学们可以结合课后作业给出的建议提出自己的方案。	**课后作业（个人形式+团队形式）：** （1）以个人为单位，梳理在两课时中学到的所有数学工具及其用法，总结数学建模的基本步骤，用一页A4纸写报告，并在组内进行讨论。 （2）以小组为单位，建议2~3人，研究饮料罐抽象成"圆台+圆柱"，建立数学模型，提交2~3页研究报告。

四、重难点解析

重难点1：第1课时问题7。实际上等价于更深层次的问题：为什么等体积的四棱柱中，正四棱柱的表面积最小。若长方体和斜四棱柱的体积都相同，高度也相同，则底面积必相同。

$$S_{\text{斜侧面}} = 2AB \times A_1E + 2BC \times B_1G \geqslant 2AB \times A_1F + 2BC \times B_1H \text{（见图 3-1-1）}$$
$$= 2AB \times A_1A + 2BC \times B_1B \text{（见图 3-1-2）}$$

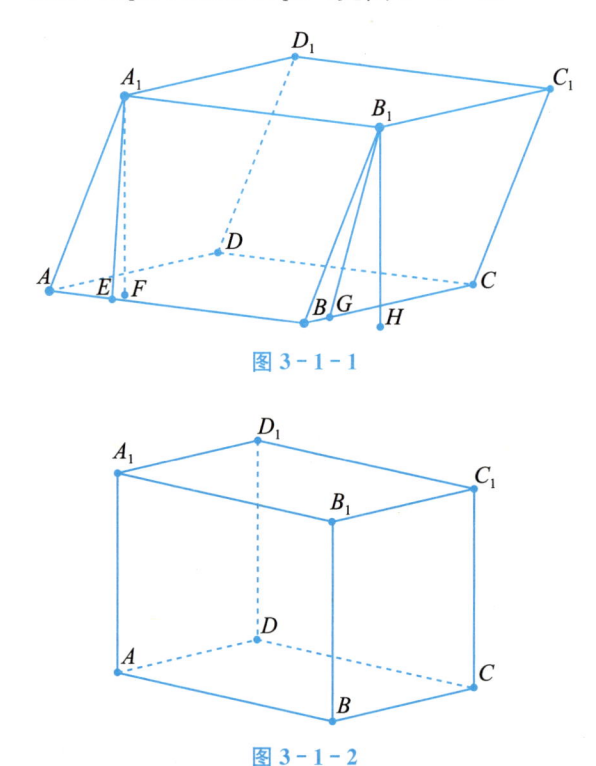

图 3-1-1

图 3-1-2

重难点 2：第 2 课时问题 5。三元均值不等式的证明方法有很多，学生也可能提出很多种方法，课上虽然不作为重点，但要进行充分的思考。

方法 1：原始证明：$a^3 + b^3 + c^3 \geqslant 3abc$（作差法，略）

方法 2：设 a、b、c、d 为四个正数。由二元均值不等式，有

$$\frac{a+b+c+d}{4} = \frac{1}{2}\left(\frac{a+b}{2} + \frac{c+d}{2}\right) \geqslant \frac{\sqrt{ab} + \sqrt{cd}}{2} \geqslant \sqrt[4]{abcd}$$

上式中，当且仅当 $a = b = c = d$ 时，等式成立。

令 $d = \frac{a+b+c}{3}$ 时，代入上述不等式，得 $d \geqslant 4abcd$

由此推出 $d^3 \geqslant abc$，因此 $a + b + c \geqslant 3\sqrt[3]{abc}$，其中当且仅当 $a = b = c$ 时等式成立。

五、学生课后练习

（1）如果课题要比较无盖的圆柱和棱柱表面积最小，又将建立怎样的表面积

模型？

（2）※如果课题改变基本假设为：饮料罐体由圆柱＋圆台构成，模型该如何调整？结论又会有何变化？

（3）※※参考本节课的建模过程和方法，请你建立表面积为定值、体积最大的体积模型，并尝试求解。

（4）※※※本课题在模型求解环节还可以利用导数求解。还可以使用拉格朗日乘数法进行优化，请老师查阅相关资料，对模型进行优化，并比较模型的优劣。

六、专家评价

● **总评**：本案例所选课题为学生日常生活中常见物件的尺寸优化，具有强烈的生活气息，初学数学建模的学生很容易上手。案例中利用三元均值不等式作为工具建立和求解数学模型，方法简洁，处理得当。对于计算结果和现实设计之间的差别有基于美学、人体工程学的反思，使得模型具有延展性。课堂设计能够让学生充分讨论，课时划分和课时容量合理。

● **改进建议**：

（1）第 1 课时问题的引入较慢，建议聚焦于圆柱体和长方体两类包装产品展开讨论和研究。

（2）第 2 课时模型的分析和检验部分设计的问题串思维跳跃性较强，尤其是最后对于 A4 纸比例的类比研究显得和案例主题跨越较大，建议设置中间思考问题作为铺垫。

（3）第 1 课时的作业既然是让学生求解模型，第 2 课时可以设置相应环节让学生分享其作业结果，教师基于学生的分享内容进行点评、总结和提升，对于学生思维能力的提升会更有利。

参考文献

[1] 史宁中，王尚志. 普通高中数学课程标准（2017 年版）解读. 北京：高等教育出版社，2018.

[2] 最优柱体及其制作书稿. https：//wenku.baidu.com/view/e7dd8b1fa300a6c30c229fbc.html.

[3] 朱浩楠. 数据建模之人口模型（3）：模型的参数拟合. https：//www.bilibili.com/video/BV1g7411N7KJ.

第二节 如何分配用水可以让衣服洗得更干净

一、背景

全球淡水资源不仅短缺而且地区分布极不平衡。约占世界人口总数40%的80个国家和地区约15亿人口淡水不足，其中26个国家约3亿人极度缺水。更可怕的是，预计到2025年，世界上缺水人口将增加一倍，40个国家和地区将面临淡水匮乏的危机。我国人口众多，是世界第一人口大国，虽然我国也是水资源大国，但人均淡水资源只占世界人均淡水资源的1/4。

水资源对我们很重要，同时也无处不在，但我们在日常生活中常常忽略它的重要性。其实我们身边有很多可以节约用水的机会，比如可以通过多吃蔬菜少吃肉类、减少食物浪费、安装低流量的淋浴喷头、少洗牛仔裤等方式来节约用水。提高水资源的使用效率也是一个重要的途径。

本案例通过对洗衣服这一用水行为进行分析，探讨如何高效用水，即如何在水量有限的情况下，将衣服洗得更干净。通过此案例研究，可以加强同学们的数学应用意识和创新精神。

二、预备知识、学习目标及评价量表（见表3-2-1和表3-2-2）

本案例完成第一个模块需要学生有基本初等函数的知识储备，完成前两个模块需要学生学过基本初等函数、数列、不等式等相关内容，完成前三个模块需要学生已经学习过基本初等函数、数列、不等式、导数、极限等相关内容。本案例假设学生对数学建模有一定的概念。

表 3-2-1　预备知识、学习模块与学习目标拆解

预备知识	学习模块	学习难度	学习目标
基本初等函数	模块一 单次洗衣过程中污渍与用水模型的建立与分析 （1课时）	★★ 高考难度	根据现实问题建立和求解模型
一元函数的导数	模块二 多次漂洗过程中最优水量分配模型 （1课时）	★★ 高考难度	根据求导法则进行特定函数的求导
数列的概念	模块三 多次漂洗模型的经济分析 （1课时）	★★ 高考难度	能结合实际情况建立变量之间的联系

表 3-2-2　知识和能力掌握维度及其评价量表

各阶段	表现性证据（满分12分）				
	1分	1.5分	2分	2.5分	3分
基本假设	能够提出基本假设，但无法自圆其说	缓冲级	能够提出并解释基本的假设，但无法设出适切的参数及变量	缓冲级	能够提出并解释合理的基本假设，并设出适切变量
单次用水情况下洗衣模型的建立和求解	能表述洗衣过程中污渍随水量变化的大致规律，但无法建立具体模型	缓冲级	能够结合科学知识建立单次用水污渍随水量变化的函数，但不能解释模型参数的实际意义	缓冲级	能够建立幂函数型污渍随水量变化的函数，能拟合模型的参数值，并能解释模型参数的实际意义
多次用水情况下洗衣模型的建立与求解	无法建立多次用水情况下洗衣各阶段之间的递推关系模型	缓冲级	能够建立多次用水情况下洗衣各阶段之间的递推关系模型，需要在帮助下才能完成通项公式的推导	缓冲级	能够建立多次用水情况下洗衣各阶段之间的递推关系模型，并能推导出通项公式
模型的分析与改进	无法求出最优的多次用水分配，无法理解用水分配对洗衣效果的影响	缓冲级	在提示下能够对不等式进行求解，能够理解用水分配对洗衣效果的影响	缓冲级	能够根据现实情境列出方程求解最优水量，并能根据实际情况对结果进行优化
合计	总评分：_____分				

三、课堂设计

> **模块一** 单次洗衣过程中污渍与用水模型的建立与分析（1课时）

要点 1：通过对单次漂洗用水量与污渍残留数量模型的建立、求解和分析，体会数学建模中建立模型、设置参数与变量的必要性，感受数学抽象的过程。

要点 2：回顾各类函数模型（指数、对数、幂函数）的内容与性质，以及其拟合特定数据的适切性。

要点 3：通过课堂讨论、小组合作增加对问题复杂性的理解（影响某个结果的因素会有多个，在本节课中是各种影响洗涤效果的因素），在此基础上获得对模型简化和假设必要性的感知。

要点 4：建立跨学科解决问题的意识。本节课主要利用了化学学科中溶解的概念进行机理建模。

要点 5：单次洗涤模型为后面的多次洗涤模型的建立做了背景与技术的铺垫。

> **课堂设计**

第 1 课时	教师活动	学生活动
环节一 提出问题与 基本假设 （15 分钟）	**背景介绍：** 手洗衣服可以分为浸润、打肥皂（或洗衣液）、漂洗、晾干等阶段，洗衣机洗涤有类似的过程。漂洗的效果与用水的次数和每次用水量的多少有关，我们可以合理设置用水次数和每次的用水量来提高水的使用率，达到节约用水的效果。 **提出问题：** 王老师周末手洗衣服，在打完肥皂揉搓完毕后，需要将衣服进行漂洗。在有一桶水用于漂洗的情况下，他打算用水将衣服分四次漂洗完，那么这几次漂洗各用多少水能让衣服漂洗得更干净？ **备注：** 展示洗衣服图片或洗衣服视频，帮助学生理解问题情境，尤其重要的是与学生在问题情境的理解上达成一致，向学生表明这里漂洗的过程是已经经历了衣服浸泡、搓洗等环节之后，只是希望通过清水将衣服上残留的洗衣液和其他污渍洗去的过程。	可以在课前给学生提供相应的网站或书籍资源，如 https：//www.water-calculator.org/，让学生了解水资源的利用及节水的方法，增强学生对本课题背景的理解。

续表

第1课时	教师活动	学生活动
环节一 提出问题与 基本假设 （15分钟）	问题1：洗衣服的效果与哪些因素有关？	预期回答1： (1) 和衣服的材质与污渍的类型有关。有的衣服并不适合水洗，需要用干洗等途径，这种洗衣类型与本题的设置不符；墨渍、油渍、泥渍等在不同衣物上清洗的难度不同，油渍需要溶于酒精类的溶剂中，对洗衣液也有要求。墨渍清洗起来也比较难。大部分污渍还是可以通过水洗洗掉的，即可以溶于水或被洗衣液处理后溶于水。 (2) 如果是用手洗衣物，最后的干净程度与搓洗的方式和力度也有关系。搓洗的力度越大，越容易洗干净。 (3) 和用水量有关，使用的水越多，清洗得就越干净。 (4) 和温度有关，温度影响污渍的溶解，合适的温度设置可以让洗衣效果更好。
	问题2：如何理解"洗得更干净"？	预期回答2： (1) "洗得更干净"就是衣物上残留物（包含原有污渍和洗衣液）最少。 (2) 最后倒掉的水越清，洗得就越干净。 (3) 可以通过类似于化学检测的手段检测脏水中污渍的含量，以测量洗掉的污渍的量来判断衣物洗得干不干净。
	问题3：为了简便起见，我们只考虑可溶于水的污渍以及少量衣物，假设只洗一次衣物，衣物的干净程度和用水量之间有怎样的关系？	预期回答3：用水越多，衣物洗得越干净。

续表

第1课时	教师活动	学生活动
环节一 提出问题与 基本假设 （15分钟）	**备注3**：这里其实是教师对问题进行了简化和假设，应该把这里的假设列在黑板或课件上，以帮助学生了解建模所在阶段以及为接下来的建模做铺垫。 **问题4**："用水越多，衣物洗得越干净"如何用数学方式表达出来？（或如何用数学方式表达洗衣物的内在机理？）	**预期回答4**： (1) 假设每次洗掉 x% 的污渍，我们可以计算出洗掉的污渍的量，进而判断洗完之后残存的污渍量和干净程度。 **教师追问**：能否给出洗完之后衣物上残存污渍量的取值范围？ (2) 水量与洗掉的污渍量的关系满足类似于经济学上的"边际效应递减"，即用的水越多，洗掉的污渍也越多，但越往后洗掉的污渍越少（因为残存的污渍量越来越少）。 **教师追问**：能否用你学过的某种函数来表达这种关系呢？ (3) 类似于水滴从高空下落中速度和时间的关系，速度越快，阻力也越大，可能需要用到微分方程来解决。 **教师追问**：为什么要这样类比呢？依据是什么？
	问题5：为了研究这个问题，我们需要设出哪些常量（参数）、变量呢？它们的单位是什么？	**预期回答5**：设每次用水量、每次残存污渍量作为变量，最开始的污渍量作为常量，它们的单位都为克（g）。
环节二 建立用水量与 污渍量之间的 函数模型 （15分钟）	**问题1**：同学们觉得我们来分析洗衣服的原理时会用到哪些学科的知识？如何运用它们呢？	**预期回答1**：物理或化学中跟溶解相关的知识。
	问题2：同学们可以想象一下，我们现在只有衣服、水、污渍或者只有水、污渍这样几个对象，污渍和水具体是怎样"互动"，使得水变多会使衣服上的污渍数量变少呢？（如果学生没有达到预期回答，即建立溶解模型，可以提示学生设想糖溶于水的过程）	**预期回答2**：污渍全部溶解在水中，当倒掉污水之后，衣服上还残留一些水，这些水中溶解的污渍就成为衣服上残留的污渍，而其他污渍则随着污水的去除而去除了。 洗涤一次衣服上残留的污渍数量为 $d_1 = \dfrac{d_0}{M+W} \times W$ 这里 d_0，d_1 分别表示最初污渍总量及洗涤一次之后的衣服上残存污渍总量；

续表

第1课时	教师活动	学生活动
环节二 建立用水量与污渍量之间的函数模型 （15分钟）	备注2：这里为了帮助学生分解问题，故将多次漂洗情境简化成为单次漂洗情境。 问题3：以水量为自变量x，衣服上残留的污渍量为因变量y，函数的图像是怎样的？函数图像有什么性质？该函数（模型）是否符合同学们对溶解过程的直观感受？	W、M分别表示洗涤一次衣服上残存的水量及总用水量，这两者都是常量。 （之所以这里使用 M 而非 x_1 是因为本次只有一次漂洗，所以第一次用水量也是总用水量。） 预期回答3：反比例函数及相应性质 （图：$y=1/x$，横轴自变量x，纵轴因变量y）
环节三 分析单次洗衣函数模型 （10分钟）	问题1：在单次用水洗衣的情况下，我们要确保污渍在一定量（或比例）的情况下，如何确定所需的用水量？ 问题2：假设每次拧干水分之后衣物的含液量为衣物干重的40%，现有1.5kg衣物，20kg水，初始污渍与洗涤液为10g，希望将污渍降为0.1g以下，请问现有水量能否满足洗涤要求？ 问题3：我们是否有可能在现有资源不变的情况下，通过调整洗涤方式来最终满足洗涤要求呢？	预期回答1：代入上述函数进行运算，但是参数未知。 预期回答2：经计算 $$M = \frac{Wd_0}{d_1} - W$$ $$= \frac{1.5 \times 0.4 \times 10}{0.1} - 1.5 \times 0.4$$ $$= 60 - 0.6 > 20$$ 显然现有水量不能满足洗涤要求。 预期回答3：可以通过增加漂洗次数、减少残余水量等方式。
环节四 总结与作业 （5分钟）	课堂总结： 本节课我们通过合理假设分析了洗衣过程的机理，并建立起了用水量与残留污渍之间的关系式，这个关系式可以帮助我们在给定初始污渍量、要求污渍量和残留水量的情况下求得所需用水量。但是在现有的单次洗涤的情况下现有水量可能无法满足洗涤要求，我们下节课将深入探讨如何优化现有漂洗方式以满足洗涤要求。	课后作业： (1) 以个人为单位，尝试在单次洗涤模型的基础上，建立多次洗涤用水量与残留污渍之间关系的数学模型，并撰写1~2页研究报告。 (2) 将你的研究报告在小组中分享，以小组为单位对组内成员的方案进行讨论。 (3) 阅读给定的参考资料，增加对节水重要性和方式的理解。

模块二 多次漂洗过程中最优水量分配模型（1 课时）

要点 1：通过建立多次漂洗用水分配的优化模型，获得洗衣用水分配的有用知识，可以用以帮助理解例如洗衣机、洗碗机等家用设备的一些工作原理。

要点 2：建模过程中以数列模型为主体模型，可以帮助学生回顾数列的建立、表达和求解的相关知识。

要点 3：求解优化模型时可以利用基本不等式求最值的方法，帮助学生巩固不等式的相关知识，同时自然地拓展多元不等式最值的相关结论。优化问题的解法较多，这节课也会简单介绍一下其他的解法，帮助学生开拓求解思路。

第 2 课时	教师活动	学生活动
环节一 多次漂洗最优水量分配模型的建立 （15 分钟）	**导语：** 上节课我们建立了一次漂洗用水量与污渍残留之间的关系，同时我们也注意到了单次漂洗要达到一定的衣物清洁程度需要的用水量较大。这节课我们考虑能否在用水量不变的情况下，增加洗涤次数来满足洗涤要求。同学们回顾一下上节课我们建立的模型、假设和设立的变量。 **问题 1**：如果我们将洗涤的次数定为 2 次，也就是将一部分水用于第一次漂洗，倒掉脏水后，用剩下的一部分水做第二次洗涤，两次用水分别是多少时可以将衣服洗得更干净？ **备注 1**：成功由单次到两次漂洗模型的关键在于对衣服上残留水中含有污渍这一事实的理解，在上一节课中讲清楚或在本节课"导言"中强调此概念有助于模型的建立；需要解释衣服上残留水量为常量这一假设，该假设可以方便问题的求解。当然这一假设也是合理的。	回顾单次洗涤的模型、假设与变量。 **预期回答 1**： $$d_2 = \frac{d_1}{x_2+W} \times W = \frac{\frac{d_0}{x_1+W} \times W}{x_2+W} \times W$$ $$= \frac{d_0 W^2}{(x_1+W)(x_2+W)}$$ 这里 d_0, d_1, d_2 分别表示最初污渍总量及漂洗完第一次、第二次衣服上残留的污渍量； W, M 分别表示洗涤一次衣服上残存的水量和总水量（这里为常数）； x_1, x_2 分别表示第一次、第二次所用的漂洗水量，且 $x_1+x_2=M$。

续表

第 2 课时	教师活动	学生活动
环节一 多次漂洗最优水量分配模型的建立 （15 分钟）	问题 2：请尝试建立总水量不变情况下，n 次漂洗后各次用水量与残留污渍量之间的关系。	预期回答 2： $\begin{cases} d_1 = \dfrac{d_0}{x_1 + W} \times W \\ d_2 = \dfrac{d_1}{x_2 + W} \times W \\ \cdots \\ d_n = \dfrac{d_{n-1}}{x_n + W} \times W \end{cases} \Rightarrow d_n = \dfrac{W^n d_0}{\prod\limits_{i=1}^{n}(x_i + W)}$
环节二 两次漂洗最优水量分配模型的分析 （15 分钟）	问题 1：两次漂洗，各次用水量为多少时可以将衣物洗得更干净？换句话说，当 x_1，x_2 分别何值时，d_2 可以取得最小值？最小值为多少？	预期回答 1： （1）由假设及函数形式 $d_2 = \dfrac{d_0 W^2}{(x_1 + W)(x_2 + W)}$ 可知，等式右侧为常数，要求式子的最小值只需要求出分母的最大值即可。又由均值不等式可知，当 $x_1 + W$ 与 $x_2 + W$ 的和为定值时，$(x_1 + W)(x_2 + W)$ 可取得最大值，且当 $x_1 + W$ 等于 $x_2 + W$ 即 $x_1 = x_2$ 时等号成立，所以当 $x_1 = x_2 = \dfrac{M}{2}$ 时可取得最小值 $d_2 = \dfrac{dW^2}{\left(\dfrac{M}{2} + W\right)^2} = \dfrac{d}{\left(\dfrac{M}{2W} + 1\right)^2}$ （2）由 $x_1 + x_2 = M$ 可得 $x_1 = M - x_2$，换元可得 $d_2 = \dfrac{d_0 W^2}{(M - x_2 + W)(x_2 + W)}$。分母为关于 x_2 的二次函数 $\left(\begin{aligned} f(x_2) &= (M - x_2 + W)(x_2 + W) \\ &= -x_2^2 + Mx_2 + (M + W)W \end{aligned}\right)$ 可得，当 $x_2 = \dfrac{M}{2}$ 时，函数取得最小值，最小值为 $d_2 = \dfrac{d_0 W^2}{\left(\dfrac{M}{2} + W\right)^2} = \dfrac{d_0}{\left(\dfrac{M}{2W} + 1\right)^2}$。 （3）根据 x_1，x_2 在等式中的对称性判断出当 $x_1 = x_2$ 时函数取得最小值。 （4）利用拉格朗日乘数法可以求有约束条件下的二元函数最值。 （5）可通过相应的计算机程序或软件进行求解。

续表

第 2 课时	教师活动	学生活动
环节三 n 次漂洗最优水量分配模型及极限值 （10 分钟）	**问题 1**：能否将上述结果推广到 n 次漂洗的情况？结论上有何相似性？ **问题 2**：当 $n \to \infty$ 时，$d_n \to ?$ 同学们可以作课下思考。	**预期回答 1**： 根据 n 元均值不等式的推广形式 $$\frac{x_1+x_2+\cdots+x_n}{n} \geqslant \sqrt[n]{x_1 x_2 \cdots x_n}，且有$$ $$x_1+x_2+\cdots+x_n = M,$$ 当 $x_1=x_2=\cdots=x_n=\dfrac{M}{n}$ 时，$x_1 x_2 \cdots x_n$ 取得最大值，此时 $d_n = \dfrac{d_0}{\left(\dfrac{M}{nW}+1\right)^n}$ **预期回答 2**： $$\lim_{n\to\infty} d_n = \lim_{n\to\infty} \frac{d_0}{\left(\dfrac{M}{nW}+1\right)^n}$$ $$= \lim_{n\to\infty} \frac{d_0}{\left(\left(\dfrac{M}{nW}+1\right)^{\frac{nW}{M}}\right)^{\frac{M}{W}}}$$ $$= \frac{d_0}{\left(\lim_{n\to\infty}\left(\dfrac{M}{nW}+1\right)^{\frac{nW}{M}}\right)^{\frac{M}{W}}}$$ $$= \frac{1}{e^{\frac{M}{W}}}$$ $$= e^{-\frac{M}{W}}$$
环节四 总结与作业 （5 分钟）	**课堂总结**： 本节课在单次漂洗模型的基础上建立了多次漂洗模型，并求得了 n 次漂洗后残留量的极限值，理论上证明了无法完全将污渍去除。但是洗涤次数越多越好吗？是否存在最佳的洗涤次数？除了干净程度以外我们还可以讨论哪些有用的评价指标？……这些问题我们将在下一节课继续探讨。	**课后作业**： (1) 根据所建立的二次漂洗和 n 次漂洗模型，当 $n=2,3,4,5$ 时，求解如下问题： 假设每次拧干水分之后衣物的含液量为衣物干重的 40%，现有 1.5kg 衣物，20kg 水，初始污渍与洗涤液为 10g，希望将污渍降为 0.1g 以下，请问经历 n 次漂洗后现有水量能否满足洗涤要求？ (2) 思考漂洗次数、漂洗效果与用水量之间的关系，尝试绘制出其大致图像。

模块三 多次漂洗模型的经济分析（1 课时）

要点 1：基于多次漂洗模型，利用导数、极限等数学工具分析各变量之间的关系。

要点 2：充分考虑现实经济情况，综合衣物的洁净程度、水费、电费、机器的磨损等因素建立衣物漂洗现实问题的数学模型。

第 3 课时	教师活动	学生活动
环节一 漂洗次数、 漂洗效果、 用水量 之间的关系 （20 分钟）	**导语：** 上节课我们一起探讨了建立了多次漂洗的优化模型，通过作业同学们应该也可以发现，当洗涤次数分别为 2，3，4，5 时，由作业中给出的条件可算得残留的污渍数量分别为 0.20，0.08，0.04，0.02。可以发现当 n＝3 时，就可以满足作业中所要求的洗涤干净的条件。同时也可以发现，随着洗涤次数的增加，污渍残留量是越来越少的。 **问题 1：**有没有同学可以解释一下为什么 n 越大，d 越小呢？	污渍量随洗涤次数的变化（图：最低污渍量随洗涤次数 1~9 的变化曲线） **预期回答 1：** （1）对函数进行求导得 $$d_0\left(\frac{M}{Wn}+1\right)^{-n}\left[\frac{M}{Wn\left(\frac{M}{Wn}+1\right)}-\ln\left(\frac{M}{Wn}+1\right)\right]$$ 显然只需要判断后一项（且设为 Y）的正负即可 令 $t=\frac{M}{Wn}$，则后一项为 $\frac{t}{t+1}-\ln(t+1)$ $=1-\frac{1}{t+1}-\ln(t+1)$ 对该式关于 t 进行求导可得 $-\frac{t}{(t+1)^2}<0$，$\frac{t}{t+1}-\ln(t+1)$ 单调递减，当 $t=0$ 时， $\frac{t}{t+1}-\ln(t+1)=1-\frac{1}{t+1}-\ln(t+1)=0$ 显然 $t>0$，故有后一项 $Y<0$ 可得原函数导数小于零，原函数单调递减。 （2）学生从生活经验的角度进行定性思考。
环节二 经济考量 （15 分钟）	**问题 1：**漂洗次数是否越多越好？可以从实现可能性、衣物清洁、洗衣机损耗等角度进行考虑。	**预期回答 1：** （1）不一定越多越好。由上一问可知漂洗次数越多，每次用水量越少，但是用水量不能少于一定量，否则会导致衣物无法被浸润而失去洗涤效果。 （2）应该综合考虑洗涤次数增加引起的清洁程度的变化及对洗衣机的损耗、能量消耗等。 **教师追问：** 如何综合考虑这些因素呢？能否设定一个尽可能客观的指标来对洗衣次数做出决策？

续表

第 2 课时	教师活动	学生活动
环节二 经济考量 （15 分钟）	**问题 2**：假设我们只考虑洗涤所导致的水费、电费和机器的损耗程度，我们能建立一个怎样的模型帮助我们做出决策呢？	**预期回答 2**： 采用线性模型，变量与参数如下： a：水费（元/m³） b：电费（元/每次漂洗） c：洗衣机损耗费（元/每次漂洗） M：用水量（m³） n：洗涤次数 C：洗涤费用 建立模型： $$C = aM + bn + cn$$ $$= anW\left(\left(\frac{d_0}{d_n}\right)^{\frac{1}{n}} - 1\right) + bn + cn$$ **教师补充**： 还需要有具体的价格等数据，需要补充之后才能获得最优结果。
环节三 总结与作业 （5 分钟）	**课堂总结**： 本节课我们在已知多次漂洗用水量、用水次数与残留污渍关系的基础上，基于上节课得到的"每次漂洗所用水量相同"的结论，对模型进行了深入分析，并建立了有关洗涤费用的模型。同时我们也利用求导和求极限的方法对几种情况的极限状态进行了讨论。	**课后作业**： 收集水费、电费、洗衣机参数（注水方式及注水量、耗电功率等），完善课上的经济模型，并给出给定洗衣量情况下的洗涤次数对照表（见下表），并考虑将其用于实践。 | 衣服干重（kg）	0.5	1	1.5	2	2.5
---	---	---	---	---	---
最佳漂洗次数（次）					
费用（元）						

四、重难点解析

重难点 1：单次洗衣模型到多次洗衣模型的转换。

单次洗衣模型是多次洗衣模型的铺垫和"脚手架"。在本次教学设计中模块一是围绕单次洗衣模型展开的，学生在这一模块中经历了基本的数学建模过程，同时量化了用水量与干净程度之间的关系。这里面尤其重要的是选取了"残留污渍量"作为度量洗净程度的指标以及依据溶解原理建立起的溶解模型，使得学生在模块二时可以较为顺利地构建起两次漂洗之间量化的关系从而构建起数列模型。

笔者在以往实践中，曾采用直接提出多次洗涤如何优化用水这一问题，然后让学生进行建模的教学方式，这种方式的好处有：(1) 开门见山，直接进入核心问题，显得不啰唆。(2) 将最困难的问题呈现给学生，让学生直接接触更现实的问题，同时感受到现实问题解决的不易。但是问题也在于难度较大，学生需要处理变量优化、洗净程度度量方式、洗衣机理假设等多个难点，很少有学生能较为清晰地找到解决问题的路径。而本次教学的设计方式逐层递进，降低了学生入手的难度，也更适合课堂教学。当然，对于建模程度较好的学生，仍可采用一步到位提出多次漂洗的问题来适应其水平。

重难点 2：最值求解。

对于二次漂洗所用到的求最优值的方法（均值不等式、二次函数、求导等）是学生高中数学课程中需要掌握的方法，在模块二建立好两次漂洗模型后，可作为检验学生该部分知识掌握程度的现实情境。在二次漂洗基础上推广的多次漂洗及 n 元均值不等式的方法可以顺带提出，以巩固学生对不等式知识的理解。

多元优化是建模中常见的问题，教师可在此处基于学生的基础介绍偏导数、拉格朗日乘数法等概念来拓展学生的工具箱，同时也有学生可能想到使用计算机进行求解，这里教师也可介绍相应的软件或编程方法以适当拓展。一些计算思维好的学生可能会提出某些算法，教师可引导其将算法过程用流程图或伪代码的形式表示出来。

重难点 3：极限计算与导数运算。

模块二中的极限运算较为简单，主要利用了自然对数的底，但模块三的极限运算就比较复杂了，教师可以酌情讲解或者采用数值演示的方式进行。

模块三中的导数运算也有些复杂，但也在高考范围内，尤其是通过二次求导判断正负后再利用临界点判断取值范围的技巧在高考题中常出现，这一部分可适当多讲一些，"用以致学"。

五、学生课后练习与教师拓展阅读材料

学生课后练习

已在每个模块之后的"课后作业"中进行了介绍，前两个模块的课后作业属于通过数值进行具体化运算并得出结论，难度为"※"。第三个模块作业有探究性质，难度为"※※"。

教师拓展阅读材料

教师拓展阅读材料可参考本节"参考文献"及如下链接：

（1）你洗衣服太频繁了！. https://www.wisebread.com/youre-washing-your-clothes-too-often-what-to-do-instead.

(2) 你洗衣服的方式不对！. https：//www. rockethomes. com/blog/home-owner-tips/youre-doing-laundry-wrong-and-its-costing-you-money.

(3) 洗衣服. https：//www. watercalculator. org/posts/laundry/.

六、专家评价

● **总评**：水资源是宝贵的生命要素，利用数学建模研究洗衣时如何减少水资源浪费，既具有生活指导性，又具有德育价值。案例首先建立单次洗衣过程的用水模型，再利用递推关系建立多次漂洗过程的用水模型，循序渐进、逐步深入，不仅符合学生的认知过程，也帮助学生掌握了"局部模型通过递推关系搭建整体模型"这一数学建模常用思想方法。案例中所使用的数学简捷有效，作业设置得当。课堂设计能够让学生充分讨论，课时划分和课时容量合理。

● **改进建议**：

(1) 第 1 课时和第 2 课时的作业既然是让学生建立和求解模型，在下一课时建议设置相应环节让学生分享其作业结果，教师基于学生的分享内容进行点评、总结和提升，对于学生思维能力的提升会更有利。

(2) 第 2 课时部分内容涉及数列极限，建议其他老师采用时结合学情适当取舍。

参考文献

[1] 黄忠裕. 初等数学模型. 北京：科学出版社，2013.

[2] 顾乾坤，张世平. 洗衣机的漂洗用水量研究. 家电科技，2004（2）.

[3] 姜启源，谢金星，叶俊. 数学模型. 5 版. 北京：高等教育出版社，2018.

[4] 中华人民共和国教育部. 普通高中数学课程标准（2017 年版）. 北京：人民教育出版社，2018.

第三节 听牌术的数学模型

一、背景

数学之美由于其鉴赏门槛较高，与其他艺术之美相比，没有一定数学素养则难以深入窥探。而魔术表演——"听牌术"，则能很好地填补这道鸿沟。观众无须刻意地储备数学知识，亦能对其着迷——就像听众无须懂得如何作曲，却能陶醉于作曲家的乐章一样。正如每首动听的乐曲背后都能感受到某类经典的乐章，听牌术的背后也藏着一个不为人所熟知的数学模型。

算法是指一系列用来描述和解决问题的运算指令和策略机制，是数学建模中一个独特而常见的专题。本节将通过数学建模把听牌术与某种的算法联系起来，引导学生针对纸牌的点数、花色、位置序号三个变量，利用函数、同余方程、数列、复数等数学工具来建立对应关系。一方面能促使学生应用不同板块的数学知识去抽象并理解现实生活中所遇到的问题，另一方面能让学生体会运用算法思想求解数学模型的独特乐趣。

本节所讲的听牌术（如图3-3-1），指的是纸牌在魔术师手上经过令人眼花缭乱的切牌后，观众随机抽一张，魔术师便可以马上说出这张牌是什么，仿佛他具备一种超乎常人的能力，可以用听觉感受观众所抽取的纸牌。

听牌术的表演由手法及数学模型两部分构成。如图3-3-1步骤3，在观众抽取空心箭头所指的第n张纸牌后，纸牌被分割为左右两摞，魔术师把左边的纸牌叠放在右边之上，于是原本排在第$n-1$位的纸牌被置放到最后一张（如图3-3-1步骤4实心箭头所示），这就是听牌术的手法。

接下来魔术师把虚线箭头所指的那摞纸牌摆在耳边"听一听"，由于听牌时第$n-1$张纸牌在魔术师手心，魔术师总能迅速地知道它是什么，于是听牌术就相当于让魔术师在短时间内解如下的数学问题：在数列$\{a_n\}$

中，已知 a_{n-1}，求 a_n 的值。因此找出合适的递推公式就是听牌术的核心所在。

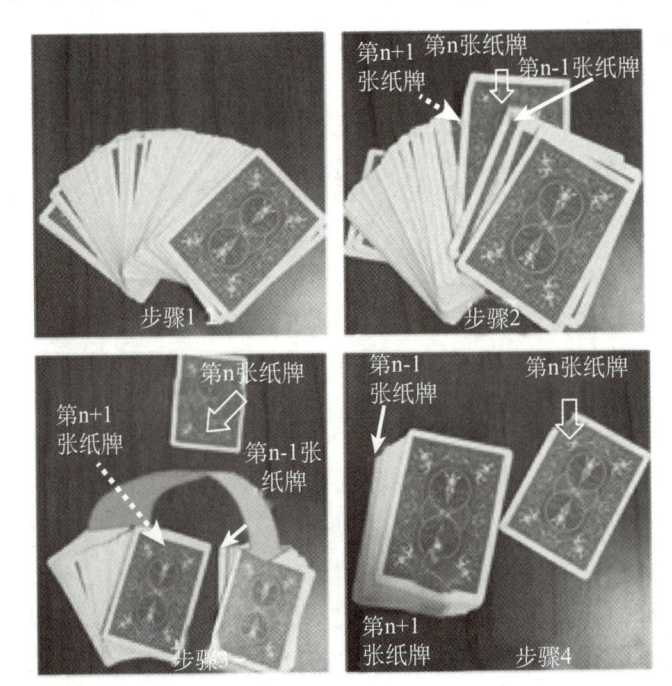

图 3-3-1 去除大小王的纸牌经过魔术师或观众随意切牌后，魔术师让观众随机挑选一张，把剩余的牌（如步骤 4 左侧虚线箭头所示）摆在耳边"听一听"，就能说出观众所挑选的牌（如步骤 4 右侧空心箭头所示）

在此背景下，本节案例使用数学模型结合具体的算法由浅入深地从等差数列出发，带领学生完整地体验数学建模的各个步骤。本节案例分两个模块，每个模块对应的一个课时：模块一：提出问题、做基本假设，用等差数列建立纸牌魔术的数学模型；模块二：在上述假设的基础上，用递推数列探索更为完美的听牌术。

本节案例需用到高中数学必修五中的"数列"、必修三中的"算法初步"，以及高中数学选修二和三中的"计数原理"作为预备知识，在模块一的学习过程中，需要学生学过并已掌握等差数列，另外还需要学生对复数的概念有最基本的认识，以及能进行最基本的同余运算、能解简单的同余方程；在模块二的学习过程中，还需学生学过并已掌握递推数列、排列组合以及算法的设计。

听牌术的数学模型适合在数列、算法初步及计数原理章节学习结束后展开，针对尚不知道如何把现实问题转化为数学模型，不知道数学建模中各个步骤的学生，学生在经历了本单元教案的学习后，不但能体会到什么是数学建模，还能自备一副魔术纸牌并进行魔术表演，让学生陶醉于"数学美"之中。

二、预备知识、学习目标及评价量表（见表3-3-1和表3-3-2）

表3-3-1 预备知识、学习模块与学习目标拆解

预备知识	学习模块	学习难度	学习目标
等差数列 同余方程 复数的概念 算法设计	模块一 用等差数列 建立纸牌魔术 的数学模型 （1课时）	★★ 高考难度	（1）设定好点数与花色有关的映射。 （2）了解听牌术的表演流程，能写出基本假设，把听牌术的核心问题转化为寻找数列通项公式的数学问题。 （3）能利用等差数列建模，结合模型求解的算法设计，求出基于等差数列的听牌术的所有解。 （4）能对模型进行简单的演绎。
等差数列 同余方程 复数的概念 递推关系式 排列组合 算法设计	模块二 探索更为完美 的听牌术 （1课时）	★★★ 略高于 高考难度	（1）理解基于等差数列的纸牌魔术模型的并不完美。 （2）能利用线性递推数列建模，结合模型求解的算法设计，求出完美纸牌的所有解。 （3）对模型进行简单的演绎，例如求第 $n+1$ 张牌是什么等。 （4）了解数学建模的完整步骤。

表3-3-2 知识和能力掌握维度及其评价量表

各阶段	表现性证据（满分12分）					
	1分	1.5分	2分	2.5分	3分
用等差数列建立 纸牌魔术的数学 模型	不能用等差数列建立模型，不能理解各参数的实际意义	缓冲级	能在提示下用等差数列建立模型，并能在引导下解析各参数的意义	缓冲级	能用等差数列建立模型，并能解析清楚各参数的意义
对等差数列的 模型进行求解	不能画出程序框图，也无法使用计算机求解	缓冲级	能在提示下画出程序框图，并能在引导下使用计算机求出模型的解，并能理解这些解的实际作用	缓冲级	能画出程序框图，并能使用计算机求出模型的解，并能理解这些解的实际作用
用线性递推数列 建立纸牌魔术的 数学模型	不能用线性递推数列建立模型，不能理解各参数的实际意义	缓冲级	能在提示下用一个线性递推数列建立模型，并能在引导下解析各参数的意义	缓冲级	能使用超过一个线性递推数列建立模型，并能解析清楚各参数的意义
对线性递推数列 的模型进行求解	不能画出程序框图，也无法使用计算机求解	缓冲级	能在提示下画出程序框图，并能在引导下使用计算机求出模型的解，并能理解这些解的实际作用	缓冲级	能画出程序框图，并能使用计算机求出模型的解，并能理解这些解的实际作用
合计	总评分：_____分				

三、课堂设计

模块一 用等差数列建立纸牌魔术的数学模型（1 课时）

要点 1：通过问题引导学生根据听牌术做出合适的基本假设。

要点 2：引导学生使用等差数列分析魔术的本质，并利用等差数列建立听牌术的数学模型。

课堂设计

第 1 课时	教师活动	学生活动
环节一 提出问题与 基本假设 （10 分钟）	**介绍听牌术：** 教师按如下流程表演听牌术，并要求学生记录老师的听牌结果： 观众检查纸牌 → 观众随机抽选 → 魔术手法 → 听出观众的纸牌 **备注：** (1) 本节案例所指的纸牌均为除去大小王的一副纸牌，合计 52 张。 (2) 教师不但能听出观众随机挑选的这张牌，而且还能依次说出如图 3-3-1 步骤 4 虚线箭头所示的余下若干张纸牌。 (3) 听牌术的手法就是将观众随机抽选的纸牌的前一张摆放至最后一张，详见本节背景介绍。 **问题 1**：为什么魔术师在听出第一张牌后可以连续地依次说出余下若干张纸牌？ **问题 2**：可以预言红桃 K 的下一张纸牌是什么吗？这个预言与之前学过的哪个数学知识有关？你能联想到以前曾做过的哪一类数学题型？学生回答后，教师指出：既然同学们看出听牌之术与数列的知识有关，可以用较为科学的方法——数学模型进行解密，而建立数学模型的首要步骤是设定好基本假设。 **基本假设 1**：对纸牌的花色做映射	学生留心观察魔术表演，并把老师"听牌"的结果记录下来：发现其结果不但与观众随机抽选的纸牌一致，而且余下的若干张纸牌也与老师所预言的惊人吻合： 红桃 A → 梅花 4 → 方块 7 ↓ …… ← 红桃 K ← 黑桃 10 **预期回答 1**：余下的纸牌都有明显的规律，其中纸牌的点数是首项为 1、公差为 3 的等差数列，纸牌的花色是"红桃→梅花→方块→黑桃"的固定循环。 **预期回答 2**：红桃 K 的下一张是梅花 3，与数列的知识有关。例如：知道了上一张纸牌是红桃 K，就可以预言下一张纸牌是梅花 3，可模拟已知数列 a_{n-1}，求 a_n 的值的题型。

续表

第1课时	教师活动	学生活动
环节一 提出问题与 基本假设 (10分钟)	黑桃　红桃　梅花　方块 ↓　　↓　　↓　　↓ 1　　2　　3　　4 **基本假设 2**：52张纸牌可设为数列 $\{a_n\}$；数列中的每一项均包含了点数与花色两个信息。令 $a_n = x_n + y_n i$ (x_n, $y_n \in N^*$, $n \leqslant 52$, $n \in N^*$)，其中 x_n 表示每张纸牌的点数, y_n 表示每张纸牌的花色，则：$x_n \in [1, 13]$；$y_n \in [1, 4]$。 **推论 1**：假如知道数列 $\{a_n\}$ 的递推公式 f，那么由 $a_n = f(a_{n-1})$ ($2 \leqslant n \leqslant 52$, $n \in N^*$)，即可求出 a_n。 **基本假设 3**：数列 $\{a_n\}$ 在递推公式 f 下需满足：$\forall i, j \in N^*$, $1 \leqslant i$, $j \leqslant 52$，当 $i \neq j$ 时有 $a_i \neq a_j$。 **备注 2**：教师应该指出并非所有的递推公式 f 都能进行听牌术表演，能进行表演的 f 需满足：恰与52张纸牌一一对应，即为基本假设3。	
环节二 模型求解：找 出听牌术的第 一个递推公式 (10分钟)	**问题 1**：下述纸牌点数的递推公式可以仅看作是公差为3的等差数列？ 红桃A → 梅花4 → 方块7 ↓ …… ← 红桃K ← 黑桃10 **备注 1**：在教师引导下，引导学生将①式的结果除以13取其余数，并归纳得出如下同余方程作为上述点数及花色的递推公式： $f: a_{n-1} \to a_n$ $\begin{cases} x_n \equiv x_{n-1} + 3 \pmod{13} \\ y_n \equiv y_{n-1} + 1 \pmod{4} \end{cases}$ ③ 其中 $2 \leqslant n \leqslant 52$, $n \in N^*$；x_1, $y_1 \in N^*$；$x_1 \in [1, 13]$, $y_1 \in [1, 4]$。 **问题 2**：观察③式，已满足基本假设2，请思考它是否满足基本假设3？为什么？	**预期回答 1**： 若 $x_n = x_{n-1} + 3$, $2 \leqslant n \leqslant 52$, $n \in N^*$ ① 则 $\exists n_0 \in N^*$，当 $n > n_0$ 时 $x_n \notin [1, 13]$ 不满足基本假设2，因此无法预言问题2的结果，所以可尝试将①式修正为分段函数，当超过13时减去13，即 $x_n = \begin{cases} x_{n-1} + 3, & x_{n-1} \leqslant 10 \\ x_{n-1} - 10, & x_{n-1} > 10 \end{cases}$ ② 其中 $2 \leqslant n \leqslant 52$, $n \in N^*$。 **预期回答 2**： 手工验算若干个结果后初步可以判断其满足基本假设3，唯恐有遗留，可使用计算机编程，逐一代入并进行验证。

续表

第 1 课时	教师活动	学生活动
环节二 模型求解：找出听牌术的第一个递推公式 （10 分钟）	**备注 2**：教师引导学生画出相关算法的程序框图并让计算机执行，然后通过计算结果描点并观察图像做判断（见下图）。 左侧为对应算法的程序框图，右侧为数列中每项的 (x_n, y_n) 描点所得的图像 **补充 1**：教师亦可以指出，除了上述编程验证的方法外，还可以用同余方程的方法对此进行证明。	学生画出并理解程序框图后，使用老师提供的经 VBA 编程后的 Excel 文件执行相关算法，并自行探索其中奥秘，得出结论。
环节三 可以切牌的听牌术与基本假设 4 （10 分钟）	教师将上述纸牌进行若干次切牌：从纸牌的某处断开，将该处以下的那一摞放置在另一摞的上方。 然后再表演听牌术，学生发现听牌术依旧奏效。 观众检查纸牌 → 切牌 → 观众随机抽选 → 魔术手法 → 听出观众的纸牌 **问题 1**：若听牌术可以随意切牌，则意味着什么？ **基本假设 4**：数列 $\{a_n\}$ 在递推公式 f 下若满足：$a_1 = f(a_{52})$，则数列 $\{a_n\}$ 对应的纸牌可以随意切牌。 接下来引导学生证明③式满足基本假设 4。 **问题 2**：试求证③式满足基本假设 4。 **备注 2**：经上述分析，③式满足上述所有基本假设，魔术师可以凭该公式完美演绎可以切牌的听牌术。	学生欣赏可切牌的听牌术后纷纷表示出强烈的学习欲望。 **预期回答 1**： 这些纸牌在递推公式下构成了"一个循环"。把数列的第 52 项代入递推公式，若发现其结果等于第 1 项，则可认为是一个循环，即： 若 $a_1 = f(a_{52})$，则称其为一个循环。 教师随即把学生的回答归纳为基本假设 4。 **预期回答 2**： 证明：由③可得 $$\begin{cases} x_n \equiv x_1 + (n-1) \times 3 \pmod{13} \\ y_n \equiv y_1 + (n-1) \times 1 \pmod{4} \end{cases} ④$$ 其中 $1 \leq n \leq 52$, $n \in \mathbb{N}^*$; $x_1, y_1 \in \mathbb{N}^*$; $x_1 \in [1, 13]$, $y_1 \in [1, 4]$ 令 $n = 52$, 代入④得

第三章 适用于高中的数学建模案例

续表

第 1 课时	教师活动	学生活动
		$x_{52}+3 \equiv [x_1+(52-1)\times 3]+3$ $\quad\quad\quad \equiv x_1 \pmod{13}$ $\therefore x_{52}+3 \equiv x_1 \pmod{13}$ 同理可证 $\quad y_{52}+1 \equiv y_1 \pmod 4$ $\therefore a_1 = f(a_{52})$。
环节四 第一个递推公式中的数列的公差可否任意修改？ （10 分钟）	问题 1：经历了之前的学习，我们知道 $d=3$、$d'=1$ 时，满足所有基本假设，请问是否只有这唯一的解？如果不是，请问如何在满足基本假设下，求出这一类的所有解？ 备注 1：把③式做如下改动后，引导学生思考如何求出满足所有基本假设下的 d、d' 的值。 $\begin{cases} x_n \equiv x_{n-1}+d \pmod{13} \\ y_n \equiv y_{n-1}+d' \pmod 4 \end{cases}$ ⑤	预期回答 1： 应该不止 $d=3$、$d'=1$ 这一组解；若需求出所有解，则涉及大量雷同且反复的演算，因此最佳的方法就是设计恰当的算法，让计算机程序来执行。
	问题 2：在不用计算机程序求解的前提下，可否先行求出⑤式中的 d 与 d' 的组合 (d, d') 共有多少种不同的情况？d 与 d' 的取值范围是什么？	预期回答 2： 一部分学生可能回答有无数种情况，一部分能指出情况是 $13 \times 4 = 52$ 种。 当学生意见出现分歧时，教师应引导学生思考同除数下的求余函数具有周期性这一特点。
	问题 3：上述的 (d, d') 中，有哪些情况是可以一票否决？	预期回答 3： 当 $d=13$、$d'=4$ 时，数列 $\{x_n\}$、$\{y_n\}$ 均为常数数列，可以一票否决。
	问题 4：若 $d'=2$，可否想象一下数列 $\{y_n\}$ 的取值情况？	预期回答 4： 当 $d'=2$ 时，若 $y_1=1$ 代入⑤式得余下的项为：3，1，3，1，3，1，……，因此也可以一票否决。
	问题 5：⑤式满足基本假设 4 吗？ 备注 5.1：经过学生分析后，锁定 d 与 d' 仅能在 $d \in \{1, 2, 3, 4, 5, 6, 7, 8, 9, 10, 11, 12\}$，$d' \in \{1, 3\}$ 内取值。这样的 (d, d') 组合共 24 种。此外，⑤式满足基本假设 4，因此使用计算机程序	预期回答 5： ⑤式满足基本假设 4，其证明过程与环节三的问题 2 类似。 学生尝试画出程序框图，并使用 Excel 执行相关的算法。

续表

第 1 课时	教师活动	学生活动
环节四 第一个递推公式中的数列的公差可否任意修改？ (10 分钟)	执行相关的分析时，仅需计算出 24 种 (d, d') 组合下的数列 $\{a_n\}$ 的各项的值，然后再让计算机程序自行判断这样的 $\{a_n\}$ 是否满足基本假设 3，最后自动记录满足上述情况的 d 与 d'。 **备注 5.2**：教师引导学生根据备注 5.1 的情况画出相关算法的程序框图并让计算机执行（见下图）。 对应算法的程序框图 经计算机执行上述算法可得：⑤式中 (d, d') 的解共 24 组，其中 $d \in \{1, 2, 3, 4, 5, 6, 7, 8, 9, 10, 11, 12\}$，$d' \in \{1, 3\}$。	
环节五 总结与作业 (5 分钟)	**课堂总结**： (1) 听牌术用数学符号进行表达后，得出了 4 条基本假设。 (2) 模拟等差数列的公差得出⑤式，并设计恰当的算法让计算机执行并得到了 24 组解。 (3) 经证明⑤式满足基本假设 4，即可以进行任意切牌的听牌术表演。	**课后作业**： (1) 排一副属于自己的魔术纸牌，并拍摄一段表演的小视频。 (2) 完成本节"五、学生课后练习"中的 1 至 6 题。 (3) 结合推论 1 及⑤式，思考还有其他递推公式满足所有基本假设吗？

模块二 探索更为完美的听牌术（1 课时）

要点 1：通过问题引导学生得出第 5 条基本假设。

要点 2：引导学生探索更为完美的听牌术的数学模型。

要点 3：引导学生建立模型的解的评分标准。

第三章 适用于高中的数学建模案例 | 99

课堂设计

第 2 课时	教师活动	学生活动
环节一 提出问题与 基本假设 5 （10 分钟）	**问题 1**：魔术师能根据⑤式的 24 组解构建可切牌的听牌术， 观众检查纸牌 → 切牌 → 观众随机抽选 → 魔术手法 → 听出观众的纸牌 但细心的观众很可能会在表演的第一步——"检查纸牌"时发现了"美中不足"，其花色变化离不开两种循环："黑桃→红桃→梅花→方块"或"方块→梅花→红桃→黑桃"。请同学们思考⑤式中的哪部分导致了观众检查纸牌时发现了"美中不足"？该如何填补上述"不足"？ **问题 2**：第 5 条基本假设是什么？ **备注 2**：从学生的回答出发，可抽象为基本假设 5。 **问题 3**：⑥式中的哪部分导致了不能满足基本假设 5？ **追问**：如何解决 d' 恒定取值问题？ **问题 4**：最简单的函数是一次函数，请思考 d' 可否视为某自变量的一次函数，使其取值不恒定？ **备注 4**：由学生的回答，将⑥式修订为 $$y_n \equiv px_{n-1} + y_{n-1} + q \pmod 4 \quad ⑦$$ **问题 5**：⑤式中，关于数列 $\{x_n\}$ 的递推公式也有明显的等差数列的痕迹，所以细心的同学也能看出其规律，导致"美中不足"，请问需如何填补其"不足"？ **备注 5**：最后基本假设 5 可归纳为：在数列 $\{a_n\}$ 的通项公式中，若其已经满足了上述所有基本假设，且 $\{x_n\}$、$\{y_n\}$ 没有出现等差数列的痕迹，即递推公式中不是 $x_n \equiv x_{n-1} + d \pmod{13}$ 或 $y_n \equiv y_{n-1} + d' \pmod 4$ 的情况，则称数列 $\{a_n\}$ 的通项公式为"完美公式"。 满足基本假设 1 至 4 但不满足基本假设 5 的递推公式及其对应的参数可分别称为"平凡	**预期回答 1**： 生 1：对于数列 $\{y_n\}$，由于 $$y_n \equiv y_{n-1} + d' \pmod 4 \quad ⑥$$ $d' \in \{1, 3\}$ 导致了其花色变化出现了破绽。需对⑤式做出修正以填补"不足"； 生 2：把上述发现看作第 5 条基本假设，使新的递推公式 f 满足所有基本假设。 **预期回答 2**： 禁止数列 $\{y_n\}$ 出现形如： …，1，2，3，4，1，…或…，4，3，2，1，4，… **预期回答 3**： d' 的恒定取值。 **追问**： 让 d' 成为函数。 **预期回答 4**： 不妨把 d' 看作 x_{n-1} 的一次函数以便其满足基本假设 5，即 $$d' = px_{n-1} + q$$ **预期回答 5**： 继续修改基本假设 5，除了禁止 $\{y_n\}$ 出现等差数列的痕迹，也应禁止 $\{x_n\}$ 出现等差数列的痕迹。

续表

第 2 课时	教师活动	学生活动
环节一 提出问题与 基本假设 5 （10 分钟）	公式"及"平凡解"，如平凡公式⑤式，有 24 组平凡解。若存在满足基本假设 1 至 5 的公式，则使其成立的参数称为"完美解"。 **问题 6**：请继续思考⑤式中，关于数列 $\{x_n\}$ 的递推公式，导致其出现明显类等差数列规律的原因在于其 d 的恒定取值。请问能否把 d 视为某自变量的一次函数，使其取值变得不恒定？ **备注 6**：据学生的回答，将⑤式修订为， $$\begin{cases} x_n \equiv x_{n-1} + gy_{n-1} + h \pmod{13} \\ y_n \equiv px_{n-1} + y_{n-1} + q \pmod{4} \end{cases} \text{⑧}$$ **问题 7**：⑧式中上下两式的参数的"位置"并不"对称"，请问还有改进的空间吗？ **问题 8**：请思考⑨式中的参数取值范围，这些参数的组合共多少种情况？ **追问**：请初步判断哪些参数取何值时其不能满足基本假设 5？这些"不完美"的情况共多少种？	**预期回答 6**： 不妨把 d 看作 y_{n-1} 的一次函数，即 $$d = gy_{n-1} + h$$ **预期回答 7**： 可以尝试补齐六个参数，使其形式上美观统一： $$\begin{cases} x_n \equiv bx_{n-1} + cy_{n-1} + d \pmod{13} \\ y_n \equiv b'x_{n-1} + c'y_{n-1} + d' \pmod{4} \end{cases} \text{⑨}$$ **预期回答 8**： $b, c, d \in \{1, 2, 3, 4, 5, 6, 7, 8, 9, 10, 11, 12, 13\}$； $b', c', d' \in \{1, 2, 3, 4\}$。 它们合计有 $13 \times 13 \times 13 \times 4 \times 4 \times 4 = 140608$ 组不同的情况。 当 $\begin{cases} b=1 \\ c=13 \end{cases}$ 或 $\begin{cases} b'=4 \\ c'=4 \end{cases}$ 时，不能满足基本假设 5；这些"不完美"的情况共计 $1 \times 1 \times 13 \times 4 \times 4 \times 4 + 13 \times 13 \times 13 \times 1 \times 1 \times 4 - 1 \times 1 \times 13 \times 1 \times 1 \times 4 = 9568$ 种。
环节二 模型的求解： 求出使所有 基本假设都 成立的⑨式 的参数 （10 分钟）	**备注** (1) 下面将引导学生画出程序框图，并让计算机执行求解程序。 (2) 设每个递推公式中的参数用符号（b, c, d, b', c', d'）表示，请结合上述⑨式的参数取值范围（含"不完美"的情况）画出其求解的程序框图（见下图）。	画出程序框图后，教师用计算机执行算法，学生观察并记录。

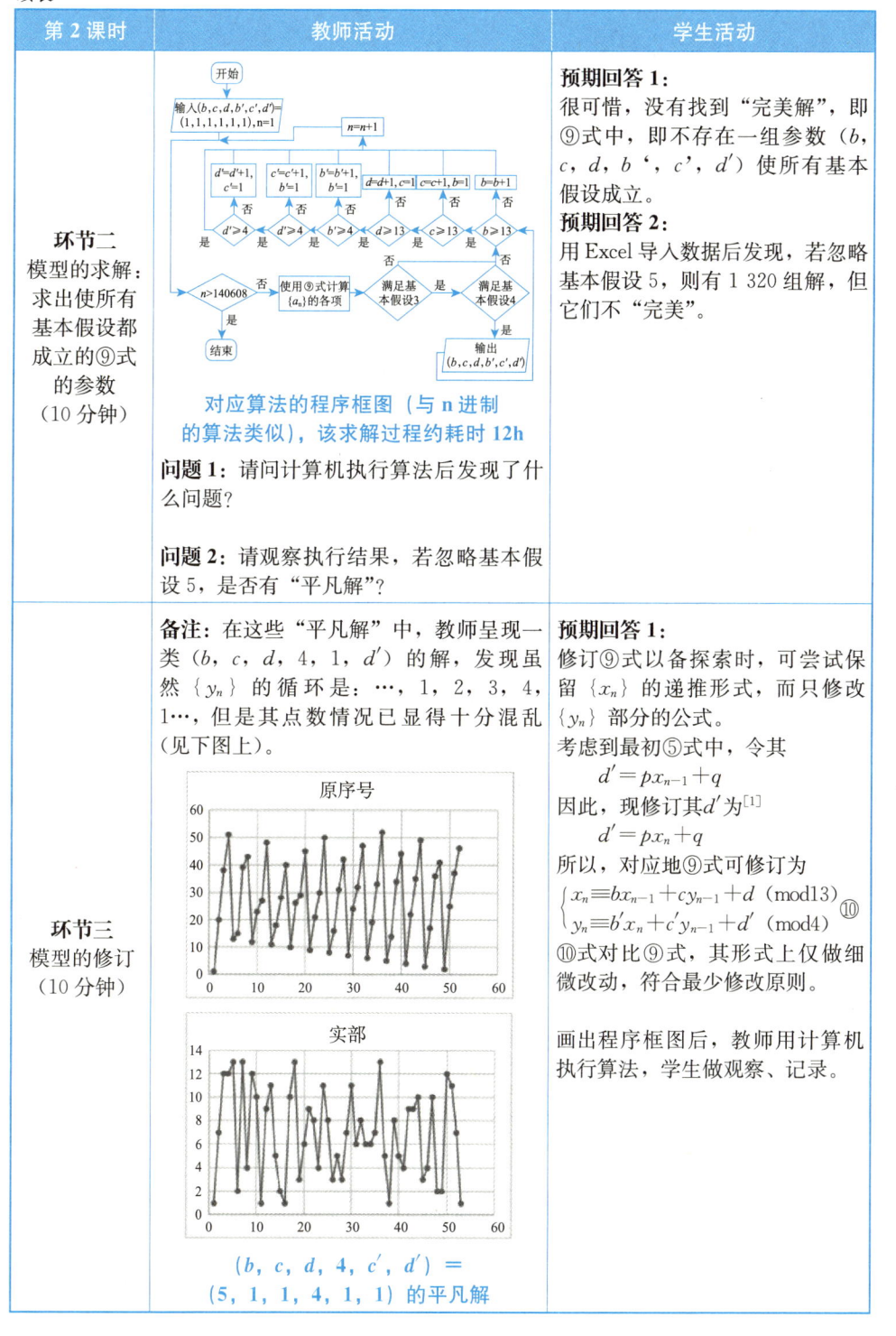

续表

第2课时	教师活动	学生活动
环节二 模型的求解： 求出使所有 基本假设都 成立的⑨式 的参数 （10分钟）	对应算法的程序框图（与 n 进制的算法类似），该求解过程约耗时 **12h** **问题1**：请问计算机执行算法后发现了什么问题？ **问题2**：请观察执行结果，若忽略基本假设5，是否有"平凡解"？	**预期回答1：** 很可惜，没有找到"完美解"，即⑨式中，即不存在一组参数（b,c,d,b',c',d'）使所有基本假设成立。 **预期回答2：** 用 Excel 导入数据后发现，若忽略基本假设5，则有 1 320 组解，但它们不"完美"。
环节三 模型的修订 （10分钟）	**备注**：在这些"平凡解"中，教师呈现一类（b,c,d,4,1,d'）的解，发现虽然 $\{y_n\}$ 的循环是：…，1，2，3，4，1…，但是其点数情况已显得十分混乱（见下图上）。 （b,c,d,4,c',d'）＝ （5,1,1,4,1,1）的平凡解	**预期回答1：** 修订⑨式以备探索时，可尝试保留 $\{x_n\}$ 的递推形式，而只修改 $\{y_n\}$ 部分的公式。 考虑到最初⑤式中，令其 $$d' = px_{n-1} + q$$ 因此，现修订其 d' 为[1] $$d' = px_n + q$$ 所以，对应地⑨式可修订为 $$\begin{cases} x_n \equiv bx_{n-1} + cy_{n-1} + d \pmod{13} \\ y_n \equiv b'x_n + c'y_{n-1} + d' \pmod{4} \end{cases}$$ ⑩ ⑩式对比⑨式，其形式上仅做细微改动，符合最少修改原则。 画出程序框图后，教师用计算机执行算法，学生做观察、记录。

续表

第 2 课时	教师活动	学生活动
环节三 模型的修订 （10 分钟）	**问题 1**：考虑到 $\{x_n\}$ 在⑨式的"平凡解"中已呈现出接近完美的状态。在最少修改原则的前提下，请问⑨式该如何修改以备探索完美公式及完美解？ **备注 1**：参照环节二中的"对应算法的程序框图"，画出下面的程序框图，并让计算机执行求解程序，探索⑩是否存在"完美解"。 得到对应算法的程序框图（与 n 进制的算法类似），该求解过程约耗时 12h **问题 2**：请问观察求解的结果后有什么发现？	**预期回答 2**： 在全体 2 084 组解中，有 764 组"完美解"，1 320 组"平凡解"。
环节四 解的评价 （10 分钟）	**问题 1**：考察 764 组"完美解"，请问是否仍存在某些纸牌排列得不是很混乱？ **问题 2**：请问评分标准是越混乱越好还是越有序越好？ **备注 2**：纸牌混乱的标准通常使用递增数列的个数进行衡量，例如，未开封的纸牌只有 1 个递增数列，若将其从第 27 项起，分成两摞，再将其互相嵌入成新的数列，则它的原序列号分别是 1，2，3，…，26 及 27，28，29，…，52，即递增数列个数为 2，所以完全混乱的纸牌其原序号数列中应该有 26 个递增数列。 **问题 3**：设想一副刚开封的纸牌，其排列应该是什么？令某混乱状态下的纸牌数列为 $\{a_n\}$，令其到初始位置序列 $\{1,2,3,…,52\}$ 的映射为 α，求该映射。	**预期回答 1**： 初步分析后：在 764 组"完美解"中有些排列得不够混乱，有些却排列得很混乱。如果能引入一套标准，对这 764 组解来打分，这样就更完美了！ **预期回答 2**： 越混乱得分就应该越高。 **预期回答 3**： 刚开封的纸牌去除大小王后的序列为：

续表

第 2 课时	教师活动	学生活动
环节四 解的评价 （10 分钟）	**备注 3.1**：由①※得，数列 $\{t_j\}$ 的各项为 $t_1, t_2, \cdots, t_j, \cdots, t_{52}$，可将该数列称为数列 $\{a_n\}$ 的原序号数列。 **备注 3.2**：综上可用递增数列的数量作为评分标准。 例：⑩式的一组"平凡解"（12，7，1，4，1，3）的原序号及原项数的图像如下，显然从右图中可得其有 4 个递增数列。 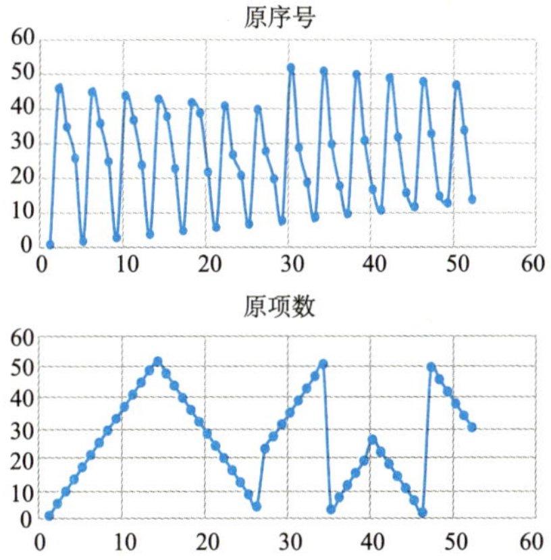 **（12，7，1，4，1，3）对应的原序号及原项数的图像** 又如一组"完美解"（12，2，9，2，1，3）的原序号及原项数的图像如下，它有 22 个递增数列。 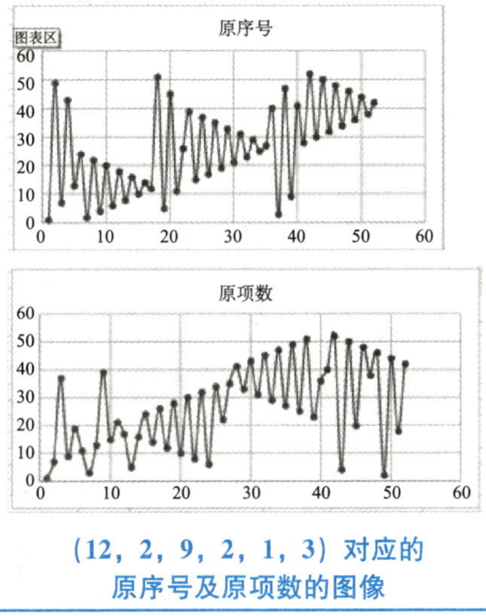 **（12，2，9，2，1，3）对应的原序号及原项数的图像**	黑桃 A，$\cdots$，黑桃 K，红桃 A，$\cdots$，红桃 K，梅花 A，$\cdots$，梅花 K，方块 A，$\cdots$，方块 K。 定义 α 映射为： $\alpha(x+yi) = 13(y-1)+x$ $= 13y+x-13$ 令数列 $\{t_j\}$ 为某张纸牌在整副纸牌中的排列序号，则 $t_j = \alpha(a_j) = 13y_j + x_j - 13$ ①※

续表

第 2 课时	教师活动	学生活动
环节四 解的评价 （10 分钟）	**问题 5**：怎样利用递增数列的数量为其打分？ **备注 5**：打分的标准较为主观，现不妨用学生 1 的方法，得出以下图表： **评分情况** |	全体解	平凡解	完美解 | |---|---|---|---| | 平均分 | 60.4 | 56.6 | 67.0 | | 中位数 | 65.4 | 50.0 | 65.4 | | 众数 | 76.9 | 76.9 | 69.2 | | 最高分 | 96.2 | 96.2 | 84.6 | | 最低分 | 15.4 | 15.4 | 38.5 | | 标准差 | 17.2 | 19.9 | 7.3 | 对应的直方图 **问题 6**：结合评分结果，请问魔术师在表演听牌术的时候应该挑选哪组解，为什么？	**预期回答 5**： 生 1：可将递增数列的个数除以 26 后乘以 100。 生 2：可将递增数列的个数取 26 为底的对数，然后乘以 100。 **预期回答 6**： 生 1：可选"完美解"（12，2，9，2，1，3），它包含 22 个递增数列，得分 84.6，是得分最高的"完美解"之一。观众在检查纸牌时，会觉得该纸牌十分混乱，毫无规律。

续表

第2课时	教师活动	学生活动
环节四 解的评价 （10分钟）		生2：可选"平凡解"（12，1，13，4，1，3），虽然它的花色存在明显的循环，但同时也是"最混乱"状态，是得分最高的解之一，它包含了25个递增数列，得分96.2（见下图）。 **(12，1，13，4，1，3)** 对应的原序号及原项数的图像
环节五 总结与作业 （5分钟）	**课堂总结：** （1）回顾基本假设5、完美公式及"完美解"的概念。 （2）人生好比一场场的数学探索，不在于顺境时的成就，而在于逆境下的成长。对于第一次挑战完美公式失败后，应该用恰当的数学方法对模型做出反思、修订，就如逆境时需调整好心态、坚持不懈。 （3）由第二次挑战完美公式并成功得出"完美解"后，我们建立了以混乱状态为依据的评分系统，方便魔术师快速了解所有解的基本属性。	**课后作业：** （1）用"完美解"排一副属于自己的魔术纸牌，并拍摄一段表演的小视频。 （2）完成本节"五、学生课后练习"中的余下各题。 （3）（选做题）一副纸牌中有连续两张相同点数出现的情况称为"对子"。由完美公式⑩得到764组完美解，但发现仍有"不混乱"的情况出现，即存在人为加工的痕迹，每组解中总包含了4个"对子"。请针对此问题写出你的后续研究的方案。

四、重难点解析

纸牌排列成环有 $51! \approx 1.55 \times 10^{66}$ 种情况，在混乱的纸牌中寻找规律是一项持续的挑战。而本节解决此问题的思路是逆向的，即在给定了简单规律的情况下寻找"混乱"。然而在上述764组"完美解"中，每组解都存在着"人为加工的痕迹"，例如，解 (12, 2, 9, 2, 1, 3)，虽然它的得分为 84.6，但其纸牌的点数（实部）中出现了 4 个"对子"（见图 3-3-2）。

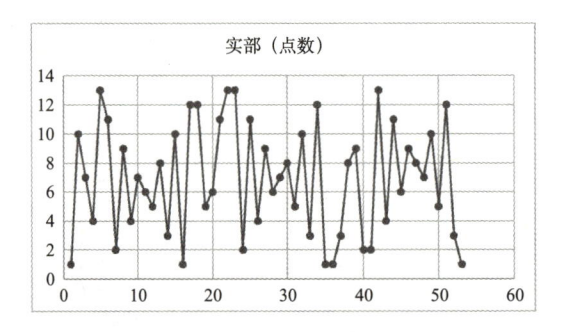

图 3-3-2　(12, 2, 9, 2, 1, 3) 对应的实部（点数）的图像

因此，可尝试修改⑨、⑩式，使其更为完美，例：

$$\begin{cases} x_n \equiv b(x_{n-1})^c + d(y_{n-1})^h + g \pmod{13} \\ y_n \equiv b'(x_{n-1})^{c'} + d'(y_{n-1})^{h'} + g' \pmod{4} \end{cases}$$

初步探索后，上式存在"完美解"，如图 3-3-3 所示。

递推公式	$\begin{cases} x_n \equiv 8(x_{n-1})^7 + 1 \pmod{13} \\ y_n \equiv 2x_{n-1} + y_{n-1} + 3 \pmod{4} \end{cases}$
实部图像	

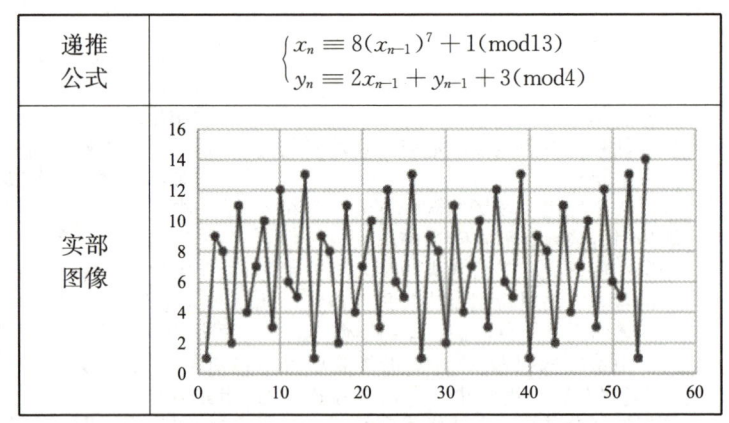

图 3-3-3　(8, 7, 0, 1, 1, 2, 1, 1, 1, 3) 对应的实部（点数）的图像

五、学生课后练习

（1）※如图，这些纸牌都是魔术师按模块一的⑤式所排列的"魔术纸牌"，请分别求出盖着的纸牌以及对应的递推关系式。

（2）※令红桃 4 是魔术师用模块一的⑤式 $d=3$，$d'=1$ 排的第 1 张纸牌，求第 21 张纸牌是什么。

（3）※如果梅花 6 是魔术师用模块一的⑤式 $d=3$，$d'=1$ 排的第 48 张纸牌，求这摞牌的第 28 张纸牌是什么。

（4）※※令红桃 4 是魔术师用模块一的⑤式 $d=3$，$d'=1$ 排的第 1 张纸牌，如果观众抽到的是一张方块 K，请问它排在第几张？

（5）※※魔术师用模块一的⑤式 $d=3$，$d'=1$ 排了一副纸牌，如果观众从中取了一摞牌（如下图箭头所示部分），而这摞牌的第一张牌是方块 5，最后一张牌是黑桃 4，请问这一摞牌共有多少张？如果取走的这一摞牌有偶数张，那么排在这一摞牌的中间两张牌分别是什么？如果取走的是奇数张牌，那么排在中间的这张牌是什么？

（6）※※请阅读以下材料，以个人为单位撰写一份研究报告。

魔术师的囧况

某魔术师用模块一的⑤式排了一副魔术纸牌。他为了让表演更加逼真，把纸牌交给了观众进行切牌，却没料到观众不小心进行了若干次如下图所示的切牌。那么魔术师还能顺利地进行听牌术表演吗？为什么？

观众从纸牌中间抽出一摞纸牌叠至上方

（7）※完成下列挑战：

见习魔术师的挑战

已知以下纸牌按模块二⑨式或⑩式的规律进行排列，请求出对应的递推公式并说出下一张牌是什么（只可用计算机辅助分析，所有题目均不能使用计算机求解，未掌握解同余方程的同学除外）。

1) 红桃 10，梅花 8，方块 8，黑桃 10。
2) 黑桃 9，红桃 8，梅花 9，方块 7。
3) 黑桃 5，红桃 K，红桃 Q，红桃 8，梅花 5，梅花 Q。
4) 红桃 10，红桃 Q，黑桃 K，方块 K，方块 8，方块 Q。

（8）※※如下图，该副纸牌按模块二⑨式或⑩式的规律进行排列，在不使用计算机求解的情况下，求出这副纸牌的黑桃 A、红桃 A、梅花 A、方块 A 都排在什么位置。如果把这副纸牌依次逐张分派给四位朋友，请思考每位朋友所获得的纸牌都有什么特点，这四位朋友依次获得的纸牌的通项公式分别是什么。

六、专家评价

● **总评**：本案例由澳门新华学校简老师设计，案例取材符合澳门地区的文化特色，具有较强的趣味性和实操性。案例使用数列递推的方式建立数学模型，简洁而有效。模型的检验和分析也很细致，使用计算机程序辅助呈现实验效果，直观且富有启发性。案例还将模型的计算结果解释回现实当中，引发学生进一步思考。作业设置得当，兼具趣味性和实操性。

● **改进建议**：

（1）教师的引导问题串过于细碎，教师建模的痕迹较多，学生自主发挥的空间略小。建议添加学生实验和讨论环节，让学生在充分实验的基础上，提出他们的想法，教师再根据学生的课堂生成进行点评和提升，这样学生对于模型的把握程度会更好，也更容易想到改进的方向。

（2）第 1 课时作业既然是让学生建立和求解模型，在第 2 课时建议设置相应环节让学生分享其作业结果，教师基于学生的分享内容进行点评、总结和提升，对于学生思维能力的提升会更有利。

（3）课堂设计中使用复数的实部和虚部结构来承载点数与花色两个信息，但是本质上并没有使用复数的本质运算结构（尤其是没有使用到复数的乘法）和几何特征，所以不妨换成向量结构来承载点数和花色，这样更符合学生的认知规律，避免由此引发新的困惑。

参考文献

［1］ 简焕森．探索数列的通项公式．https：//mirror1.dsedj.gov.mo/tplan/2019/plan/C021.pdf．

［2］ Tim Folger，曹希斌，庞金祥，等．在超空间里洗牌．世界科学，1992（8）．

第四节 住房贷款问题

一、背景

随着人们消费观念的改变，银行按揭贷款买房成为流行趋势。目前银行提供的个人住房贷款还款方法主要是等额本息还款法和等额本金还款法。对不同的购房者，如何根据自己的现状及对未来收入的预期，选择合适的还款方案？除了银行提供的还款方案外，我们是否能够提出更合理的还款方案？

在现实生活中，通过对购房者的特定情况的分析，建立购房贷款的数学模型，除了有实际应用的价值外，还可以引导学生有意识地用数学语言表达现实世界，认识数学模型在社会生活中的作用，感悟数学和现实之间的关联，提高学生分析和解决问题的能力。

本节以住房贷款模型为载体，带领学生完整地经历一次数学建模的过程（见图3-4-1），通过精心设计的问题链让学生体会数学建模各个步骤的必要性和注意事项。

发现问题 → 基本假设 → 提出问题 → 模型建立 → 模型求解 → 模型检验 → 模型应用

图3-4-1　数学建模的基本过程

数列是反映自然规律的基本数学模型之一，本节内容以数列作为预备知识，适合在学习了数列有关知识后开展。通过本节的学习，可以提升学生利用数列知识建立模型的能力，通过对模型的求解，加深学生对数列相关知识的理解。

二、预备知识、学习目标及评价量表（见表3-4-1和表3-4-2）

表3-4-1　预备知识、学习模块与学习目标拆解

预备知识	学习模块	学习难度	学习目标
数列递推 等差数列求和	模块一 等额本金还款法的借贷关系模型的建立、求解与分析 （1课时）	★★ 高考难度	（1）能够理解等额本息还款法的借贷关系模型，体会利用等差数列知识建立数学模型的过程，加深对数列及其研究方法的理解。 （2）通过对社会实际问题的分析，学会从数学的角度发现和提出问题，提高数学建模、直观想象和数学抽象的能力。 （3）经历数学模型的建立过程，提高分析和解决问题的能力，在探索问题的过程中获得成功的体验。
数列递推 等比数列求和	模块二 等额本息还款法的借贷关系模型的建立、求解与分析 （1课时）	★★ 高考难度	（1）能够理解等额本息还款法的借贷关系模型，体会利用等比数列知识建立数学模型的过程，加深对数列及其研究方法的理解。 （2）通过对两种还款模型的求解与分析，培养学生数学建模、逻辑推理、数据处理和数学运算的能力，使其能够掌握数学建模的全过程。

表3-4-2　知识和能力掌握维度及其评价量表

各阶段	表现性证据（满分18分）				
	1分	1.5分	2分	2.5分	3分
基本假设	能够提出基本假设，但是无法给出理由	缓冲级	能够提出并解释合理的基本假设，但无法设出适切的参数及变量	缓冲级	能够提出并解释合理的基本假设，并设出适切的变量和参数
模型建立	能够用符号表达基本假设，但是无法建立模型	缓冲级	能基于基本假设列出各变量和参数之间的关系，但无法建立适切的形式化数学模型	缓冲级	能够基于基本假设，建立适切的形式化数学模型
模型求解	能够对模型进行变形，但是无法得到实质结果	缓冲级	只能根据一种方式分析模型，得到部分结果	缓冲级	能够根据递推公式，推导出通项公式，求解出相关的参数

续表

各阶段	表现性证据（满分 18 分）					
	1 分	1.5 分	2 分	2.5 分	3 分
模型检验	无法对模型进行检验，但是可以讲出对结果的直观感受	缓冲级	能够对模型的有效性进行检验，但不能有效分析模型参数扰动对模型结果的影响	缓冲级	能够对模型的有效性进行检验，且能够有效分析模型参数扰动对模型结果的影响
模型改进	不能指出两种模型的不足，无法给出两种模型的改进方案	缓冲级	能够分析两种模型的不足，无法给出改进方案	缓冲级	能够分析两种模型的不足，并且能提出改进方案
数学建模步骤	能够说出数学建模的步骤	缓冲级	理解数学建模各步骤的内涵但无法描述其必要性	缓冲级	能够理解数学建模各步骤的内涵及其必要性
合计	总评分：_____ 分				

三、课堂设计

模块一 等额本金还款法的借贷关系模型的建立、求解与分析（1 课时）

要点 1：通过等额本金还款法的借贷关系模型的建立、求解，培养学生数学建模、逻辑推理、数据处理和数学运算的能力。

要点 2：基本假设对模型结果的有效性具有很大影响，需要反复尝试和琢磨，合理性基本假设能够减少模型的偏差，使其与实际问题更加接近，模型与实际问题越接近，分析得出的价值越大。

要点 3：不同的视角会对应不同的数学模型，没有唯一正确的模型，任何视角都具有一定的局限性，它们代表了该视角下对应观点的结果。

要点 4：数学模型的建立，是将现实问题转化为数学问题的过程，建立数学模型后，可以从数学的角度分析问题，得出一些重要结论。

第1课时	教师活动	学生活动
环节一 分析问题与 提出问题 （15分钟）	**背景介绍：** **来自王先生的社会求助信：** 　　同学们好！我是王××，今年28岁。我和妻子在上海工作5年了，工作地点在上海的黄浦区。目前工作逐渐稳定，也有了一些存款，约人民币120万元。近期我们想贷款买房，我和妻子有自己的住房公积金，也缴纳补充公积金，但没有买房的经验。同学们可以给我提供一些这方面的信息吗？ **问题1：**同学们，几天前我们收到了王先生的社会求助信，向我们寻求买房的建议。在课前，同学们通过查阅资料，去房产中心了解了贷款买房的一些信息，尝试给出了王先生一些建议，下面我们请同学们分享一下。 **备注1：**这里具体的数据以学生课上给出的数据为主，有不合理的地方，教师可以加以引导，进行修正。 **问题2：**贷款有哪些方式呢？王先生该如何选择？	**课前预习任务：** （1）阅读王先生的社会求助信，通过查阅相关的网络资料，或询问亲人，了解一下贷款买房方面的问题。 （2）在家长的陪同下去房产中心咨询买房相关情况，了解买房的相关政策和买房人关心的问题。 （3）尝试给王先生提一些建议。 **预期回答1：** 我了解了上海目前的房价、贷款买房需要的首付，以及银行个人住房贷款方式。考虑到王先生的实际情况，在上海买新房是比较困难的，建议王先生考虑二手房。上海的房价每个区都有差异，王先生的工作是在黄浦区，但是黄浦区房价均价比较高，建议王先生在靠近工作地点的浦东区买房，浦东区的房价相对比较便宜，可考虑购买300万左右的二手房，首付30%，约90万，贷款210万。 **预期回答2：** 贷款分为商业贷款和公积金贷款，根据王先生的来信，我们了解到王先生是想要购买首套房，下面是两种贷款方式关于首套房的首付情况： （1）公积金贷款：购买首套住房且从未使用过公积金的缴存职工家庭，公积金差别化信贷政策不做任何调整，住房面积大于90平方米，最低首付比例为30%，面积小于或等于90平方米，最低首付比例为20%，上海公积金额度规定首套房贷款情况如下：①个人贷款，最高额度为50万元；缴纳补充公积金，最高额度为60万元。②家庭申请贷款，最高额度为100万元；缴纳补充公积金，最高额度为120万元。

续表

第 1 课时	教师活动	学生活动
环节一 分析问题与 提出问题 （15 分钟）		（2）商业贷款：居民家庭购买首套住房，即居民家庭名下在本市无住房且全国各地无商业性住房贷款记录或公积金住房贷款记录的，申请商业性个人住房贷款的，首付款比例不低于 35%。上海商业贷款的额度每个银行有所不同，通常是首套房商业贷款额度不超过实际购房金额或评估机构评估价格的 70%。 所以王先生的贷款方式可以考虑组合贷款，因为王先生有缴纳补充公积金，可以考虑公积金贷款 120 万元，商业贷款 90 万元。
	问题 3：同学们考虑得非常全面，在和大家的交流中，都提到了贷款买房，大家也都比较赞同组合贷款方式，那么，有同学了解银行贷款利率的相关情况吗？	预期回答 3： 银行贷款并不是借多少还多少，因为今天的一笔钱，若不考虑通货膨胀等其他因素，它在 n 年后是会升值的（钱放在银行不动会产生利息），所以贷款需要贷款人支付一定的利息。银行是贷款者和存款者的中介，主要靠贷款收取利息来赚钱，一般来说，银行的贷款利率是高于存款利率的。
	问题 4：贷款年限受哪些因素的影响？王先生贷款多少年比较合适？	预期回答 4： 公积金贷款年限按以下三种情况中的最短的年限为准： （1）按贷款人年龄计算，男士为 65 年减年龄，女士为 60 年减年龄。 （2）按房龄计算，35 年减房龄（若房龄超过 20 年，则可贷 15 年）。 （3）最多能贷 30 年。 王先生在买房时，想要公积金贷款年限长一点，可以考虑房龄比较新的房子。
	问题 5：既然选择了银行贷款买房，就面临还款问题，王先生该如何还款呢？	预期回答 5： 我在查阅资料时，了解到等额本金、等额本息、等本等息和先息后本四种还款方式： （1）等额本金：在还款期限内把贷款金额总额等分，借款人每月偿还同等数额的本金和剩余贷款在该月所产生的利息。 （2）等额本息：在贷款期限内，借款人根据所借本金金额和整体利息总额（年化利率），平均到每个月偿还同等数额资金。

续表

第1课时	教师活动	学生活动
环节一 分析问题与 提出问题 （15分钟）	**问题6**：同学们了解了4种还款方式，它们是否都适合王先生的情况呢？ **教师总结**：根据同学们刚才的讨论，我们对王先生购房的建议有了进一步的修改，我们比较建议王先生在靠近工作地点的浦东区买房，因为房价相对比较便宜，可考虑购买300万左右的二手房，首付30%，约90万，贷款210万。贷款可以考虑组合贷款的方式，公积金贷款120万，商业贷款90万，还款方式可以选择等额本金还款或等额本息还款。 **备注**：通过学生的课堂交流，引导学生对已经获取的信息进行整理筛选。通过合作交流，选出适合王先生的还款方式，给出王先生更加合理的购房建议，同时培养学生分析问题的能力。	（3）等本等息：需与等额本息相区分，两种计算方式是完全不一样的，等本等息的所有利息都是以全额来计算的，而不以后期还款，即剩余待还本金情况进行计算。 （4）先息后本：借款人在贷款到期日一次性还清贷款本金，而利息则是每月归还。 **预期回答6**：第1种和第2种适合王先生的情况。等本等息的总计成本非常高，远远高于等额本息和等额本金，目前信用贷款中，大多数的银行都是采用等本等息还款方式。先息后本，还的利息比等额本息和等额本金还款的利息高，一般适用于期限在1年以内的贷款，且审批较为严格，资质要求较高。
环节二 提出基本假设 和符号说明 （10分钟）	**问题1**：王先生贷款选择等额本金好还是选择等额本息好？ **问题2**：我们需要比较两种还款模型的哪些方面的数据？ **问题3**：哪些因素会影响我们还款？ **备注3**：这里学生的回答会更加发散，教师可以将学生的回答抄录到黑板上，这样一方面便于后面发言的同学看到前面说过哪些，另一方面也方便教师下一步的筛选。	**预期回答1**：目前无法衡量，我们需要对这两种还款方式的相关数据进行比较分析。 **预期回答2**：我们可以通过比较这两种还款方式下的每月归还本金、每月归还利息、每月还款额和还款利息总额，来比较这两种模型的优缺点。 **预期回答3**：贷款金额、贷款期限内利率、贷款时间、提前还款、货币贬值等。

续表

第1课时	教师活动	学生活动
环节二 提出基本假设 和符号说明 （10分钟）	**问题4**：简单起见，建立数学模型时，往往不会从一开始就考虑很多的因素，你能够为这些因素对还款影响的直接程度排一个顺序吗？ **备注4**：大多数学生会直接将贷款金额、贷款时间、贷款期限内利率放在最前面，有个别学生可能不认同这个顺序，这时候可以让学生之间互相辩论，教师进行必要的引导。 **问题5**：我们需要建立这两种还款方法的还款模型，在此之前我们需要做出哪些假设？ **备注5**：教师板书基本假设 基本假设1：银行在贷款期限内利率不变； 基本假设2：不提前还款； 基本假设3：不受物价变化及货币贬值等经济波动的影响。 **问题6**：在建立模型之前，我们需要设出哪些量呢？ **备注6**：教师需在黑板上板书模型建立所需参量和变量，方便建立模型时使用，方便学生知道建立模型时各个参变量所代表的含义。	**预期回答4**：按照各因素对贷款买房影响的直接程度由大到小排序：贷款金额、贷款时间、贷款期限内利率…… **预期回答5**：银行在贷款期限内利率不变；不提前还款；不受物价变化及货币贬值等经济波动的影响。 **预期回答6**：需要设如下变量： L 表示贷款总额； r 表示月利率； n 表示贷款期数； x_k 表示 k 月末尚欠银行的金额； B_k 表示第 k 月归还本金； I_k 表示第 k 月归还利息； A_k 表示第 k 月的还款额； Y 表示还款利息总额。
环节三 建立等额本金 还款法的借贷 关系模型 （15分钟）	**教师导语**：本节课，我们先建立等额本金还款法的借贷关系模型。 **问题1**：同学们已经了解等额本金还款法，它是在还款期限内把贷款金额总额等分，借款人每月偿还同等数额的本金和剩余贷款在该月所产生的利息。同学们可以给出具体的计算公式吗？ **问题2**：等额本金还款方式下的每月归还本金、每月归还利息如何计算？	**预期回答1**： 当月本金还款额 = $\dfrac{贷款本金}{贷款期数}$ 当月利息还款额 = 上月剩余本金 × 月利率 **预期回答2**：等额本金还款模型下，第 k 月归还本金：$B_k = \dfrac{L}{n}$ （每月归还本金数额不变） 第 k 月归还利息： $$I_k = \left(L - \dfrac{(k-1)L}{n}\right)r$$

续表

第 1 课时	教师活动	学生活动
环节三 建立等额本金还款法的借贷关系模型 （15 分钟）	**问题 3**：那么每月还款额和还款利息总额如何计算呢？ **备注 3**：还款利息总额的公式可以分组求和，每组是等差数列求和，可利用等差数列求和公式来计算，学生如果没有观察出来，教师可以提示学生将公式进行必要的整理，引导学生观察式子的特点。 **教师总结**：在大家的讨论中，我们得到了等额本金还款下的每月归还本金、每月归还利息、每月还款额和还款利息总额，公式如下： 第 k 归还本金：$B_k = \dfrac{L}{n}$ （每月归还本金数额不变） 第 k 月归还利息： $$I_k = \left(L - \dfrac{(k-1)L}{n}\right)r$$ 第 k 月还款额： $$A_k = \dfrac{L}{n} + \left(L - \dfrac{(k-1)L}{n}\right)r$$ 还款利息总额： $$Y = \dfrac{n+1}{2}Lr$$	**预期回答 3**：等额本金每月还款金额由本金和利息组成，下面是每个月还款金额： 第一个月：$\dfrac{L}{n} + Lr$ 第二个月：$\dfrac{L}{n} + \left(L - \dfrac{L}{n}\right)r$ 第三个月：$\dfrac{L}{n} + \left(L - \dfrac{2L}{n}\right)r$ …… 由此可得，第 k 个月还款金额为： $$A_k = \dfrac{L}{n} + \left(L - \dfrac{(k-1)L}{n}\right)r$$ 可以借助等差数列求和公式来计算还款利息总额： $$Y = Lr + \left(L - \dfrac{L}{n}\right)r + \left(L - \dfrac{2L}{n}\right)r + \cdots$$ $$\left(L - \dfrac{(n-1)L}{n}\right)r$$ $$= \dfrac{n+1}{2}Lr$$
环节四 总结与作业 （5 分钟）	**课堂总结**： 今天我们根据王先生的来信，给出了王先生买房的建议，并且建立了等额本金还款方式的数学模型，该模型具有很强的实际意义。下节课我们将在此基础上，讨论等额本息还款法的借贷关系模型的建立，请同学们思考：这两种还款方法的优缺点是什么？	**课后作业**： (1) 以个人为单位，查阅资料，了解上海目前公积金贷款和商业贷款基准利率，若王先生考虑组合贷款，公积金贷款 120 万元，商业贷款 90 万元，贷款 25 年，帮助王先生计算等额本金还款方式下的每月归还本金、每月归还利息、每月还款额和还款利息总额。 (2) 以个人为单位，查阅资料，了解等额本息还款法的计算原理，尝试建立等额本金还款法借贷关系模型，并撰写 1~2 页的研究报告。 (3) 以小组为单位，对组内各成员的建模方案进行讨论，同时思考两种还款方式的优缺点。

模块二 等额本息还款法的借贷关系模型的建立、求解与分析（1课时）

要点1：通过等额本息还款法的借贷关系模型的建立、求解，培养学生数学建模、逻辑推理、数据处理和数学运算的能力；通过对两种模型的分析比较，提高分析问题的能力。

要点2：在模型的分析中，不能单纯地从数学角度分析结果，应该结合贷款人的实际情况，多方面地比较两种还款方式的优缺点，学会用辩证眼光看问题。

要点3：没有完美的模型，任何模型都有改进的空间，具体的改进方案应该结合问题的实际情况而定，不能脱离实际情况提出。

第 2 课时	教师活动	学生活动
环节一 建立等额本息还款法的借贷关系模型 （15分钟）	**备注**：教师板书上节课的基本假设和变量以及等额本金还款方式下每月归还本金、每月归还利息、每月还款额和还款利息总额的公式。 **教师导语**：同学们，上次课我们给出了等额本金还款法的借贷关系模型，今天这节课我们来建立等额本息还款法借贷关系模型。 **问题 1**：上节课我们已经知道了等额本息还款法是指贷款期内，借款人根据所借本金金额和整体利息总额（年化利率），平均到每个月偿还同等数额资金的方式，有同学了解它的计算原理吗？ **问题 2**：我们该如何获得 k 月末尚欠银行的金额呢？ **备注 2**：教师可分组让学生进行讨论，学生可以在组内交流不同的做法，不排除学生会提出除了右侧两种方法外的其他做法。	学生拿出上一节课的作业，基于作业中的思考，准备回答老师的问题。 **预期回答 1**：等额本息还款法月还款的计算采用复利法，月还款额各期相等。计算过程中，要将各期还款额按贷款月利率采取复利法折算成期初的现值，各期还款额现值之和与贷款总额相等。 若设 x_k 为 k 月末尚欠银行的金额，借款的月利率为 r，每月还款额为 A，贷款额为 L，则下月末欠银行的金额等于上个月末尚欠银行的金额加上一个月的利息减去当月的还款额，即 $x_{k+1}=x_k+r \cdot x_k - A = x_k(1+r)-A$ $(k=0,1,2,3,\cdots,$ 其中 $x_0=L)$ **预期回答 2.1**： 我们可以先列出前几个月所欠银行贷款，下面是每个月所欠银行贷款额： 第一个月： $$x_1 = L(1+r)-A$$ 第二个月： $$\begin{aligned}x_2 &= x_1(1+r)-A \\ &= [L(1+r)-A](1+r)-A \\ &= L(1+r)^2 - A[(1+r)+1]\end{aligned}$$

续表

第 2 课时	教师活动	学生活动
环节一 建立等额本息还款法的借贷关系模型 （15 分钟）		第三个月： $$\begin{aligned}x_3 &= x_2(1+r) - A \\ &= (L(1+r)^2 - A(1+r) - A)(1+r) - A \\ &= L(1+r)^3 - A[(1+r)^2 + (1+r) + 1]\end{aligned}$$ …… 由此可得，第 k 个月所欠银行贷款为： $$\begin{aligned}x_k &= x_{k-1}(1+r) - A \\ &= L(1+r)^k - A[(1+r)^{k-1} + \cdots + (1+r) + 1] \\ &= L(1+r)^k - \frac{A[(1+r)^k - 1]}{r}\end{aligned}$$ **预期回答 2.2**： 我们可以从递推公式入手，利用待定系数法直接求出通项公式 $x_k = x_{k-1}(1+r) - A$， 即 $x_k - \frac{A}{r} = (1+r)\left(x_{k-1} - \frac{A}{r}\right)$， 所以 $\left\{x_k - \frac{A}{r}\right\}$ 是以 $1+r$ 为公比， $L(1+r) - A - \frac{A}{r}$ 为首项的等比数列 $$\begin{aligned}x_k &= \left(L(1+r) - \frac{(1+r)A}{r}\right)(1+r)^{k-1} + \frac{A}{r} \\ &= L(1+r)^k - \frac{A[(1+r)^k - 1]}{r}\end{aligned}$$
	问题 3：根据等额本息的计算原理，同学们可以得到每月归还本金、每月归还利息、每月还款额和还款利息总额吗？ **教师总结**：经过讨论，我们得到了等额本息还款方式下的每月归还本金、每月归还利息、每月还款额和还款利息总额，结果如下： 第 k 月归还本金： $$B_k = \frac{Lr(1+r)^{k-1}}{[(1+r)^n - 1]}$$ 第 k 月归还利息： $$I_k = \frac{Lr(1+r)^n}{[(1+r)^n - 1]} - \frac{Lr(1+r)^{k-1}}{[(1+r)^n - 1]}$$	**预期回答 3**： 由于还款总期数为 n，即第 n 个月刚好还完银行所有贷款，因此有 $x_n = 0$，即， $$L(1+r)^n - \frac{A[(1+r)^n - 1]}{r} = 0$$ 由此可得，第 k 月还款额为： $$A_k = \frac{Lr(1+r)^n}{[(1+r)^n - 1]}$$ （每月还款金额不变） 第 k 月归还利息： $$\begin{aligned}I_k &= x_{k-1}r \\ &= \frac{Lr(1+r)^n}{[(1+r)^n - 1]} - \frac{Lr(1+r)^{k-1}}{[(1+r)^n - 1]}\end{aligned}$$ 第 k 月归还本金： $$B_k = A_k - I_k = \frac{Lr(1+r)^{k-1}}{[(1+r)^n - 1]}$$

续表

第 2 课时	教师活动	学生活动
环节二 两种还款模型的求解和检验 （15 分钟）	第 k 月还款额为： $$A_k = \frac{Lr(1+r)^n}{[(1+r)^n - 1]}$$ （每月还款金额不变） 还款利息总额： $$Y = \frac{Lnr(1+r)^n}{[(1+r)^n - 1]} - L$$ **问题 1**：在批阅同学们上节课的课后作业 1 时，发现在帮助王先生计算等额本金还款方式下的每月归还本金、每月归还利息、每月还款额和还款利息总额时，出现了三种不同的结果，其中两种结果非常接近，还有一种结果和前两种情况结果相差过大，下面我们将这些结果展示给大家，请同学们一起分析这些结果产生偏差的原因。 **学生作业 1**： 将 $r_1 = 0.032\,5$，$r_2 = 0.046\,5$ 代入，得 首月还款金额：87 850 元 第 150 期还款金额：47 694.5 元 第 300 期还款金额：7 269.5 元 每月所还本金：7 000 元 还款利息总额：1 216.79 万元 利息每月递减 269.5 元 **学生作业 2**： 根据 $(1+r_1)^{12} = 1 + 3.25\%$ $(1+r_2)^{12} = 1 + 4.65\%$ 解之，$r_1 = \sqrt[12]{1.032\,5} - 1$， $r_2 = \sqrt[12]{1.046\,5} - 1$ 将月利率代入计算，得 首月还款金额：13 617.88 元 第 150 期还款金额：10 331.00 元 第 300 期还款金额：7 022.06 元 每月所还本金：7 000 元 还款利息总额：99.599 1 万元 利息每月递减 22.06 元	还款利息总额： $$Y = nA - L = \frac{Lnr(1+r)^n}{[(1+r)^n - 1]} - L$$ **预期回答 1**：我们查询到公积金贷款年利率是 3.25%，商业贷款年利率 4.65%，而公式中的 r_1、r_2 分别指的是公积金贷款的月利率和商业贷款的月利率。学生作业 1 误把年利率当作月利率代入，从而导致计算结果离谱，是一个错误答案，不是误差问题。学生作业 2 和学生作业 3 是由于选择了不同的方式将年利率转化成月利率，从而导致结果有偏差。

续表

第 2 课时	教师活动	学生活动
环节二 两种还款模型的求解和检验 （15 分钟）	**学生作业 3：** 根据 $(1+r_1)^{12}=1+3.25\%$ $(1+r_2)^{12}=1+4.65\%$ 采用的是二项式进行近似计算， $(1+r_1)^{12}\approx 1+12r_1$，$r_1=\dfrac{3.25\%}{12}$ $(1+r_2)^{12}\approx 1+12r_2$，$r_2=\dfrac{4.65\%}{12}$ 将月利率代入计算，得 首月还款金额：13 737.5 元 第 150 期还款金额：10 391.21 元 第 300 期还款金额：7 022.46 元 每月所还本金：7 000 元 还款利息总额：101.4 万元 利息每月递减 22.46 元 **备注 1：** 这里我们提供了三种情况，第一种是计算错误，误把年利率当作月利率直接代入公式，所以导致计算离谱；第二种和第三种是对于年利率与月利率转换的方式选择的不同而导致的偏差，并非错误。不排除学生会产生除了上面 3 种结果外的其他结果，教学中可一并拿来讨论。 **问题 2：** 两位同学的处理方法都有一定的道理，接下来我们分小组分别用这两种转换方式计算一下等额本息还款方式下的每月还款额和还款利息总额。	**预期回答 2：** 等额本息还款下的相关数据如下 **第一小组：** $r_1=\sqrt[12]{1.032\ 5}-1$，$r_2=\sqrt[12]{1.046\ 5}-1$ 每月还款金额：10 847.96 元 首月归还本金：4 229.88 元 首月归还利息：6 618.08 元 末期归还本金：10 813.26 元 末期归还利息：34.7 元 还款利息总额：115.432 8 万元 **第二小组：** $r_1=\dfrac{3.25\%}{12}$，$r_2=\dfrac{4.65\%}{12}$ 每月还款金额：10 927.22 元 首月归还本金：4 189.72 元 首月归还利息：6 737.5 元 末期归还本金：10 891.82 元 末期归还利息：35.4 元 还款利息总额：117.82 万元

续表

第 2 课时	教师活动	学生活动
环节二 两种还款模型 的求解和检验 （15 分钟）	方案 1：$r_1 = \sqrt[12]{1.0325} - 1$，$r_2 = \sqrt[12]{1.0465} - 1$ {| 等额本金还款 || 等额本息还款 |} {首月还款金额	13 617.88 元	每月还款金额	10 847.96 元} {第 150 期还款金额	10 331.00 元	首月归还本金	4 229.88 元} {第 300 期还款金额	7 022.06 元	首月归还利息	6 618.08 元} {每月所还本金	7 000 元	末期归还本金	10 813.26 元} {还款利息总额	99.599 1 万元	还款利息总额	115.432 8 万元} {利息每月递减 22.06 元		期末归还利息	34.7 元} 方案 2：$r_1 = \dfrac{3.25\%}{12}$，$r_2 = \dfrac{4.65\%}{12}$ {| 等额本金还款 || 等额本息还款 |} {首月还款金额	13 737.5 元	每月还款金额	10 927.22 元} {第 150 期还款金额	10 391.21 元	首月归还本金	4 189.72 元} {第 300 期还款金额	7 022.46 元	首月归还利息	6 737.5 元} {每月所还本金	7 000 元	末期归还本金	10 891.82 元} {还款利息总额	101.4 万元	还款利息总额	117.82 万元} {利息每月递减 22.46 元		期末归还利息	35.4 元} **问题 3**：我们分别在这两种不同的月利率处理方案下计算了两种还款模型的相关数据，并将结果进行了对比整理，通过这些数据，你发现了哪些信息？你觉得银行会选择哪种方式计算月利率，为什么这样选择？ **教师总结**：事实上，贷款计算器的计算结果确实和方案 2 的计算结果一致，银行选择了对它更有利的方式计算月利率。	**预期回答 3**：无论是等额本金还款法还是等额本息还款法，方案 2 归还的利息都比方案 1 归还的利息多。 等额本金还款法，方案 2 的情况比方案 1 多还了 18 009 元，其中首月多还 119.62 元。 等额本息还款法，方案 2 的情况比方案 1 多还了 23 872 元，平均每月多还 79.26 元。 我觉得银行会选择方案 2 中月利率的计算方式，因为这样的还款方式对它更有利。

续表

第 2 课时	教师活动	学生活动
环节三 两种还款模型的分析与优化 （10 分钟）	**问题 1**：我们以方案 2 的数据为例，得到了两种还款模型的柱形图。观察下面，你能分析一下两种还款方式的优缺点吗？你建议王先生选择哪种还款方式？ 单位：元　●月供本金 ●月供利息 13 737.5 7 000 首期　　　　　　　末期 *月供总额=月供本金+月供利息 等额本金还款法还款详情 单位：元　●月供本金 ●月供利息 10 927.22 4 189.72 首期　　　　　　　末期 *月供总额=月供本金+月供利息 等额本息还款法还款详情 **问题 2**：如果贷款人考虑提前还款，那么哪种方式更适合？ **问题 3**：我们的模型是否可以进一步优化？你能提出改进方向吗？ **备注 3**：关于模型的改进，如果学生没有方向，教师可以引导学生从基本假设入手，分析模型的不足，针对不足，引导学生提出合理化的建议。 **教师总结**：两种还款方式为满足不同收入、不同年龄、不同消费观人们的不同需要和消费偏好而设定，贷款者可以考虑自己的经济情况，尽量选择与自己收入方式相匹配的还款方式。	**预期回答 1**：等额本金还款法每月还款本金不变，利息逐月递减。等额本息还款法，每月还款金额不变，还款本金逐月递增，利息逐月递减。 如果王先生目前收入处于高峰期，但预期以后的收入可能会减少或者家庭经济负担会加重，可以选择等额本金还款。尽管还款初期压力比较大，每月还款金额比较多，但是它的利息总额比等额本息还款产生的利息总额低。 如果王先生收入比较稳定，或者对自己投资能力比较有把握，预期自己的投资回报率可以跑赢贷款利率，可以选择等额本息还款，因为可以准确掌握每个月的还款数额，虽然相比于等额本金，还款利息总额高，但是避免了初期太大的还款压力，因为 30 岁左右，财富积累比较少。 **预期回答 2**：通过对比，不难发现，在贷款金额相同、贷款期限相同的条件下，等额本息还款法在还款初期占用银行资金较多，故所需支付的利息较多。针对提前还款，贷款前建议选择等额本金还款，建议在还款中期之前提前还。 **预期回答 3**：在模型的简化中，我们假设利率及还款期保持不变，不提前还款的情况；不考虑物价变化及货币贬值等经济波动的影响的理想状态，与现实之间存在误差。 改进方向 1：如果有银行年利率预测的模型，可以考虑两种模型相结合，以降低年利率的误差对还款金额的影响。 改进方向 2：可以将提前还款的情况加入模型的建立中，使得我们模型的分析结果更加全面，价值更大。 改进方向 3：如果贷款人在还款一段时间后，想要更换另一种还款方式，怎么操作更加合理？

续表

第 2 课时	教师活动	学生活动
环节四 总结与作业 （5 分钟）	**课堂总结：** 经过两节课的学习，我们不仅给出了王先生的购房建议，还建立了等额本金还款法借贷关系模型和等额本息还款法借贷关系模型，并且根据我们给王先生的建议，计算了两种模型下的还款情况，给了王先生极大的帮助。 同学们回顾一下，在解决王先生的问题中，我们用到了哪些数学知识呢？课后感兴趣的同学可以进一步思考，尝试提出适合当代社会的新的还款方式。	**课后作业：** (1) 以个人为单位，整理两节课的研究结果，给王先生写一封回信。 (2) 以个人为单位，梳理等额本金还款法借贷关系模型和等额本息还款法借贷关系模型，以及在建立模型的过程中，所用到的数学知识，提交一篇数学感悟的文章，在小组中传阅讨论。 (3) 以小组为单位，研究适合当代社会的新的还款方式，撰写 2~4 页的研究报告。

四、重难点解析

我们以给王先生的建议为例，帮助王先生计算两种还款模型下的相关数据时，学生查询到的是公积金贷款年利率为 3.25% 和商业贷款年利率为 4.65%，而不是贷款所需要的月利率。很多同学可能在求解过程中直接代入，导致还款数据离谱，这里需要将年利率转换为月利率，设公积金贷款月利率为 r_1，商业贷款月利率为 r_2，则

$$(1+r_1)^{12} = 1+3.25\%, (1+r_2)^{12} = 1+4.65\%$$

在这里，计算公积金贷款月利率 r_1 和商业贷款月利率 r_2，有如下两种处理方式：

第一种：精确地计算出月利率

$(1+r_1)^{12} = 1+3.25\%$，即 $r_1 = \sqrt[12]{1.0325} - 1$，$(1+r_2)^{12} = 1+4.9\%$，即 $r_2 = \sqrt[12]{1.049} - 1$

第二种：利用二项式定理求近似值，给出月利率的估计值

$$(1+r_1)^{12} \approx 1+12r_1, \quad r_1 = \frac{3.25\%}{12}, \quad (1+r_2)^{12} \approx 1+12r_2, \quad r_2 = \frac{4.65\%}{12}$$

很多同学会采用第一种计算月利率的方式，因为这样的处理方式更加精确，然而得到的结果与实际还款的结果之间存在差距，事实上银行是采用第二种方式计算月利率的，因为采用第二种月利率的计算，贷款人还款金额更多，所以银行选择了对自己有利的还款方式。

五、学生课后练习

（1）采访需要贷款买房的人，利用课上学习的知识，结合采访者的个人情况，给出采访者的购房建议，并帮助他们计算两种还款模型下每月还款金额、还款利息总额和还款的本息总额，撰写一篇研究报告。

（2）※通过问卷的方式，调查人们对于目前银行提供的两种还房贷的方式有什么意见和建议，并根据他们的需要，尝试提出适合当代社会的新的还款方式，并撰写 2~4 页的研究报告。

（3）※※※在模型的简化中，我们假设利率及还款期保持不变，不提前还款；不考虑物价变化及货币贬值等经济波动的影响的理想状态，与现实之间存在误差。课上我们提出了三种改进方向，请任选一个改进方向，优化我们的模型。

改进方向 1：如果有银行年利率预测的模型，可以考虑两种模型相结合，以降低年利率的误差对还款金额的影响。

改进方向 2：可以将提前还款的情况加入模型的建立中，使得我们模型的分析结果更加全面，价值更大。

改进方向 3：如果贷款人在还款一段时间后，想要更换另一种还款方式，怎么操作更加合理？

六、专家评价

- **总评**：房贷问题是现今社会生活中的重要问题，与老百姓的生活息息相关，因此案例选题具有很强的现实意义。案例使用数列递推的方式，分别对等额本金和等额本息两种还款方法建立了数学模型，分析不同贷款金额下两种贷款方式的不同特点，数学模型简捷有效。在第 2 课时设置环节，依据不同种类人群的收入特点结合模型结果分析合适的还款方式，是本案例的一大亮点。课时间的作业设置合理，起到承上启下作用。

- **改进建议**：为了得到不同贷款额度下的最优还款方案，可以定义一个"效用函数"——将案例中所得的利息总额与贷款额度作比较，进而使用数列和不等式的办法进一步分析还款规律。

参考文献

[1] 中华人民共和国教育部. 普通高中数学课程标准（2017 年版 2020 年修订）. 北京：人民教育出版社，2020.

[2] 袁震东. 高级中学课本数学高二第一学期（试用本）. 上海：上海教育出版社，2008.

[3] 熊启才. 数学建模方法及应用. 重庆：重庆大学出版社，2005.

[4] 陈玉堂，郭仁忠. 房地产经纪实务. 北京：中国建筑工业出版社，2003.

第五节 摩尔定律

一、背景

摩尔定律（Moore's Law）引领着芯片制造业乃至整个信息技术产业的爆炸式增长。没有摩尔定律的引领，台式机、笔记本、手机、可穿戴智能电子设备等可能都不会出现。虽然近些年来摩尔定律几度被宣称失效，但每次工业界和产业界都能联手通过技术上的创新获取突破，使摩尔定律得以维持并牵引下一波的技术增长。不了解摩尔定律，我们就不能把握未来芯片制造发展的方向；不理解摩尔定律，我们就不知道工业界和产业界需要怎样的联合才能完成摩尔定律所呼唤的技术创新和突破。

虽然摩尔定律产生了这么深远的影响并具有如此重大的意义，它的发现却显得平平无奇，甚至它的表述也显得平淡通俗。1965 年，戈登·摩尔，英特尔公司的联合创始人，在分析当时已有的数据后发现集成电路中的晶体管数大约每年翻一番。10 年后，他将这一预测修正为"每两年翻一番"。此后出现的芯片，其晶体管数大致都符合摩尔的预测。摩尔的这一发现由此得名"摩尔定律"。摩尔做出这一发现并没有用到多少特别高深的数学知识，当时也没有强大的辅助计算工具，但摩尔定律的发现过程是一个绝佳的数据建模的范例，而且是一个少有的数学模型改变世界的案例。

本节我们将以摩尔定律为载体，带领学生重温摩尔做出这一发现的过程，并通过精细巧妙的课堂设计和丰富多样的课后练习让学生体会数据建模的进阶方法和技巧。

本节内容的模块一仅需要学习过基本初等函数和最小二乘法即可完全掌握。模块一中运用最小二乘法做线性拟合并不需要学生手动进行，只要能在 Excel 里面操作就可以，所以即便学生并不清楚最小二乘法的相关原理也不会影响模块一的学习。模块二需要数列递推、等比数列以及模块一作为预备知识。

本节适合在高一上学期完成基本初等函数和数列之后学习，针对的是已经接触过简单的数据建模，但对进阶数据建模尚不了解的学生。

二、预备知识、学习目标及评价量表（见表 3-5-1 和表 3-5-2）

表 3-5-1　预备知识、学习模块与学习目标拆解

预备知识	学习模块	学习难度	学习目标
最小二乘法 基本初等函数	模块一 挖掘摩尔定律 （1课时）	★★ 高考难度	（1）能够描述线性尺度和对数尺度各自的优点和缺点。 （2）能够将线性尺度下的数据转化为对数尺度下的数据。
最小二乘法 基本初等函数 数列递推 等比数列	模块二 建立摩尔定律 （1课时）	★★ 高考难度	（1）能够阐述线性化的原理。 （2）能够将线性化应用到不同的适用情境。

表 3-5-2　知识和能力掌握维度及其评价量表

各阶段	表现性证据（满分 12 分）				
	1分	1.5分	2分	2.5分	3分
建立模型	能够对原始数据进行分析，但因为没有意识到需要对数据进行预处理，建立的模型并不合理	缓冲级	能够意识到需要对数据进行必要的预处理，但选择的预处理方式并不恰当，导致建立的模型不甚合理	缓冲级	能够通过对数据进行必要且恰当的预处理，将未知的数据建模问题转化为已知的数据建模问题，完成模型建立
求解模型	能够应用已知模型的解，但不知道如何逆向转化导出未知模型的解	缓冲级	能够利用已知模型的解开始逆向转化，但中途遇到困难无法推进	缓冲级	能够利用已知模型的解逆向转化导出正确的未知模型的解
检验模型	能够对模型的有效性进行直观描述，但无法进行检验	缓冲级	能够运用个别方式对模型的有效性进行检验	缓冲级	能够综合运用多种方式对模型的有效性进行检验
阐析结果	能够阐述模型的结果，但不能将结果放回问题情境中解释其意义	缓冲级	能够阐释模型结果的意义，但无法解析其合理性	缓冲级	能够阐释模型结果的意义并解析其合理性
合计	总评分：_____ 分				

三、课堂设计（每个模块为 1 课时，每课时设 3～5 个环节）

模块一课堂设计

第 1 课时	教师活动	学生活动
环节一 引入摩尔定律 （10 分钟）	**说明：** 我们将观看一段 4 分 20 秒的视频。请同学们在观看过程中留意两个问题： （1）你注意到什么？ （2）你想知道什么？ 视频结束之后会请大家分享。 播放视频"Moore's Law vs. Transistor Counts for CPU（1971—2019）"。 **引导：** 请同学们分享观看过程中记录下来的细节和想知道的信息。 **回应：** 我们为什么要看这个视频？ 美国断供华为芯片这条新闻大家应该有所耳闻。这个视频以及我们将探究的摩尔定律几十年间引领着芯片制造业乃至整个信息技术产业界的爆炸式增长。没有摩尔定律的引领，台式机、笔记本、手机、可穿戴智能电子设备等可能都不会出现。这个视频浓缩了摩尔定律引领下的芯片制造史，让我们清楚地看到没法制造高端芯片意味着多么巨大的技术落差。当然我们也会看到维持摩尔定律意味着多么大的技术乃至经济挑战。 什么是 Transistor？什么是 Transistor Counts？有没有同学知道？	观看并记录。 **预期回答：** | 注意到 | 想知道 | |---|---| | 很多电脑品牌商标 | 为什么我们看这个视频？ | | 一些大牌芯片制造商如 Intel、AMD | 什么是 Transistor？ | | 数据条不断涌出来 | 什么是 Transistor Counts？ | | Moore's Law 那根数据条不断浮浮沉沉 | 什么是 Moore's Law？ |

续表

第 1 课时	教师活动	学生活动
环节一 引入摩尔定律 （10 分钟）	根据学生的回应提供或补充如下信息： Transistor，晶体管，是电脑芯片上的最小电子元件。Transistor Counts 是一个芯片上晶体管的数目。芯片上的晶体管数在某种程度上反映了计算机算力的高低。 什么是 Moore's Law？这个有同学知道吗？根据学生的回应提供或补充如下信息： 戈登·摩尔，英特尔公司的联合创始人，在 1965 年通过分析当时已有的数据，发现集成电路中的晶体管数大约每年翻一番。1975 年，他把这个预测修正为"每两年翻一番"。他的预测此后一直有效，得名"摩尔定律"。 **小结：** 跟所有定律一样，摩尔定律也是一个高度凝练的表述。要理解一个定律，重新发现它是最好的途径。我们接下来要做的就是从视频中出现过的所有芯片的晶体管数据中发现摩尔定律。这个发现当然得借助数学。当初摩尔一样也是借助数学的慧眼才发现这个以他的名字命名的定律的。所以，我们要做的是重现一个"预言"了人类信息技术发展史的重要发现，而且我们将看到做出这个发现的过程并不需要特别高深的数学知识和技巧，我们目前所学绰绰有余！	
环节二 预处理数据 （20 分钟）	**引导：** 请同学们在 Excel 里打开资料文件。大家现在看到的就是我们先前在视频中看到的从 1971 到 2019 年间出现过的绝大多数芯片的数据。我们的目标是找出芯片上的晶体管数跟时间（以年计）的关系。 在我们对数据进行分析之前，我们需要先观察一下数据，看看能不能发现数据隐含的一些模式和趋势。这往往会为我们提供一些对数据做进一步分析的线索。	

续表

第 1 课时	教师活动	学生活动
环节二 预处理数据 （20 分钟）	**提问：** 我们怎么对数据进行观察呢？浏览表格里的数字吗？ **指令：** 请同学们利用 Excel 提供的绘图工具画出晶体管数对年份的散点图。（对遇到技术困难的同学，给予必要的指导，也鼓励会的同学帮助不会的同学。） **引导：** 我们观察一下得到的散点图： 大家注意到哪些特征？ **回应（1）：** 考虑到有很多数据点是挤到了横轴附近，我们还能确定数据呈指数增长吗？ **追问：** 为什么？ **回应（2）：** 为什么会有那么多数据点挤到横轴附近？ **追问：** 那我们能通过调整比例解决这个问题吗？我们惯用的调整比例的方式是什么？	**预期回答：** 不是，画散点图。 **操作：** 绘制散点图。 **预期回答：** (1) 数据呈指数增长； (2) 有好些数据点都挤到了横轴附近。 **预期回答：** 不能。 **续答：** 因为有可能这些被挤到一排的数据点呈现的并不是指数增长形态，而是别的函数形态甚至是递减趋势。 **预期回答：** 绘图比例不合适。 **续答：** 缩放，但好像不行。缩小只会把更多点往横轴方向挤，放大则会把不在横轴附近的点推得更远。

续表

第 1 课时	教师活动	学生活动
环节二 预处理数据 （20 分钟）	**点评：** 其实 Excel 已经选了它能决定的最佳比例，把所有的数据点显示在一个给定的绘图区域里。如果比例不合适，我们就不可能看到所有的数据点了。 **追问：** 所以问题的根源不在比例，在哪里？ **补充：** 对，根源在数值的跨度太大，而我们惯用的线性尺度无法把这么大的跨度压缩到一个小的尺度上并保持数值间的有效区分①。 **引导：** 那怎么办呢？我们再看 Excel 绘制的散点图： （晶体管数散点图，纵轴范围 0 到 4.5E+10，横轴 1960 到 2030） 注意图中 Excel 把所有的晶体管数都改写成了科学计数法的形式。 **提问：** 大家仔细观察改写后的晶体管数，能发现对数字大小起主导作用的部分是什么吗？ **引导：** 所以这给了我们一个启发，或许数量级能帮我们解决上面的两难问题。当然，我们也并不希望扔掉科学计数法中的有效数字，否则我们处于同一个数量级上的数据就没法区分了。	**续答：** 数值的跨度太大（好几个数量级）。 **预期回答：** 数量级。

---

① 线性尺度（linear scale）下的缩放，即乘以一个缩放系数，本身就属于线性变换。

续表

第 1 课时	教师活动	学生活动
环节二 预处理数据 （20 分钟）	**提问：** 大家想到什么运算操作能帮我们拿到一个数的数量级，更准确地说是包含数量级的一个结果吗？ **指令：** 现在请同学们在 Excel 里另起一列用 Excel 提供的 log （ ） 函数（默认以 10 为底）对所有的晶体管数取对数，然后绘制一幅晶体管数的对数对年份的散点图①。（对遇到技术困难的同学，给予必要的指导，也鼓励会的同学帮助不会的同学。） **引导：** 同学们应该得到了如下的散点图： （散点图：晶体管数的对数（以10为底），横轴 1960—2030，纵轴 0—12） **提问：** 与之前的散点图相比大家注意到什么？ **回应：** 等我们完成了摩尔定律的发现，会回过头来从理论的角度讨论这两个问题。 **提问：** 现在这幅散点图，大家大概知道用什么方法对数据做什么分析了吗？	**预期回答：** 以 10 为底的对数。 **操作：** 预处理数据，绘制散点图。 **预期回答：** （1）不再有很多数据点挤在横轴附近。 （2）所有数据点有明显区分。 （3）数据点呈线性增长趋势。 **预期疑问：** （1）为什么数据点呈线性增长趋势？ （2）怎么知道数据点现在不是挤在了一条斜向的直线上？ **预期回答：** 用最小二乘法对数据进行线性回归分析。

---

① 虽然 Excel 提供了对数尺度，但为了让学生理解背后的数学原理，这里故意没有使用甚至提及这个特性。

续表

第 1 课时	教师活动	学生活动
环节二 预处理数据 （20 分钟）	**提示：** 最后再给大家一个小提示：自变量不要用年份，而用年份间隔，即经过了多少年。所以，从 1970 年起计，1971 经过了 1 年，1972 经过了 2 年，依此类推。至于为什么要这么做，课后有一个练习题让大家去看不这么做会遇到什么技术困难。 **指令：** 请同学们在 Excel 里另起一列算出每一个年份距起始年份的间隔。然后绘制出晶体管数对年份间隔的散点图。（对遇到技术困难的同学，给予必要的指导，也鼓励会的同学帮助不会的同学。） **小结：** 至此，我们已经完成了对数据的预处理。大家现在应该得到了如下的散点图： *晶体管数的对数（以10为底）散点图*	**操作：** 预处理数据，绘制散点图。
环节三 建立数据模型 （10 分钟）	**指令：** 下面请同学们在 Excel 里利用 Excel 提供的数据分析工具找到预处理后的数据点的最佳拟合直线及其方程，并做残差分析（对遇到技术困难的同学，给予必要的指导，也鼓励会的同学帮助不会的同学。） **引导：** 大家应该得到了如下的直线方程 *晶体管数的对数（以10为底）拟合图* $y = 0.147\,8x + 2.927\,7$ $R^2 = 0.950\,9$	**操作：** 拟合数据，分析残差。

续表

第1课时	教师活动	学生活动
环节三 建立数据模型 （10分钟）	和残差分布 残差分布图（横轴0—60，纵轴−3.5—1.5） 大多数残差绝对值都很小，且在 $y=0$ 这条线（即 x 轴）上下大致均匀随机地分布，说明所得直线拟合效果还不错。 **提问：** 但我们的工作结束了吗？换句话说，我们找到晶体管数跟时间的显性关系了吗？ **提问：** 所以，如果我们用变量 T 表示晶体管数，继续用 x 表示时间，则这个方程可以改写为什么形式？ **追问：** 然后怎么得到 T 对 x 的表达式？	**预期回答：** 没有。我们现在得到的直线方程 $$y=0.147\,8x+2.927\,7$$ 表示的是晶体管数的对数跟时间的关系。 **预期回答：** $$\log(T)=0.147\,8x+2.927\,7$$ **续答：** $$10^{\log(T)}=10^{0.147\,8x+2.927\,7}$$ $$T=847\cdot10^{0.147\,8x}$$
环节四 总结与作业 （5分钟）	**课堂总结：** 这节课我们初步了解了摩尔定律，并通过分析历史数据找到了芯片上的晶体管数跟时间的关系。下节课我们将看到我们得到的关系式怎么就被概括为了凝练的摩尔定律。 大家如果还记得我们这节课最开始观看的视频，就不难发现，在过去半个世纪里，摩尔定律一直沉沉浮浮，几度被宣告终结，但最后工业界、产业界又都通过新的技术突破为其完成了续命，以致后来有人"大胆地指出技术进化通常遵循一条相当可预测的道路"（Powell，2008）。大家可以通过阅读课后第二个作业推荐的文章了解摩尔定律的过往。	**课后作业：** (1) 课后练习1、2、3、4。 (2) 阅读文章 The Multiple Lives of Moore's Law（Mack，2015），概括摩尔定律的多段命运。

模块二 课堂设计

第 2 课时	教师活动	学生活动
环节一 建立摩尔定律 （10分钟）	**引导：** 上节课我们通过分析历史数据得到了芯片上晶体管数 T 跟时间 x 的关系： $T=847 \cdot 10^{0.1478x}$ 虽然在课后练习中我们看到模型的表现好像还不错，但这个结论跟摩尔定律的表述"每两年翻一番"似乎并不一样。 为此，我们再仔细分析一下摩尔定律的表述，看能不能得到一点线索。 摩尔定律认为芯片上的晶体管数大约每两年翻一番。大家试试看能不能把这个高度浓缩的表述翻译为数学表达式。 **提问：** 这些表达式中有没有因为相互等价而重复的？ **指令：** 请提供每一种答案的同学大致解释一下你写的公式的含义和推理过程。 如果解释的过程中没有同学发现（1）（2）（3）的问题， 提问（1）（2）（3）分别表示的是每几年翻几番？ **引导：** 显然，$T=847 \cdot 10^{0.1478x}$ 和 $T_n=C \cdot 2^{n/2}$ 形式一致，我们甚至可以推知 $C=847$ 所以我们只要能证明 $10^{0.1478x}$ 跟 $2^{n/2}$ 相等或近似，就能得到摩尔定律的经典阐述了。 **提问：** 怎么证明呢？	**预期回答：** $T_{n+1}=2T_n$ $T_n=C \cdot 2^n$ $T_n=C \cdot 2^{2n}$ $T_{n+2}=C \cdot T_n$ $T_n=C \cdot 2^{n/2}$ **预期回答：** （1）和（2）等价，（4）和（5）等价。 **预期回答：** （1）（2）表示的是每年翻一番，（3）表示的是每年翻三番。 **预期回答：** 只要证明底数相等或近似就可以了，

续表

第2课时	教师活动	学生活动
环节一 建立摩尔定律 （10分钟）	**点评：** 于是，$T=847 \cdot 10^{0.1478x} \approx 847 \cdot 2^{x/2}$ 用离散变量 n 替换连续变量 x，即摩尔定律的数学直译：$T_n=847 \cdot 2^{n/2}$	$10^{0.1478}=1.4054 \approx 1.41$ $2^{1/2}=\sqrt{2} \approx 1.41$
环节二 讨论课后练习 （20分钟）	**引导：** 下面我们讨论一下上节课留给大家的课后练习，看看大家从练习中有没有加深对上节课的建模过程的理解。 **点评：** (1) 学生应该发现有的相对误差大于 50%，甚至超过了 200%。一方面，指出线性拟合阶段相对较小的误差也会因为出现在指数部分带来成倍的误差；另一方面，提醒学生注意数据中存在个别异常值，如果排除掉它们，是有可能降低误差的。 (2) 学生应该能通过关系式算出我们的模型对 2020 年芯片上晶体管数的预测值约为 2.08×10^{10}，并从互联网上找到苹果 M1 芯片的晶体管数为 1.6×10^{10}，华为麒麟 9000 芯片的晶体管数为 1.53×10^{10}，得出模型预测值偏高的结论。 (3) 学生结合摩尔定律翻番的表述，应该可以想到对晶体管数取 2 为底的对数会是一个更好的选择，因为最后得到的表达式会是 $T=847 \cdot 2^{0.4908x}$，更容易注意到 $0.4908 \approx \frac{1}{2}$，进而看出"每两年翻一番"。 (4) 学生循着题目的引导应该能发现如果用年份作自变量会得到最佳拟合直线方程 $y=0.1478x-288.15$，进而会得到 $T=10^{0.1478x-288.15}$ 或 $T=10^{-288.15} \cdot 10^{0.1478x}$。虽然两个表达式等价，但一旦代值进行计算，前者没问题，后者在 Excel 或者其他的计算器中都会出错，因为 $10^{288.15}$ 超出了计算机或计算器能表示的最大整数值。	

续表

第 2 课时	教师活动	学生活动
环节三 回顾建模过程 （10 分钟）	**引导：** 回顾我们重新发现摩尔定律的过程，大家觉得哪一步最关键？ **回应：** 现在回应当时大家提出的两个疑问： (1) 为什么数据点呈线性增长趋势？ (2) 怎么知道数据点现在不是挤在了一条斜向的直线上？ 我们知道，如果数据点呈指数变化趋势，可以用形如 $y=C\cdot b^x$ 的指数函数对其进行拟合。 **提问：** 为什么不用如 $y=C\cdot b^{kx+h}$ 的形式？ 理论上来讲，我们应该利用最小二乘法去求使得残差平方和最小的常数 C 和 b 的值，但求解过程要用到微积分的知识。所以我们退而求其次，注意到如果在等式两边同时取以 a 为底的对数有 $\log_a y = \log_a(C\cdot b^x)$ $\log_a y = \log_a C + \log_a b^x$ $\log_a y = \log_a C + x\cdot \log_a b$ 令 $z=\log_a y$，$h=\log_a C$，$k=\log_a b$，我们会得到一个 z 对 k 的线性函数 $z=k\cdot x+h$。 注意到 z 跟 y 的关系，只要我们把因变量 y 的所有数据转化为 $\log_a y$，绘制在散点图上所有的 (x, z) 就应该呈线性趋势。于是我们可以利用最小二乘法对数据点进行线性拟合，求出最佳拟合直线方程，得到 k 和 h 的值，进而求出 C 和 b，间接地得到对原始数据的指数拟合。这个方法叫线性化。这种对两个变量中的一个变量取了对数之后绘制的图像叫半对数图。 摩尔当年就是通过线性化方法，凭借下面这张半对数图揭示的指数增长模型对 1975 年能集成到芯片上的晶体管数做出了大胆预测（Moore，1965）。10 年后，预测应验，摩尔定律成名。	**预期回答：** 对晶体管数取对数。 **听讲笔记** **预期回答：** 因为 $y=C\cdot b^{kx+h}$ $= (C\cdot b^h)\cdot (b^k)^x$ $C\cdot b^h$ 和 b^k 整体都可以分别看作一个待定常数，于是跟 $y=C\cdot b^x$ 等效。

续表

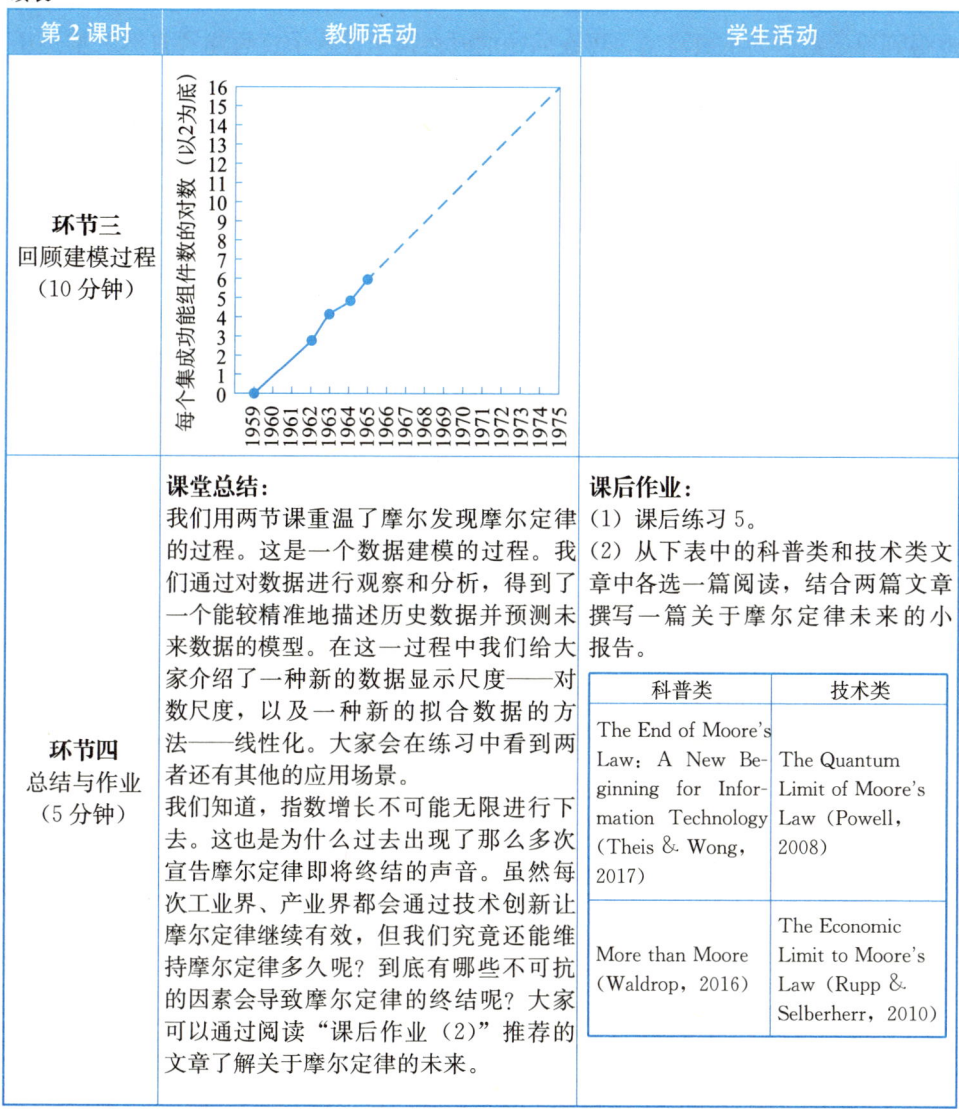

第 2 课时	教师活动	学生活动
环节三 回顾建模过程 （10 分钟）	（图：每个集成功能组件数的对数（以2为底），横轴1959—1975年，纵轴0—16）	
环节四 总结与作业 （5 分钟）	**课堂总结：** 我们用两节课重温了摩尔发现摩尔定律的过程。这是一个数据建模的过程。我们通过对数据进行观察和分析，得到了一个能较精准地描述历史数据并预测未来数据的模型。在这一过程中我们给大家介绍了一种新的数据显示尺度——对数尺度，以及一种新的拟合数据的方法——线性化。大家会在练习中看到两者还有其他的应用场景。 我们知道，指数增长不可能无限进行下去。这也是为什么过去出现了那么多次宣告摩尔定律即将终结的声音。虽然每次工业界、产业界会通过技术创新让摩尔定律继续有效，但我们究竟还能维持摩尔定律多久呢？到底有哪些不可抗的因素会导致摩尔定律的终结呢？大家可以通过阅读"课后作业（2）"推荐的文章了解关于摩尔定律的未来。	**课后作业：** （1）课后练习 5。 （2）从下表中的科普类和技术类文章中各选一篇阅读，结合两篇文章撰写一篇关于摩尔定律未来的小报告。 | 科普类 | 技术类 | |---|---| | The End of Moore's Law: A New Beginning for Information Technology (Theis & Wong, 2017) | The Quantum Limit of Moore's Law (Powell, 2008) | | More than Moore (Waldrop, 2016) | The Economic Limit to Moore's Law (Rupp & Selberherr, 2010) |

四、重难点解析

本节的重点在对数尺度和线性化。两者都是数学建模中非常有用的技术（前者属数据建模，后者属机理建模），同时体现了数学里非常重要的化归思想。通常的做法可能是先介绍线性化，以此说明为什么要对数据取对数。我们觉得这样处理把两个技术做了不必要的耦合，反而不利于学生看到两者分别从数据建模和机理建模出发而在中间模型处的交汇。为此，我们的设计先铺设了对对数尺度的需求，然后让学生通过拟合半对数图中的数据点，用类似解方程的形式"自然"地得到原始数据的指数模型，再在回顾的时候揭示使这个过程能"自然"推进下去的机理。

本节的难点在学习线性化的必要性。即使 Excel 可以通过"添加趋势线"这一功能直接对数据进行指数型函数拟合，学生在过程中可能会问为什么还要学线性化。对此，除了前述当数据点挤压到一条直线附近不能盲目选用拟合函数，如果直接选择指数函数进行最小二乘拟合需要用到微积分，以及线性化体现了数学里面的化归思想，还能用于幂函数拟合［课后练习（5）］等理由之外，教师还可以告诉学生 Excel 提供的指数函数拟合背后的原理就是线性化，鼓励学生自行验证。

五、学生课后练习

（1）※请用我们得到的关系式算出模型对过去所有芯片晶体管数的预测值，然后计算它们与真实值之间的相对误差，分析误差产生的原因，并判断模型的表现。

（2）※我们已有的芯片的数据只到 2019 年。请用我们得到的关系式预测 2020 年芯片上的晶体管可能是多少。2020 年，苹果和华为分别设计推出了 5nm 制程的芯片 M1 和麒麟 9000。请大家通过互联网找到 M1 和麒麟 9000 各自的晶体管数，然后与前面算出的预测值进行对比。我们的模型预测高了还是低了？相对误差是多少？

（3）※我们对数据做的第一个预处理是将晶体管数取了以 10 为底的对数。我们可以取其他底的对数吗？结合摩尔定律的表述，有没有比 10 更好的选择？请验证你的猜测。

（4）※我们对数据做的第二个预处理是用年份间隔做自变量。课上我们提到不这么做后面可能会遇到一个技术困难。请你用年份做自变量继续课上所做的数据分析直到得出形如 $T=C \cdot 10^{kx}$（其中 C 和 k 是常数）的结论。你能算出 C 吗？为什么？

（5）※线性化同样可以应用于需要幂函数 $y=ax^n$ 进行拟合的数据。请阐释其应用原理，并描述线性化之后怎么完成对原始数据的拟合。

六、专家评价

● **总评**：摩尔定律深刻反映了信息时代的技术发展规律，具有较强的时代气息。案例中对于数据散点图的讲解是本案例的亮点，初学数学建模的学生得到数据后描绘散点图时经常会出现坐标尺度问题，所以这个讲解过程是十分必要且容易在教学中被忽略的。案例使用数学模型的目的是挖掘数据中的隐含信息和函数规律，这也是数学建模的常见用途之一。

- **改进建议：**

（1）课时容量对于高中生而言相对较小，建议将两课时的内容整合为 1 课时。

（2）对于函数型的选取是本案例建模的难点。为什么以指数函数而非幂函数为函数型来拟合？即使选取指数型函数，使用哪个常数作为底数？面对这两个问题，建议设置专门的环节讨论和讲解，教师可以从多个角度（残差程度、预测效果和计算难度等）来解释。

参考文献

[1] POWELL J R. The quantum limit to Moore's law. Proceedings of the IEEE，2008（2）.

[2] MACK C. The multiple lives of Moore's law. IEEE spectrum，2015（8）.

[3] MOORE G E. Cramming more components onto integrated circuits. Electronics，1965（4）.

[4] THEIS T N & WONG H. The end of Moore's law：a new beginning for information technology. Computing in science & engineering，2017（10）.

[5] WALDROP M M. More than Moore. Nature，2016（4）.

[6] RUPP K & SELBERHERR S. The economic limit to Moore's Law. IEEE transactions on semiconductor manufacturing，2010（3）.

第六节 数学建模应用
——种群数量变化研究教学设计

一、背景

1. 生物知识背景分析

"种群的数量变化研究"是高中生物选择性必修二《生物与环境》第一章"种群及其动态"的第 2 节内容。2017 版的《普通高中生物学课程标准》中,对本节的描述是"尝试建立数学模型解释种群的数量变动"。为达到此目标,课程标准给出了探究培养液中酵母菌种群数量动态变化的建议活动。课程标准中对本节内容的描述体现了对学生"模型与建模"的科学思维以及科学探究的生物学核心素养的培养与提升。

2. 数学知识背景分析

本节内容需要学生具备基本初等函数(指数、对数函数)的相关知识,也需要具备简单微分方程的内容,因此适合在高二基本初等函数和导数章节后开展学习。部分内容需要涉及最小二乘法的初步原理知识,虽然学生并未系统接触,也可以简要介绍原理。在参数拟合环节,可以借助相关软件进行计算。

二、学情分析和学习目标(见表 3-6-1 和表 3-6-2)

知识方面,学习了种群的特征,知道出生率和死亡率是种群数量动态变化的决定因素,但并不知道种群是如何增长的,也没有意识到种群增长的相关知识可以用于指导生产实践。

本节适合在高二上学期基本初等函数和导数章节后学习,学生需要在生物课上在教师带领下进行酵母菌种群数培养相关实验,并记录实验数据,这是一个非常自然的数据和项目来源(见表 3-6-3 和表 3-6-4)。

能力方面，学生已经接受了一些实验探究能力的训练，有一定的实验探究能力。模块一需要学生学习基本初等函数——指对数函数就可以，也需要学习简单微分方程的相关知识（选修课中有介绍，对学生来讲难度不大）。模块二需要涉及最小二乘法的初步原理知识，由于学生并未系统接触，可以简要介绍原理，在参数拟合环节借助软件计算，这样的处理也不会影响其余部分的学习。

虽然在以往的数学探究活动中，学生已体验过数学建模的过程，但是对于用数学模型来分析生物学问题的方式方法并未接触过。通过一个实践章节进一步加强这些体验和认识是非常有好处的。

表 3-6-1　预备知识、学习模块与学习目标拆解

预备知识	学习模块	学习难度	学习目标
指数函数函数与导数	模块一 种群增长模型的建立、改进、求解与分析 （1课时）	★★ 高考难度	（1）能够理解种群增长的两种不同模型。 （2）能够提出合理的种群增长模型基本假设并引入适切的参数及变量。 （3）能够基于对现实的理解，利用增长率的定义式方程，建立适当的种群增长数学模型。 （4）能够对模型进行基本的演绎分析。
最小二乘法函数与导数	模块二 数学模型拟合效果检验及参数带来的影响辨析，指导生产生活实践 （1课时）	★★ 高考难度	（1）能够检验模型的准确性并呈现参数的变化对模型的影响。 （2）能够基于特征将模型应用于生产生活实践。 （3）能够基于酵母菌实验数据拟合出模型参数并预测未来种群数量。

表 3-6-2　知识和能力掌握维度及其评价量表

各阶段	表现性证据（满分15分）					
	1分	1.5分	2分	2.5分	3分
基本假设	能够提出基本假设，但是无法自圆其说	缓冲级	能够提出并解释合理基本假设但是无法设出适切参数及变量	缓冲级	能够提出并解释合理的基本假设并设出适切的变量和参数
模型建立	能够用符号表达基本假设，但是无法建立模型	缓冲级	能够基于基本假设列出各变量和参数之间的关系，但是无法建立适切的形式化数学模型	缓冲级	能够基于基本假设利用等式方程，建立适当的形式化数学模型

续表

各阶段	表现性证据（满分 15 分）				
	1 分	1.5 分	2 分	2.5 分	3 分
模型求解	能够对模型进行变形，但是无法得到实质结果	缓冲级	只能通过一种方式观察模型，能够得到部分结果	缓冲级	能够同时通过对模型的形式化演绎和数据拟合两种方式得到对规律的观察和对未来的预测
模型检验	无法对模型进行检验，但是可以讲出对结果的直观感受	缓冲级	能够对模型的有效性进行检验，但是不能有效分析模型参数扰动对模型结果的影响	缓冲级	能够对模型的有效性进行检验且能够有效分析模型参数扰动对模型结果的影响
结果分析	仅能描述模型的结果，但是不清楚其意义	缓冲级	能够将对应的模型，结果对应到相应的种群特征	缓冲级	能够给予模型的结果，挖掘出某些种群变化过程证据
合计	总评分：_____ 分				

表 3-6-3　酵母菌种群培养实验扩瓶培养的数据

次数	计数结果					平均值（个）	稀释倍数	酵母菌种群密度（个/mm³）
	结果 1	结果 2	结果 3	结果 4	结果 5			
1	14	8	12	5	10	9.8	1	2 450
2	14	27	25	19	26	22.2	1	5 500
3	16	18	8	12	22	15.2	3	11 500
4	38	29	37	27	34	33	3	24 500
5	20	17	29	23	21.2	22.04	10	55 000
6	21	22	30	25	17	23	20	118 000
7	38	34	29	27	37	33	30	250 000
8	41	42	27	28	36	34.8	60	522 000

表 3-6-4　酵母菌种群培养实验原瓶培养的数据

次数	计数结果					平均值（个）	稀释倍数	酵母菌种群密度（个/mm³）	增长速率（个）/mm³	增长率
	结果 1	结果 2	结果 3	结果 4	结果 5					
0	14	8	12	5	10	9.8	1	2 450	—	—
1	23	35	35	19	26	27.6	3	20 700	18 250	7.45
2	20	17	29	20	21.2	21.44	20	107 200	86 500	4.18
3	28	31	33	23	25	28	20	140 000	32 800	0.31
4	25	28	33	22	32	28	20	140 000	0	0

三、课堂设计

| 模块一 | 种群增长模型的建立、改进、求解与分析（1课时） |

要点 1： 通过尝试建立描述、解释和预测酵母菌种群数量变化的数学模型，提升模型与建模的科学思维。

要点 2： 通过探究培养液中酵母菌种群数量动态变化的探究活动，并用数学模型解释，提高学生对种群增长两种模型的认识，提升学生科学探究的核心素养。

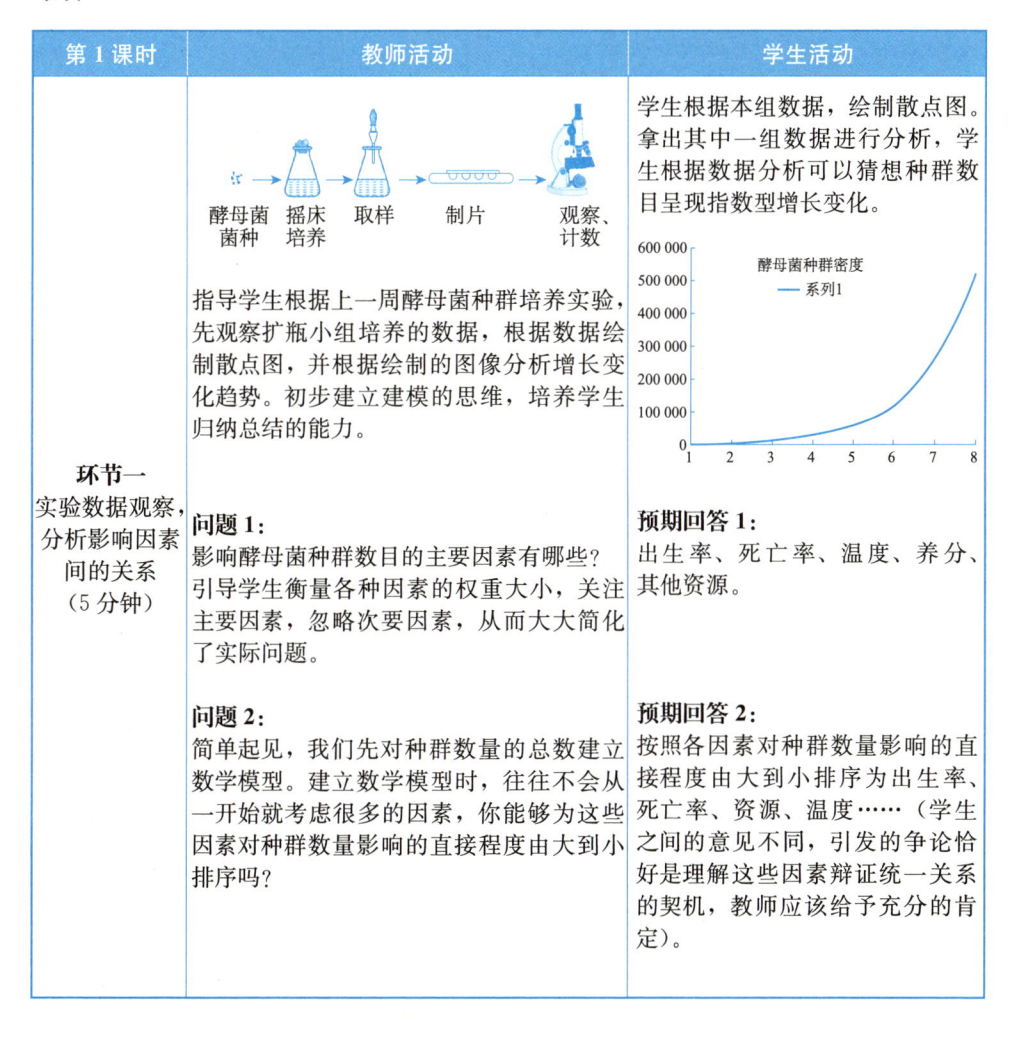

第 1 课时	教师活动	学生活动
环节一 实验数据观察，分析影响因素间的关系 （5 分钟）	酵母菌菌种 → 摇床培养 → 取样 → 制片 → 观察、计数 指导学生根据上一周酵母菌种群培养实验，先观察扩瓶小组培养的数据，根据数据绘制散点图，并根据绘制的图像分析增长变化趋势。初步建立建模的思维，培养学生归纳总结的能力。 **问题 1：** 影响酵母菌种群数目的主要因素有哪些？引导学生衡量各种因素的权重大小，关注主要因素，忽略次要因素，从而大大简化了实际问题。 **问题 2：** 简单起见，我们先对种群数量的总数建立数学模型。建立数学模型时，往往不会从一开始就考虑很多的因素，你能够为这些因素对种群数量影响的直接程度由大到小排序吗？	学生根据本组数据，绘制散点图。拿出其中一组数据进行分析，学生根据数据分析可以猜想种群数目呈现指数型增长变化。 酵母菌种群密度 — 系列1 （图：纵轴 0–600 000，横轴 1–8） **预期回答 1：** 出生率、死亡率、温度、养分、其他资源。 **预期回答 2：** 按照各因素对种群数量影响的直接程度由大到小排序为出生率、死亡率、资源、温度……（学生之间的意见不同，引发的争论恰好是理解这些因素辩证统一关系的契机，教师应该给予充分的肯定）。

续表

第 1 课时	教师活动	学生活动
环节二 提出基本假设、 建立指数增长 数学模型并 求解、分析 （10 分钟）	将挖掘出的因素与种群数量关系通过数学语言表达，并引导学生引入参数变量利用数学语言表达现实问题并初步建立数学模型。 明确概念、为建构数学模型做准备。 **种群增长率**：种群在单位时间内净增加的个体数占原有个体数的比率，其计算公式为：增长率=（现有个体数－原有个体数）/（原有个体数×增长时间）×100% **种群增长速率**：指种群在单位时间内净加个体数占原有个体数的比率，其计算公式为：增长率=（经过 $t+\Delta t$ 时间后的个体数－t 时刻的个体数）/（t 时刻的个体数×增长时间 Δt）。 每一点处的切线斜率的值逐渐变大，或者从式子 $\dfrac{dN_t}{dt}=\lambda \cdot N_t$ 可以看出，增长速率和种群数目 N_t 成正比，随着 N_t 的增大，增长速率越来越快。 （种群周限增长率图：$\lambda>1$，且不变，水平直线） （种群增长速率图：指数上升曲线） **形成概念**：自然界中有类似细菌在理想条件下种群增长的形式，曲线大致呈 J 形。这种类型的增长称为 J 形增长。在资源和生存空间没有限制的情况下，种群的增长不受种群密度增长的影响，此时种群增长特点为指数增长模型：$N_t=N_0\lambda^t$。 **问题 3**： 种群出现这种增长的原因是什么？	**引导学生做合理的基本假设** 在温度、资源充足的情况下，可视为种群的增长率不变， 设增长率为 λ，N_t 表示种群大小，t 表示时间；根据模型的假设，任意给定时间 Δt，由种群的增长率的概念得 $\dfrac{N_{t+\Delta t}-N_t}{N_t \cdot \Delta t}=\lambda \Rightarrow \dfrac{N_{t+\Delta t}-N_t}{\Delta t}$ $=\lambda \cdot N_t \Rightarrow \lim\limits_{\Delta t \to 0}\dfrac{N_{t+\Delta t}-N_t}{\Delta t}$ $=\lim\limits_{\Delta t \to 0}\lambda \cdot N_t$ $\dfrac{dN_t}{dt}=\lambda \cdot N_t \Rightarrow \dfrac{dN_t}{N_t}=\lambda \cdot dt \Rightarrow$ $\int \dfrac{dN_t}{N_t}=\int \lambda \cdot dt \Rightarrow \ln N_t+C_1=\lambda t+C_2$ $\Rightarrow \ln N_t=\lambda t+C_2-C_1$ 令 $C_0=C_2-C_1 \Rightarrow$ $\ln N_t=\lambda t+C_0 \Rightarrow N_t=e^{\lambda t+C_0}$ ∵ 当 $t=0$ 时，$N_0=e^{C_0}$， ∴ $N_t=N_0 \cdot e^{\lambda t}$ **预期回答 3**： 资源无限、空间无限、种群内无竞争、不受其他生物如天敌等制约。

续表

第 1 课时	教师活动	学生活动
环节二 提出基本假设、建立指数增长数学模型并求解、分析 （10 分钟）	**教师补充说明：** 按照这个模型规律，条件适宜时可 2 小时增殖一次，仅需经过 10.4 天，种群即可繁殖到与地球同等质量的规模；这反映了生物增殖的潜能，体现了达尔文的生物都有过度繁殖的倾向的理论。 **问题 4：** 现实世界中能不能这么增长？ 将模型应用于认识和分析酵母菌种群增长规律、探究酵母菌数目极限、发现初步模型的不合理性。为引导学生对基本假设和模型的重新修订奠定基础。	**预期回答 4：** 种群在资源有限环境中的数量增长不是无限的，因为资源有限、空间有限，同时也受到其他生物制约。
环节三 模型的修正和改进 （20 分钟）	**实验目标：** 根据实验数据，学生意识到酵母种群是不可能一直按此增长的。 组织学生根据记录的数据画出酵母种群数量的曲线： **问题 5：** 为什么会出现与 J 形增长不同的变化？ **问题 6：** 种群的增长率是变化的，如何调整基本假设？	另一组是在原瓶中持续进行培养和计数，将 4 天中得到的酵母菌种群大小数据，标定在以时间为横坐标、以酵母菌种群数量为纵坐标的平面坐标系中，从得到的散点图可以看出酵母菌种群大小随时间变化的规律。 **预期结果：** 设计个人、小组、班级实验记录表格，根据实验结果绘制酵母菌种群数量变化曲线，并分析酵母菌种群数量变化曲线呈"S"形的原因。 **预期回答 5：** 种群在资源有限环境中的数量增长不是无限的。当种群在一个资源有限的空间中增长时，随着种群密度的上升，对有限空间资源和其他生活必需条件的种内竞争也将加强，必然影响到种群的出生率和存活率，从而降低了种群的实际增长率，直至种群停止增长，甚至使种群数量下降。 **预期回答 6：** N_t 表示种群大小，t 表示时间，λ_t 表示种群的变化率，K 表示环境容纳量。

续表

第 1 课时	教师活动	学生活动
环节三 模型的修正 和改进 （20 分钟）	**问题 7**：新的基本假设下，如何重新建构数学模型求解？ **形成概念**： 我们把这种种群增长模型称为逻辑斯蒂增长，由于曲线呈 S 形又叫 S 形增长。 *（S 形曲线图：纵轴为种群数量，标有 $\frac{k}{2}$ 刻度；横轴为 t）* 逻辑斯蒂增长是种群在资源有限环境下连续增长的一种最简单的形式，又称阻滞增长。 **问题 8**： 种群在有限环境中的增长特点是什么？	**预期回答 7**： 根据模型假设，可以把生物种群的变化率 λ_t 看作一个随着生物种群数量 N_t 的增加而线性递减的量，设增长率为 $\lambda_t = \lambda\left(1 - \dfrac{N_t}{K}\right)$，根据模型的假设，任意给定时间 Δt，由种群增长率的概念可得 $\dfrac{N_{t+\Delta t} - N_t}{N_t \cdot \Delta t} = \lambda\left(1 - \dfrac{N_t}{K}\right) \Rightarrow$ $\dfrac{N_{t+\Delta t} - N_t}{\Delta t} = \lambda\left(1 - \dfrac{N_t}{K}\right) \cdot N_t$ $\Rightarrow \lim\limits_{\Delta t \to 0} \dfrac{N_{t+\Delta t} - N_t}{\Delta t} = \lim\limits_{\Delta t \to 0} \lambda\left(1 - \dfrac{N_t}{K}\right) \cdot N_t$ $\dfrac{dN_t}{dt} = \lambda\left(1 - \dfrac{N_t}{K}\right) \cdot N_t$，可以将 N'_t 看作关于 N_t 的二次函数，因为 $\lambda > 0$，所以当 $N_t = \dfrac{K}{2}$ 时，增长速率的最大值为 $\dfrac{K\lambda}{4}$（此处解释在 $N_t = \dfrac{K}{2}$ 处，取得增长速率最大值），而 $\dfrac{dN_t}{N_t} \cdot \dfrac{K}{K - N_t} = \lambda \cdot dt \Rightarrow$ $\int\left(\dfrac{1}{N_t} + \dfrac{1}{K - N_t}\right)dN_t = \int \lambda \cdot dt$ $\Rightarrow \ln N_t - \ln(K - N_t) + C_1 = \lambda t + C_2 \Rightarrow$ $\ln \dfrac{N_t}{K - N_t} = \lambda t + C_2 - C_1$，令 $C_0 = C_2 - C_1 \Rightarrow \ln \dfrac{N_t}{K - N_t} = \lambda t + C_0 \Rightarrow$ $\dfrac{N_t}{K - N_t} = e^{\lambda t + C_0} \Rightarrow N_t = \dfrac{K}{1 + e^{-\lambda t - C_0}}$， 当 $t = 0$ 时，得 $C_0 = \ln \dfrac{N_0}{K - N_0}$ **预期回答 8**： 种群在有限环境中的增长曲线是 S 形的，它具有两个特点：

续表

第 1 课时	教师活动	学生活动
环节三 模型的修正 和改进 （20 分钟）		（1）S 形增长曲线有一个上渐近线，即 S 形增长曲线逐渐接近于某一特定的最大值，但不会超过这个最大值的水平，此值即为种群生存的最大环境容纳量，通常用 K 表示。当种群大小到达 K 值时，将不再增长。 （2）S 形曲线是逐渐变化的、平滑的，而不是骤然变化的。 条件：资源有限、空间有限、受其他生物制约。
	问题 9： K 值（环境容纳量）指长时期内环境所能维持的种群最大数量。影响 K 值的因素是什么？	预期回答 9： 影响 K 值的因素：温度、空间、资源、天敌等。
	问题 10： 种群的增长率、增长速率是如何变化的？原因是什么？	预期回答 10： 种群增长率逐渐减小。对有限空间资源和其他生活必需条件的种内竞争也将加强，必然影响到种群的出生率和存活率，从而降低了种群的实际增长率，直至种群停止增长，甚至使种群数量下降。 增长速率：先增大后减小，最大增长速率是 $\dfrac{K}{2}$。

续表

第1课时	教师活动	学生活动
环节四 总结与作业 （5分钟）	**课堂总结：** 总结两种模型变化产生的条件、增长特点。 |	J形增长	S形增长
产生条件	食物的空间条件充裕、气候适宜、没有天敌和其他竞争物种等理想条件	资源和空间有限、受气候变化影响、受其他生物制约
增长特点	每个世代的种群数量以一定倍数增长，后一世代种群数量是前一世代种群数量的 λ 倍，种群增长速率越来越快	种群增长速率先逐渐增大，$K/2$ 时增长最快，此后增长减缓，到 K 值时停止增长
增长速率坐标图	（$\lambda>1$，且不变的种群有限增长率图）	（S形种群增长速率图，峰值在 $t/2$）
联系	S形增长是自然界环境阻力作用下J形增长发展的必然结果。 ||	**课后作业：** (1) 除了生物学中种群变化有S形增长，你能列举出生活中类似的增长模型吗？ (2) 有人说目前全世界人口数量已经达到地球的环境容纳量，必须采取更加严格的措施控制人口出生率；有人却认为科技进步能提高地球对人类的环境容纳量，例如育种和种植技术的进步能提高作物的产量，从而养活更多的人口。你持有什么观点？你有哪些证据支持你的观点？ (3) 1) 假设你承包了一个鱼塘，正在因投放多少鱼苗而困惑：投放后密度过大，鱼竞争加剧，死亡率会升高；投放后密度过小，水体的资源和空间不能充分利用。怎样解决这个难题？ 2) 为了保护鱼类资源不受破坏，并能持续获得最大捕鱼量，怎样确定捕捞量和捕捞时间？ 3) 若该鱼塘在天然环境下按一定规律增长，设单位时间内的捕捞量与鱼塘的鱼量成正比，鱼的销售单价为常数 p，每天捕鱼的人工费为常数 c，为了使得鱼塘鱼量平衡又经济效益最大，应该如何设计捕捞方案？

| 模块二 | 数学模型拟合效果检验及参数带来的影响辨析，指导生产生活实践（1课时） |

要点1： 检验建立的种群增长的数学模型拟合效果，从数学模型角度分析模型变化规律，培养学生的科学思维素养。

要点2： 运用种群的J形和S形增长的数学模型呈现种群数量变化的规律，分析和解释影响不同变化规律的因素，并应用于相关实践活动中。

要点3： 用数学建模观察和解释生活中的现象。

第 2 课时	教师活动	学生活动
环节一 模型拟合、 效果检验 (10 分钟)	学会如何通过实验估计出 r、K 两个参数和进行曲线拟合的方法。 (1) 环境容纳量 K 的确定 三点法求 K 的公式为 $$K=\frac{2N_1N_2N_3-N_2^{\,2}(N_1+N_3)}{N_1N_3-N_2^{\,2}}$$ 式中：N_1、N_2、N_3 分别为时间间隔基本相等的三个种群数量，要求时间间隔尽量大一些。 (2) 瞬时增长率 r 的确定 瞬时增长率 r 可以用回归分析的方法来确定。首先将逻辑斯蒂方程的积分式变形为 $$\frac{K-N}{N}=e^{a-rt}$$ 两边取对数，得 $\ln\left(\frac{K-N}{N}\right)=a-rt$。 如果设 $y=\ln\left(\frac{K-N}{N}\right)$，$b=-r$，$x=t$， 那么逻辑斯蒂方程的积分式可以写为：$y=a+bx$。 | 天数 | N | K | $\ln\left(\frac{K-N}{N}\right)$ | |---|---|---|---| | 0 | 2 450 | 140 236.419 9 | 4.029 616 78 | | 1 | 20 700 | 140 236.419 9 | 1.753 487 394 | | 2 | 107 200 | 140 236.419 9 | −1.177 085 661 | | 3 | 140 000 | 140 236.419 9 | −6.383 788 103 | | 4 | 140 000 | 140 236.419 9 | −6.383 788 103 |	预期效果： 学生根据公式计算 K： $N_1=2\,450$，$N_2=107\,200$，$N_3=140\,000$， 计算求得 $K=140\,236.419\,9$。 最大环境容纳量 K 通过三点法求得。三点法虽然容易理解、操作简单，适合学情状况，但是不够精准，后面的教学中可以逐步渗透其他更精准的方法。 预期效果： 可以用最小二乘法拟合（因学生没有接触，本节课不做讲解，但可以利用软件展示拟合后的效果）。
环节二 模型分析 与比较 (10 分钟)	种群的 J 形和 S 形增长比较。 问题 1： 将得到的 J 和 S 重叠，用斜线标记出两条直线之间的阴影面积，分析阴影面积出现的原因及其意义。	预期回答 1： 种群的 J 形增长曲线表明生物种群具有过度繁殖潜能。S 形增长是生物在自然界环境阻力作用下的必然结果。阴影表示环境阻力，两条曲线数量差表示被淘汰的个体数。环境阻力减小，K 值增大；环境阻力增大，K 值减小。

续表

第 2 课时	教师活动	学生活动
环节二 模型分析 与比较 （10 分钟）	**问题 2：** 为什么说 S 形增长是环境阻力作用下 J 形增长发展的必然结果？ **问题 3：** 分析参数 K、r、N_0 的变化带来的影响。 $$f(x) = \frac{K}{1+\mathrm{e}^{-rx-\ln\left(\frac{N_0}{K-N_0}\right)}}$$ [图：$K=20.00$, $r=8.00$, $N0=2.00$ 与 $K=20.00$, $r=2.00$, $N0=2.00$ 的曲线对比] [图：$K=20.00$, $r=2.00$, $N0=6.00$ 与 $K=20.00$, $r=2.00$, $N0=2.00$ 的曲线对比]	**预期回答 2：** 教师通过图示补充解析。 J 形增长表明生物种群具有过度繁殖潜能。但是，自然条件下的空间、资源是有限的，随着种群数量增加，空间和食物资源等相对减少，种内竞争和与种间竞争加剧，天敌数量增多，这些都是阻止种群数量无限增长的环境阻力。在环境阻力下，生物的出生率下降，死亡率上升，大量个体被淘汰，一定的环境条件只能容纳一定的种群数量，种群增长曲线呈 S 形。所以说，S 形增长是生物在环境阻力作用下的必然结果。 **预期回答 3：** 引导学生通过参数的变化，发现种群数量的逻辑斯蒂增长是受到密度制约最为显著的，密度越大越容易出现竞争；在无法改变物种自身的数量和增长率的情况下，扩大种群的生存空间、增加食物资源、减少天敌是增加种群数量最快、最有效的措施。

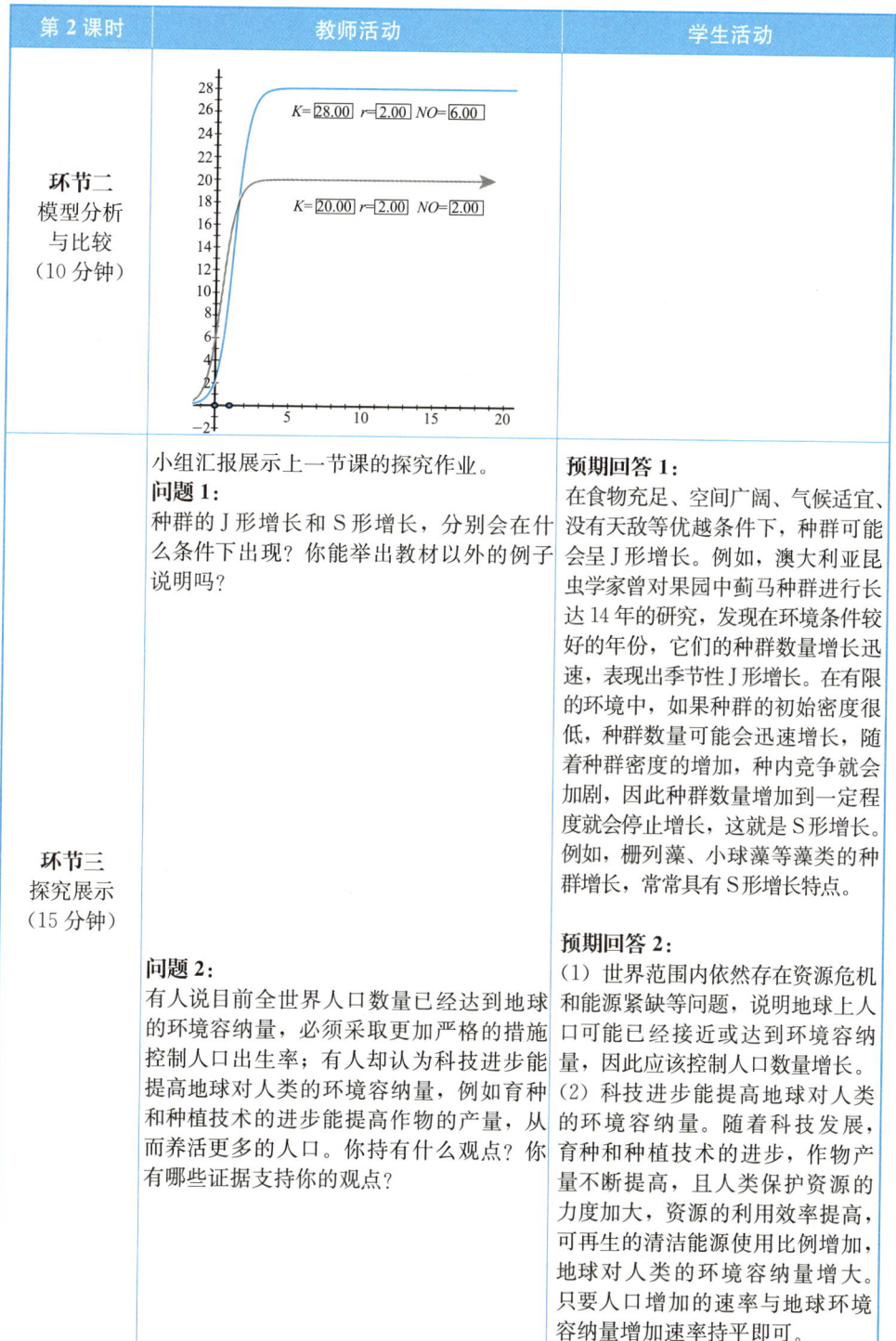

续表

第2课时	教师活动	学生活动
环节二 模型分析 与比较 (10分钟)	（图：两条S形增长曲线，K=28.00 r=2.00 N0=6.00 和 K=20.00 r=2.00 N0=2.00）	
环节三 探究展示 (15分钟)	小组汇报展示上一节课的探究作业。 问题1： 种群的J形增长和S形增长，分别会在什么条件下出现？你能举出教材以外的例子说明吗？ 问题2： 有人说目前全世界人口数量已经达到地球的环境容纳量，必须采取更加严格的措施控制人口出生率；有人却认为科技进步能提高地球对人类的环境容纳量，例如育种和种植技术的进步能提高作物的产量，从而养活更多的人口。你持有什么观点？你有哪些证据支持你的观点？	预期回答1： 在食物充足、空间广阔、气候适宜、没有天敌等优越条件下，种群可能会呈J形增长。例如，澳大利亚昆虫学家曾对果园中蓟马种群进行长达14年的研究，发现在环境条件较好的年份，它们的种群数量增长迅速，表现出季节性J形增长。在有限的环境中，如果种群的初始密度很低，种群数量可能会迅速增长，随着种群密度的增加，种内竞争就会加剧，因此种群数量增加到一定程度就会停止增长，这就是S形增长。例如，栅列藻、小球藻等藻类的种群增长，常常具有S形增长特点。 预期回答2： (1) 世界范围内依然存在资源危机和能源紧缺等问题，说明地球上人口可能已经接近或达到环境容纳量，因此应该控制人口数量增长。 (2) 科技进步能提高地球对人类的环境容纳量。随着科技发展，育种和种植技术的进步，作物产量不断提高，且人类保护资源的力度加大，资源的利用效率提高，可再生的清洁能源使用比例增加，地球对人类的环境容纳量增大。只要人口增加的速率与地球环境容纳量增加速率持平即可。

续表

第 2 课时	教师活动	学生活动
环节三 探究展示 （15 分钟）	**问题 3.1：** 假设你承包了一个鱼塘，正在因投放多少鱼苗而困惑：投放后密度过大，鱼竞争加剧，死亡率会升高；投放后密度过小，水体的资源和空间不能充分利用。怎样解决这个难题？ **问题 3.2：** 为了保护鱼类资源不受破坏，并能持续获得最大捕鱼量，怎样确定捕捞量和捕捞时间？ **问题 3.3：**（※难度较大）： 若该鱼塘的鱼量在天然环境下按一定规律增长，设单位时间内的捕捞量与鱼塘的鱼量成正比，鱼的销售单价为常数 p，每天捕鱼的人工费为常数 c，为了使得鱼塘鱼量平衡又经济效益最大，应该如何设计捕捞方案？ 根据数学模型分析得出结论：在最大效益原则下，捕捞率和持续产量均有所减少，而鱼塘应保持的稳定鱼量有所增加，并且减少或增加的部分，随着捕捞成本 C 的增长而变大，随着销售价格 P 的增长而变小。	**预期回答 3.1：** 同样大小的池塘，对不同种类的鱼来说，环境容纳量不同。可以根据欲养殖鱼的种类，查阅相关资料或请教有经验的人，了解单位面积水体应放养鱼的数量。 **预期回答 3.2：** 根据种群增长的 S 形曲线，应使被捕鱼群的种群数量保持在 $\frac{K}{2}$ 水平。 这是因为在这个水平上种群数量增长速率最快，此时捕捞能使种群较快恢复到 K 值。 **预期回答 3.3：** 从经济角度看不应追求产量最大，而应考虑效益最佳，如果经济效益用从捕捞所得的收入中扣除开支后的利润来衡量，并且简单地假设：鱼塘最大鱼量为 N，鱼塘 t 时刻的鱼量为 x，鱼的销售单价为常数 P，E 表示单位时间的捕捞率，单位捕捞率（如每条出海渔船）的费用为常数 C，那么单位时间的收入 T 和支出 S 分别为 $T=ph(x)=pEx$，$S=CE$，单位时间的利润为 $R=T-S=PEx-CE$，在稳定条件 $x=x_0$ 下，用微分法求出利润 $R(E)$ 达到最大的捕捞强度为 $E_R=\frac{r}{2}\left(1-\frac{C}{pN}\right)$，进而可以得到持续产量 $h_R=rx_R\left(1-\frac{x_R}{N}\right)=\frac{rN}{4}\left(1-\frac{C^2}{p^2N^2}\right)$。

续表

第 2 课时	教师活动	学生活动
环节四 总结与作业 （5 分钟）	**课堂总结：** 如果种群长期处于不利条件，如人类的乱捕滥杀，栖息地遭到破坏，种群数量过少而近亲繁殖使其适应性进一步降低，种群会持续或急剧降低，甚至衰退和灭亡灭绝。2020 年，中国最大的淡水鱼长江白鲟宣告灭绝，保护自然环境和野生生物是地球上每一个人的责任。 我国启动的长江水域十年禁渔计划和国家的绿水青山行动是保护生态环境的重要举措，相信经过我们的共同努力，环境会越来越好，人与自然会越来越和谐，期待某一天我们还能和疑似灭绝的生物再见面。 经过这两节课的学习，我们以种群数量的变化为载体，体验了数学建模的全过程，我们所建立的数学模型还有需要完善的地方，请同学们提出自己的改进方案。	**课后作业：** 撰写数学建模感悟文章，描述数学建模的基本过程及感悟和作为与生物学科的联合作业。 分成几个课题小组，观察和发现生活中可以进行数学建模的实际问题。对于特别优秀的研究成果，建议组织年级内小规模的报告会，让课题小组报告优秀成果。

四、重难点解析及教学建议

教学重点： 尝试建立种群的 J 形和 S 形增长的数学模型，并据此解释种群数量的变化。

教学难点： 提出合理的假设，建立种群增长的数学模型，并用数学方法求解。

核心： 酵母菌种群增长的数学建模过程及应用。

突破重难点、完成教学目标的教学策略如图 3-6-1 所示。

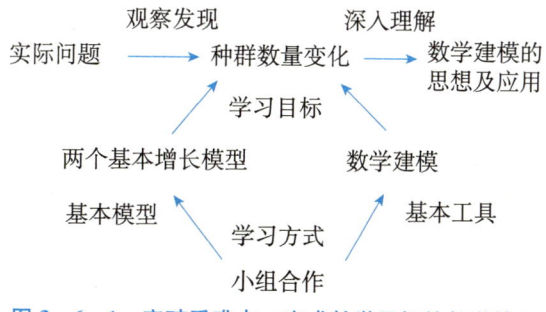

图 3-6-1 突破重难点、完成教学目标的教学策略

五、评价方式建议

本节的评价方式可以采用三种：一是根据教学过程中学生的表现，评价学生科学思维和实验探究能力；二是在种群增长的实践应用环节，通过学生的回答等表现来评价学生解决生产生活问题的担当和能力，以及学生对知识内容的掌握情况；三是通过适当的课后习题作业来评价学生的学习效果和整体设计思路。

六、专家评价

- **总评**：种群数量变化的逻辑斯蒂模型是数学建模的经典话题，其思想方法不仅适用于种群变化，还适用于人口研究和心理学研究，在人工智能当中也有重要应用。案例中使用导数作为工具，从机理出发构建数学模型，比直接对历史数据进行函数拟合更加科学。实际上，对于数学建模的初学者而言，很容易忽略通过机理建模对函数型的选取过程，而直接进行数据拟合，这样往往会出现"看起来拟合效果不错但是模型没有实际意义"的情况。本案例针对这个问题设计了丰富的课堂环节，是亮点之一。

- **改进建议**：

(1) 模型建立时使用了一元函数微积分，对于还没有学习过微积分的学生，建议使用数列递推的方法建立数学模型，并通过研究相应数列的单调性来得到与微分模型类似的平行结论。

(2) 第 2 课时对于环境容纳量的处理略显粗糙，建议通过历史数据对这个重要参数进行拟合，可以通过代数变形将这个参数的拟合从非线性拟合问题变为线性拟合问题。

(3) 作为继续研究课题，可以让学生从区域人口迁徙和人口年龄结构变化的角度更深入探索。

参考文献

[1] 姜启源，谢金星，叶俊. 数学模型. 5 版. 北京：高等教育出版社，2018.

[2] 王力勤，彭白桦. 逻辑斯蒂模型及应用. 成都气象学院学报，1997 (4).

[3] 万昌秀，梁中宇. 逻辑斯谛模型研究进展. 生态学报，1993 (9).

[4] 赵红. Logistic 曲线参数估计方法及应用研究. 长春：吉林农业大学，2015.

第四章
适用于初中的数学建模案例

第一节 外卖的最优折扣

一、背景

随着网络的发展和智能手机的普及，外卖行业得到了前所未有的大发展，很多人点外卖也成为一种习惯。通过折扣和补贴吸引更多的流量也成为外卖行业商场厮杀的一柄利器。作为消费者，在琳琅满目的外卖折扣中发现最优折扣渐渐成为学生们喜闻乐见的日常。但是从众多的折扣商品中发现最优折扣并不容易。本节基于这一日常生活场景，利用数学建模思想，解决实际问题，培养学生的数学意识和思维能力。

本案例适合初中学生选用，前置知识有数据统计分析和一次函数的相关知识，以人教版教材为例，适合在八年级下学期，学习完第19章"一次函数"、第20章"数据的分析"之后，作为一个实践探索模块，以课题的形式进行总计3课时的教学与展示。

本节分为三个模块。在模块一"外卖的折扣统计"中，学生可以将数据的分析整理方法应用在实际场景中，更加深入地理解各种图表、表格对于数据分析描述的直观作用。在模块二"折扣分析模型"中，学生可以将实际问题抽象为数学问题，将最优折扣问题抽象为函数的最优解问题，进一步理解函数的概念和意义，并运用所学知识，解决实际问题，培养学生的数学素养，提高学生学习数学的热情。在模块三"店铺大PK"中，学生可以综合运用所学，对一家店铺进行综合评价和打分，并以推销员的身份进行讲解，培养学生的共情能力、表达展示能力和评价能力，将思维层次进一步提升。模块三的学习目标由学生自己完成，故本节只对模块一和模块二进行课堂设计。

本案例作为统计与函数分析相结合的案例，还可以应用于其他统计类分析问题。

二、预备知识、学习目标及评价量表（见表4-1-1和表4-1-2）

表4-1-1 预备知识、学习模块与学习目标拆解

预备知识	学习模块	学习难度	学习目标
数据的收集整理、分析	模块一 外卖的折扣统计 （1课时）	★★ 中考难度	（1）对于实际问题，能够抽离其中的关键变量。 （2）能够利用所学知识对数据进行初步的整理和分析，比如运用统计量或统计图表进行描述。 （3）能够类比各统计量的设计方式，设计属于自己的统计指标，并解释其含义。
一次函数 二元一次方程的整数解	模块二 折扣分析模型 （1课时）	★★★ 略高于中考难度	（1）能够将实际问题与函数模型进行联系，识别实际问题中的一次函数关系。 （2）能够利用一次函数的方法计算某区间的具体函数表达式。 （3）能够将函数进行分段，并用多个一次函数表达关系。 （4）能够绘制分段函数的图像，并解释其含义。 （5）能够利用图像解释折扣的数学含义，并利用图像找出折扣问题的最优解。
无额外预备知识	模块三 店铺大PK （1课时）	★★★ 略高于中考难度	（1）能够根据统计描述、统计量、图表等信息，对不同店铺、不同商品进行比较。 （2）能够通过分析给出自己对一个问题的观点。 （3）能够评价自己和他人对同一问题观点的优劣，并以此改进自己的观点，使其更客观。 （4）能够综合所有信息给出方案。

表4-1-2 知识和能力掌握维度及其评价量表

各阶段	表现性证据（满分9分）				
	1分	1.5分	2分	2.5分	3分
外卖的折扣统计	能粗略采集相关数据，并大致描述和解释	缓冲级	能够想到数据采集思路，并运用统计知识对数据进行粗略描述	缓冲级	能够熟练运用统计知识绘制统计图表，对数据进行描述和解释

续表

各阶段	表现性证据（满分9分）				
	1分	1.5分	2分	2.5分	3分
折扣分析模型	能够得出每个区间的函数关系，并利用区间之间的比较得出最优折扣	缓冲级	能够得出分段函数模型，利用数学计算等方式可以得到最优解	缓冲级	能够得出分段函数模型并主动提出利用图像解决最优问题，给出合理的逻辑解释
店铺大PK	展示者：能够给出粗略的推荐理由 评价者：能够表达质疑与赞同，并粗略解释理由	缓冲级	展示者：能够运用范例的方式对新问题举一反三，给出推荐理由 评价者：能够给出自己的立场和明确的评价理由	缓冲级	展示者：能够运用各种方式充分展示自己所推荐的店铺和商品的性价比 评价者：能够综合运用各种数据评价方式说明展示者说辞的合理或不合理性
合计			总评分：_____分		

三、课堂设计

教师课前可布置任务，要求学生选择一家熟悉的外卖店铺，并对其商品做分析。课程刚开始时，可以让学生先介绍自己的分析策略，然后结合学生暴露出的不足展开课堂。

数据的整理与分析
- 第1课时 外卖的折扣统计 — 发现问题 — 数据的整理 — 设计合适统计量 — 绘制统计图表
- 第2课时 折扣分析模型 — 发现问题 — 提出模型 — 模型检验 — 给出方案
- 第3课时 店铺大PK — 设计方案 — 现场展示 — 自评互评

第1课时教学设计	
课题	外卖的折扣统计
课型	新授课☐　　章/单元复习课☐　　专题复习课☐ 习题/试卷讲评课☐　　学科实践活动课☑　　其他☐

续表

教学内容分析：
数据的收集与整理这一知识点在过去的学习中是按照教材的假设情景进行的，这不利于学生在真实环境下的数学思维培养，故本节采用完全真实的案例，从数据收集开始，逐步让学生了解一般的分析范式，培养数学思维。

学习者分析：
已有基础：学生已经初三，相关知识章节都已经学完。 发展需求：需要一定的真实情景和案例，让学生学有所用。 发展路径分析：由简入繁，先从数据的收集开始，逐步引申到数据的整理、分析、描述，以及各类统计图、表的应用和解读。

学习目标确定：
(1) 对于实际问题，能够抽离其中的关键变量。 (2) 能够利用所学知识对数据进行初步的整理和分析，比如运用统计量或运用统计图表进行描述。 (3) 能够类比各统计量的设计方式，设计属于自己的统计指标，并解释其含义。

学习活动设计：

环节一：发现问题
（10分钟）

教师活动1：	学生活动：
引导学生发现问题并探究 (1) 教师提问：大家平时点外卖的时候都考虑过哪些因素呢？ (2) 展示右图，教师提问：有一天老师想点个汉堡，打开App以后发现有这么多不同的口味和价格，你能帮老师选一个合适的吗？ (3) 提炼问题：如何才能判断怎么购买才是最划算的呢？ (4) 深入追问：你能给你的方案一个合理的解释吗比如数学的解释？	(1) 学生可能会提出比如配送时间、价格、口味、饭量等因素，最终引导至外卖折扣问题上来。 (2) 学生可能会从自己的角度出发，给老师选择一款合适的汉堡，其中应该会有学生考虑到价格问题，进而有学生会提出购买套餐或者凑成满减来增加折扣。 (3) 学生会根据自己的购物经验，给出一些购物增加折扣的办法。 (4) 学生讨论，开始尝试从数学的角度思考问题的答案。

续表

活动意图说明:
通过情景引入，在真实生活中发现能够用数学思维和数学知识解决的问题。

环节二：数据整理、描述
(15分钟)

教师活动2:	学生活动:
(1) 提问：为了探究这个问题，我们首先应该看一下各类商品的价格，可是商品太多了，我们记不住，怎么做比较好呢？ (2) 展示下述统计以后的价位表：	(1) 引导学生通过统计的方式进行数据整理，比如形成一个商品价格清单列表。 (2) 引导学生提出需要对表格进一步处理，更为方便地发现套餐带来的优惠价位，以便对比哪个套餐的优惠力度更大。

品类	名称	价格/元
单品汉堡	重装芝牛国王堡	39
	经典安格斯厚牛堡	36
	三层皇堡	45
	双层皇堡	35
	皇堡	25
	狠霸王牛堡	22
	狠霸王鱼堡	23
	狠霸王鸡堡	21
	二层芝士牛肉堡	19
	一层芝士牛肉堡	12
	双层鸡排堡	21
	鸡腿堡	20
	鳕鱼堡	19
	小皇堡	17
	美式鸡排堡	14
套餐（对应汉堡1个+中薯条1份+中可乐1份）	重装芝牛国王堡套餐	53
	经典安格斯厚牛堡套餐	50
	三层皇堡套餐	59
	双层皇堡套餐	49
	皇堡套餐	39
	狠霸王牛堡套餐	36
	狠霸王鱼堡套餐	37
	狠霸王鸡堡套餐	34
	二层芝士牛肉堡套餐	33
	一层芝士牛肉堡套餐	26
	双层鸡排堡套餐	34
	鸡腿堡套餐	34
	鳕鱼堡套餐	33
	小皇堡套餐	31
	美式鸡排堡套餐	28
配餐	中薯条	13.5
	中可乐	10.5

提问：你认为现在数据统计得完善吗？有没有哪些信息被隐藏了？

续表

			(3) 学生自己在导学案上完成相应表格。
(3) 经学生讨论后，应该可以达成共识，需要把套餐的折扣优惠显性表达，现场板书在每个套餐后增加一列数据，形成下表：		

品类	名称	价格/元	优惠/元
套餐（对应汉堡1个＋中薯条1份＋中可乐1份）	重装芝牛国王堡套餐	53	10
	经典安格斯厚牛堡套餐	50	10
	三层皇堡套餐	59	10
	双层皇堡套餐	49	10
	皇堡套餐	39	10
	狠霸王牛堡套餐	36	10
	狠霸王鱼堡套餐	37	10
	狠霸王鸡堡套餐	34	11
	二层芝士牛肉堡套餐	33	10
	一层芝士牛肉堡套餐	26	10
	双层鸡排堡套餐	34	11
	鸡腿堡套餐	34	10
	鳕鱼堡套餐	33	10
	小皇堡套餐	31	10
	美式鸡排堡套餐	28	10

提问：你能说出这些套餐的折扣优惠力度有何不同吗？

(4) 深入追问：在优惠价格都是10元的情况下，折扣就真的一样多吗？进而增加一列折扣率的数据，形成下表：

(4) 学生可能第一反应都是折扣基本相同，都是减了10元左右，所以得出哪个套餐都一样的结论。

引导学生发现折扣率这个概念。即使是相同的折扣绝对值，实际的折扣率也是不同的，需要根据（原价－定价）÷原价 得出。折扣率越高说明越划算。

品类	名称	价格/元	优惠/元	折扣率
套餐（对应汉堡1个＋中薯条1份＋中可乐1份）	重装芝牛国王堡套餐	53	10	15.87%
	经典安格斯厚牛堡套餐	50	10	16.67%
	三层皇堡套餐	59	10	14.49%
	双层皇堡套餐	49	10	16.95%
	皇堡套餐	39	10	20.41%
	狠霸王牛堡套餐	36	10	21.74%
	狠霸王鱼堡套餐	37	10	21.28%
	狠霸王鸡堡套餐	34	11	24.44%
	二层芝士牛肉堡套餐	33	10	23.26%
	一层芝士牛肉堡套餐	26	10	27.78%
	双层鸡排堡套餐	34	11	24.44%
	鸡腿堡套餐	34	10	22.73%
	鳕鱼堡套餐	33	10	23.26%
	小皇堡套餐	31	10	24.39%
	美式鸡排堡套餐	28	10	26.32%

活动意图说明：
通过真实案例，帮助学生体验数据的收集和整理过程；通过提出全新的统计量——折扣率，帮助学生理解每一个统计量背后的含义。

续表

| 环节三：数据的分析 |
| (15 分钟) |

教师活动 3：
(1) 提问：如何快速发现哪个套餐的折扣率最高、哪个最低？形成下列统计图：

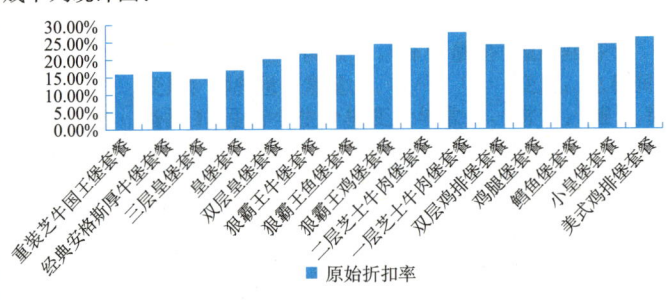

[柱状图：各套餐原始折扣率，纵轴 0.00%–30.00%]

可以很清晰地看出，一层芝士牛肉堡套餐折扣率最高，优惠力度最大，达到了 27.78%；三层皇堡套餐的折扣率最低，优惠力度最小，只有 14.49%。

(2) 追问：问题解决了吗？
通过引导，帮助学生发现实际下单时，还存在两个影响折扣率的因素：包装配送费和满减优惠。
在这个例子中，每一单都有固定 7 元配送费，而商家的满减策略是满 60 减 15。
将这两个因素纳入考量，重新修正表格如下：

名称	价格/元	原始折扣率	实际支付/元	实际折扣率
重装芝牛国王堡套餐	53	15.87%	45	28.57%
经典安格斯厚牛堡套餐	50	16.67%	57	14.93%
三层皇堡套餐	59	14.49%	51	26.09%
双层皇堡套餐	49	16.95%	56	15.15%
皇堡套餐	39	20.41%	46	17.86%
狠霸王牛堡套餐	36	21.74%	43	18.87%
狠霸王鱼堡套餐	37	21.28%	44	18.52%
狠霸王鸡堡套餐	34	24.44%	41	21.15%
二层芝士牛肉堡套餐	33	23.26%	40	20.00%
一层芝士牛肉堡套餐	26	27.78%	33	23.26%
双层鸡排堡套餐	34	24.44%	41	21.15%
鸡腿堡套餐	34	22.73%	41	19.61%
鳕鱼堡套餐	33	23.26%	40	20.00%
小皇堡套餐	31	24.39%	38	20.83%
美式鸡排堡套餐	28	26.32%	35	22.22%

学生活动：
引导学生尝试利用统计图对数据进行直观描述。

学生总结出规律：
原始价位越低的套餐，在同样的优惠额度情况下，折扣率越高（这里可以尝试让学生从分式的角度给出解释）。

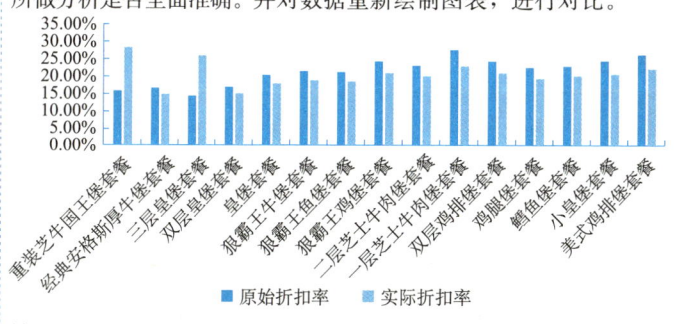

续表

通过大屏展示原始截图和板书表格，引导学生自主思考和评价，判断所做分析是否全面准确。并对数据重新绘制图表，进行对比。 （图表：条形图，纵轴 0.00%–35.00%，显示各套餐的原始折扣率与实际折扣率对比，套餐包括：重装芝牛国王堡套餐、经典安格斯厚牛堡套餐、三层皇堡套餐、双层皇堡套餐、皇堡套餐、很霸王牛堡套餐、很霸王鱼堡套餐、很霸王鸡堡套餐、二层芝士牛肉堡套餐、三层芝士牛肉堡套餐、双层鸡排堡套餐、鸡腿堡套餐、鳕鱼堡套餐、小皇堡套餐、美式鸡排堡套餐。图例：原始折扣率、实际折扣率） 结果发现，原本折扣率倒数一、二的重装芝牛国王堡套餐和三层皇堡套餐一跃成为折扣率最高的前两位。 （3）深入追问：根据以上分析，是不是购买重装芝牛国王堡套餐和三层皇堡套餐就是最优方案了呢？ 实际上比如经典安格斯牛堡套餐，实际支付价格为57元，距离满减只差3元，如果搭配一点低价位的商品，比如甜筒之类，是可以凑到刚好够60，满减15的，一旦满减，价位就降低到45元，这个折扣效果是非常显著的。 基于上述现象，如果需要点多人餐，应该凑到哪个档次的满减，更为合算呢？这是第2课时的主要问题，本课时可以先抛出，让学生充分思考和尝试计算。	引导学生关注实际支付额度的问题，由于存在满减，其实在满减定额附近，价格会出现断层现象。

活动意图说明：
通过统计图与统计表的综合使用，深化一般的数据整理范式，帮助学生关注实际问题可能存在的实际情况。

环节四：总结与作业
（5分钟）

教师活动4： 课堂总结： 本节课通过点外卖的实际案例，回顾了数据的收集、整理、分析方法，通过列表、绘制条形图等方式，直观展示数据形态。同时尝试在原始数据的基础上进行加工和提炼，给出"折扣率"这一概念，以此衡量不同价位不同套餐的折扣力度。	**学生活动：** 课后作业： 小组任选一家店，尝试利用本节课所学内容，对这家店的主要商品进行折扣统计，并给出一个你认为的最佳折扣购买方案，说明理由。

活动意图说明：
总结课堂收获，开启下一节课。

第2课时教学设计

课题	折扣分析模型
课型	新授课☐　　章/单元复习课☐　　专题复习课☐ 习题/试卷讲评课☐　　学科实践活动课☑　　其他☐

教学内容分析：
一次函数的知识过去仅仅限于函数的理解和计算，并没有涉及真实情境下的函数模型。这一节内容通过实际场景，建立数学模型，可以让学生充分认识函数的意义和斜率的重要作用。

学习者分析：
已有基础：学生已经学习过一次函数的完整知识。
发展需求：需要实际案例和场景，让学生感受到函数模型分析问题的优越性。
发展路径分析：继续通过上一节课的数据，引申提炼函数模型帮助分析结论。

学习目标确定：
(1) 能够将实际问题与函数模型进行联系，识别实际问题中的一次函数关系。
(2) 能够利用一次函数的方法计算某区间的具体函数表达式。
(3) 能够将函数进行分段，并用多个一次函数表达关系。
(4) 能够绘制分段函数的图像，并解释其含义。
(5) 能够利用图像解释折扣的数学含义，并利用图像找出折扣问题的最优解。

学习活动设计：

环节一：问题的深入
（5分钟）

教师活动1： 承接上节课内容，这家汉堡店的满减策略是： 满60减15,满85减25,满99减40,满120减50 满 60 减 15，满 85 减 25，满 99 减 40，满 120 减 50 继续探讨这个问题：如果需要点多人餐，应该凑到哪个档次的满减，更为合算呢？	学生活动： 学生根据作业和个人思考，给出自己的意见，这里由学生发言，教师总结不同的思路和方法。

活动意图说明：
承接上节课内容，继续深入探索这个问题。

环节二：提炼模型
（15分钟）

教师活动2：
鉴于商品种类繁多，价位不一，不妨假设我们可以通过凑单的方式凑出任意金额的订单。

续表

现在希望通过一种分析思路，获知在何种订单额的情况下，根据满减得到的折扣力度最大。 【以下为思维难度递进的不同分析思路】 思路1：直接计算满减额度时的折扣率 60减15，原价60，实际45，折扣率为25%； 85减25，原价85，实际60，折扣率为29.4%； 99减40，原价99，实际59，折扣率为40.4%； 120减50，原价120，实际70，折扣率为41.7%。 故而得出结论：满减档次越高，折扣力度越大。 思路2：计算边际折扣率 60减15，原价60，实际45，折扣率为25%； 通过凑单凑到85减25，增加25元投入成本，增加10元折扣，边际折扣率为40%； 从85减25，凑单到99减40，增加14元投入成本，增加15元折扣，边际折扣率为107%； 从99减40，凑单到120减50，增加21元投入成本，增加10元折扣，边际折扣率为47.6%。 故而得出结论：尽量刚好凑满99元，最合算。 思路3：设订单金额（包含全部费用）为 x 元，实际支付金额为 y 元，根据满减规则，可以得到函数关系： $$y = \begin{cases} x, & 0 < x < 60 \\ x-15, & 60 \leqslant x < 85 \\ x-25, & 85 \leqslant x < 99 \\ x-40, & 99 \leqslant x < 120 \\ x-50, & x \geqslant 120 \end{cases}$$ 这是一个分段函数，绘制该函数图像： 而实际折扣率在这个图中是 $\frac{x-y}{x} = 1 - \frac{y}{x}$，而 $\frac{y}{x}$ 越小，这个折扣率就越大。而 $\frac{y}{x}$ 相当于是图像上的点与原点连线的斜率，做出关键点与原点的连线，如下图：	**学生活动：** 由学生思考、小组讨论，并给出自己的计算分析思路，由小组代表发言陈述。 如果学生不能想到思路2，教师可以适当引导：假设你现在凑够了85元满减，实际支付60元。你再买一个14元的商品，你实际支付变成了多少呢？再多一个14元的商品，实际支付反而成了59元，比以前更低了，这是为什么呢？思路3由学生独立思考是难度比较大的。这里需要教师充分引导，帮助学生思考两个量之间的某种关系，可以用函数作为分析工具。

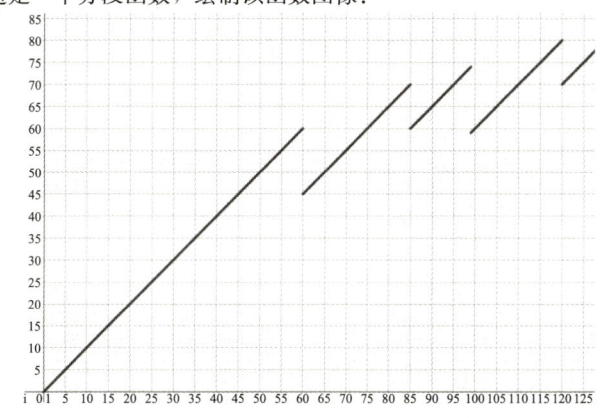

续表

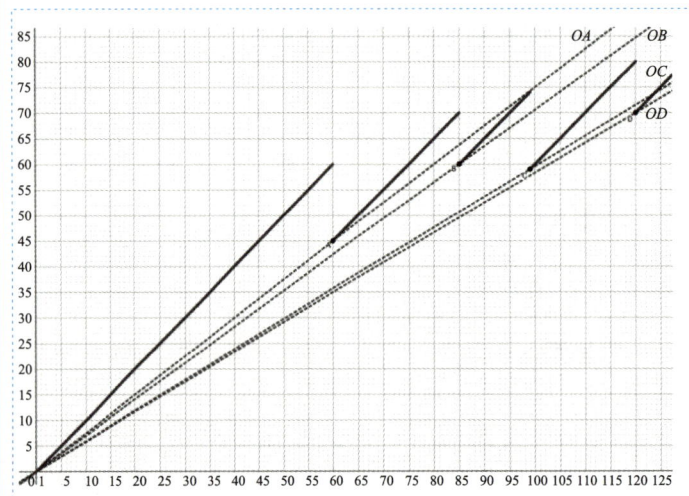

[图像：函数图像，横轴0~125，纵轴0~85，显示射线OA, OB, OC, OD]

很明显，OD 的斜率最小，所以选择 120 元满减档次的折扣力度最大，这符合思路 1 的结论。

但是同时可以发现，OC 和 OD 的斜率相差很微小，实际上可以计算出 OC：$y=\dfrac{59}{99}x$，与分段函数的最后一段交点可以通过联立

$$\begin{cases} y=\dfrac{59}{99}x \\ y=x-50 \end{cases}，\text{进而求得} \begin{cases} x=123.75 \\ y=73.75 \end{cases}$$

这说明，99 元的折扣率与 123.75 元的折扣率相当。而 123.75 元只比 120 元多了 3.75 元，所以为了让折扣率超过 99 元的折扣率而凑单到 120 元以上，必须保证订单额在 120 元到 123.75 元之间，这个要求难以达到。故而尽量凑满 99 元最合算，这也符合思路 2 的结论。

于是通过函数图像，我们可以得到较为完整的结论：满 120 元的折扣率是最高的，但是一旦订单超过 123.75 元，折扣率就不如 99 元的折扣率高了，综合来看凑满 99 元性价比最高。

活动意图说明：
通过不同的数据方法，帮助学生感受函数模型的通适性，建立从数据到模型的一般思路。

环节三：扩展模型
(20 分钟)

教师活动 3：
基于上述思考和分析，我们继续深入思考：订多人餐的时候，实际需要订的量是由人数和餐费标准决定的，那么假设需要订 10 个人的餐，每个人的餐费标准不超过 25 元，应该如何下单更合适？
【以下为思维难度递进的不同分析思路】

学生活动：

续表

| 思路 1：
在这个问题中，相当于限制了实际支付金额为 250 元，也就是 $y=250$，在图像中绘制出这个位置，如下图：	思路 1 比较容易想到，但是与函数图像结合分析是难点，可能需要教师重点讲解。

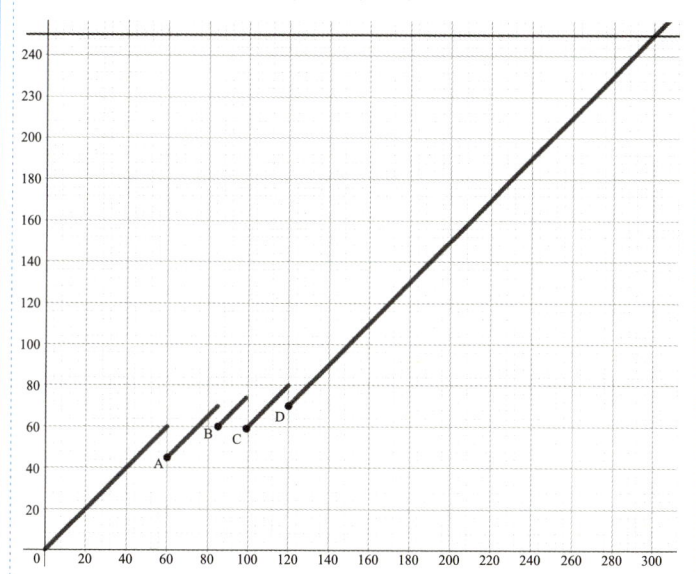

容易求出交点为 (300，250)，于是可以知道，可以通过凑单得到一个 300 元的订单，实际支付金额就是 250 元。

考虑到需要给 10 个人订餐，凑单 300 元，扣除配送费 7 元，平均每个人是 29.3 元，根据模块 1 的表格分析，可以知道一层芝士牛肉堡套餐定价是 26 元，美式鸡排堡套餐定价是 28 元，小皇堡套餐定价是 31 元，假设一层芝士牛肉堡套餐购买 a 份，美式鸡排堡套餐购买 b 份，小皇堡套餐购买 $(10-a-b)$ 份，可以得到方程 $26a+28b+31(10-a-b)+7=300$，整理得到 $5a+3b=17$，考虑这个不定方程的整数解，可以得到 $\begin{cases}a=1\\b=4\end{cases}$，即购买一层芝士牛肉堡套餐 1 份，美式鸡排堡套餐 4 份，小皇堡套餐 5 份，刚好满足要求。

这里实际方案的制订需要综合运用函数、二元一次方程整数解的相关知识，难度不小，需要一定的数学基础。

思路 2：
由于实际支付金额 250 元本身已经超过最大满减额 120 的两倍，显然如果分成两单分别下单的话，折扣更多。

考虑每一单 125 元实际支付金额，相当于订单价 175 元，扣除 7 元配送费，折合为 5 人用餐，平均每人是 33.6 元，这个标准已经超过了小皇堡套餐的定价，甚至超过了二层芝士牛肉堡套餐的定价，故而每单直接购买 5 份二层芝士牛肉堡套餐，总共购买 10 份二层芝士牛肉堡套餐，实际消费 244 元，这明显比思路 1 的方案更优。

思路 2 打破了惯性思维，将订单一分为二，充分利用了折扣规则，这个思路学生不难想到，但是对于详细的数据核算可能有问题。

续表

思路 3: 根据前面的讨论，如果能凑 99 元，折扣的性价比是最高的，而在 99 元的情况下，实际支付恰好是 70 元。故可以把 250 元分成三次下单，其中一单购买 4 人份，凑满 120 满减；另外两份购买 3 人份，凑满 99 满减。 由于这种思路下情况太多，以 10 份"二层芝士牛肉堡套餐"为例，核算一下实际支出。 其中订单 1 为 4 人份，满 120 元，实际支出为 $4 \times 33 + 7 - 50 = 89$， 订单 2、3 为 3 人份，各自满 99 元，实际支出为 $2 \times (3 \times 33 + 7 - 40) = 132$ 在这种情况下总计实际支出为 $89 + 132 = 221 < 224$，明显比思路 2 的方案更优。 **开放性设问：** 你还能给出更优的订餐方案吗？	思路 3 的方案进一步打破常规，想到这个方案并不容易，可能需要教师充分引导。 这里可以根据时间安排小组讨论和发言。
活动意图说明： 通过实际方案的设计，帮助学生养成在开放的环境思考问题的习惯，给出不同方案，遴选最优。	
环节四：总结与作业 (5 分钟)	
教师活动 4: 课堂总结： 本节课通过对不同档次的满减额度的细致分析，提炼出了函数模型，并揭示了满减折扣中的档次陷阱——未必最高满减就是最优选择。在环节三中通过一个实际案例的分析，进一步深入练习了数学建模的一般思路和方法。	**学生活动：** 课后作业： 每一家店铺的折扣方式和力度都是有所区别的，在实际问题中，不一定要选择这一家下单，还可以选择别家。那么对于不同的商家之间的折扣优惠差异又该如何评定呢？各小组将做模块一作业时选定的店铺利用本节课所学范式深入分析，并给出一个具体的使用场景（例如需要订 10 个人的餐，每个人的餐费标准不超过 25 元，应该如何下单更合适），然后细致分析相关方案，寻求最优下单方案，下节课将会进行现场展示，由小组成员推荐你们的店铺。
活动意图说明： 总结课堂收获，开启下一节课。	

四、重难点解析

第1课时：外卖的折扣统计。

数据的分析依托于原始数据，而在研究路径上则需要不断对数据进行挖掘和整合。原始数据只有一个价格，而我们通过创设新的统计指标——折扣率，对数据进行了深入的分析。模块一最终需要形成的一份统计表格应该是如下呈现形式：

品类	名称	价格/元	优惠/元	原始折扣率	实际支付/元	实际折扣率
单品汉堡	重装芝牛国王堡	39				
	经典安格斯厚牛堡	36				
	三层皇堡	45				
	双层皇堡	35				
	皇堡	25				
	狠霸王牛堡	22				
	狠霸王鱼堡	23				
	狠霸王鸡堡	21				
	二层芝士牛肉堡	19				
	一层芝士牛肉堡	12				
	双层鸡排堡	21				
	鸡腿堡	20				
	鳕鱼堡	19				
	小皇堡	17				
	美式鸡排堡	14				
套餐（对应汉堡1个＋中薯条1份＋中可乐1份）	重装芝牛国王堡套餐	53	10	15.87%	45	28.57%
	经典安格斯厚牛堡套餐	50	10	16.67%	57	14.93%
	三层皇堡套餐	59	10	14.49%	51	26.09%
	双层皇堡套餐	49	10	16.95%	56	15.15%
	皇堡套餐	39	10	20.41%	46	17.86%
	狠霸王牛堡套餐	36	10	21.74%	43	18.87%
	狠霸王鱼堡套餐	37	10	21.28%	44	18.52%
	狠霸王鸡堡套餐	34	11	24.44%	41	21.15%
	二层芝士牛肉堡套餐	33	10	23.26%	40	20.00%
	一层芝士牛肉堡套餐	26	10	27.78%	33	23.26%
	双层鸡排堡套餐	34	11	24.44%	41	21.15%
	鸡腿堡套餐	34	10	22.73%	41	19.61%
	鳕鱼堡套餐	33	10	23.26%	40	20.00%
	小皇堡套餐	31	10	24.39%	38	20.83%
	美式鸡排堡套餐	28	10	26.32%	35	22.22%

续表

品类	名称	价格/元	优惠/元	原始折扣率	实际支付/元	实际折扣率
配餐	中薯条	13.5				
	中可乐	10.5				

这份表格不是一下子就能列出来的，多个字段都是在研究过程中不断生成的，而这种思考的深入和细化，是学生特别需要重点掌握的统计分析技能之一。

第 2 课时：折扣分析模型。

重点：利用分段函数对满减折扣进行建模分析。

思路 3 给出了利用分段函数的方式对满减折扣进行建模分析，并把实际折扣转化为图像上一点与原点连线的斜率。这对思维能力的要求比较高，对于刚学完一次函数的初中学生来说，可能不太容易快速接受，需要教师根据实际学情酌情安排讲解和探索的小步骤。但是一旦理解了这种建模设定，对于学生整体函数的认知和建模分析的思路掌握，都是大有裨益的。

在中考难度框架下，会出现给定某曲线求 $\frac{y}{x}$ 最值的问题，比如下列题目：

例 定义：到定点 $M(a, b)$ 的距离等于定长的点的集合是圆，设 $P(x, y)$ 为圆上任意一点，则有方程 $(x-a)^2 + (y-b)^2 = R^2$（R 为 P 到 M 的距离）。已知实数 x、y 满足方程：$x^2 + y^2 - 8x + 6y + 24 = 0$。

(1) 求 $(x-2)^2 + y^2$ 的最大值与最小值；

(2) $\frac{y}{x}$ 的最大值与最小值。

这里对于 $\frac{y}{x}$ 最值的讨论就转化为探讨 $y = kx$ 的斜率问题，在本单元模块二的学习中，通过一个实际问题把这种方法也进行了渗透和讲解。

难点：在实际问题场景中通过多种分析策略给出最优方案。

在实际问题中，往往限制了各种约束条件，而要求的方案应该是在约束下的最优解问题，这类问题利用高等数学可以快速求解，但是在初中阶段，利用初中的数学知识求解并让学生明白和掌握，不是一件容易的事情。故而在模块二的后半段，利用解决一个 10 人订餐不超过 250 元的问题场景，综合运用分析法、列举法、函数图像法、不定方程法等多种方法进行说明，力求达到初中学生可以较为容易掌握和理解的程度，但是思维能力的要求毕竟较高，实际教学中还需要根据学情酌情增删相关辅助环节。

五、课堂实录与反思

通过对比反思，进行教学自我评估，提出教学改进设想。课后及时撰写总结，突出单元整体实施的改进策略、后续课时教学如何运用本课学习成果，以及如何持续促进学生发展。

这是一个综合的复习单元，通过数据整理，形成自己的真实的原始数据集，然后利用所学知识进行分析，结合函数模型，并给出最优方案。

这是一次数学思维的尝试，实际教学中受到了很好的学生反馈，学生普遍上课积极主动，认真思考，积极讨论。

通过这次课，学生能更加深刻地理解数据收集、统计图表、一次函数等相关知识内容，有利于学生应对中考中的各种新背景、新情境下的问题。

六、学生课后练习

选择一家自己喜欢的外卖店铺，利用统计图表统计各商品实际折扣率，并对单个商品的折扣率进行排序。

（1）※※研究选定店铺的满减策略（有的店铺可能还有额外的折扣策略，与满减不共享），根据实际支付金额的不同，给出不同区段的最优订餐策略。

（2）※※设置一个实际场景，比如给10人订餐，每人标准为25元，尝试列举出所有可能的组合情况，并比较每种情况。

（3）※※※实际情况下的订餐金额并不是连续的，而是根据各菜品价位呈现一个离散分布的形式，如果要更加确切地研究订餐方案，可能需要一些离散数据分析的知识作为铺垫。除此之外，由于各菜品可订数量也都可以变动，其本质是一个离散数据模型下的带约束条件的优化问题，这里教师可以思考如何对于一个一般性的订餐问题，给出一个合适的算法，找到最优解。

七、专家评价

● **总评**：如何获得外卖最优折扣是日常生活中的常见问题，本案例具有很强的时代特征和生活属性。案例递进地设置了一系列子任务，引导学生逐步深入思考进而建立数学模型。数学结构简洁，模型求解科学有效，模型的思想方法和结论都具有很强的现实指导意义。同样的思想方法还可以帮助学生分析其他场景下的类似问题，具有一定的适用性。

● **改进建议：**

（1）案例所选店铺商品较多，使得数学结构的挖掘和数据处理较为庞杂，建议改换商品相对较少的店铺，降低数据量过大对数学建模初学者造成的心理障碍。

（2）第 2 课时的各个子任务具有一定难度，课时容量过大，建议将部分内容留作课后作业。

第二节 小轿车的经济时速问题

一、背景

如今，家用小轿车成为我们生活中必不可少的代步工具，随着家用小轿车数量的逐年上涨，社会越来越关注由私家车尾气排放造成的雾霾等环境污染问题。此外，小轿车的油价也呈现出上涨的趋势。人们在购买家用小轿车时，首先都会考虑它的油耗问题，省油的车型往往十分热门。现在，我们一起分析某家用小轿车（如丰田卡罗拉）在行驶过程中的节油行为，请同学们忽略次要的省油因素，找出家用小轿车行驶过程中省油的首要因素。

二、预备知识、学习目标及评价量表（见表 4-2-1 和表 4-2-2）

1. 预备知识

学生处于八年级下学期，对函数概念具备基础的认知，具有一定的函数建模经验。同时，初中阶段学生已经具备了丰富的生活认知能力与生活经验，能够通过查阅资料或互联网搜索的方式获取关于家用小轿车使用过程中的节油行为，将其转化为间接的生活经验，具备参与构建数学模型的基础知识与能力，如阅读分析、推理判断、抽象概括以及数学写作能力等。

2. 学习目标

理解并掌握函数是刻画和研究量与量变化过程之中相互关系的关键数学工具，能够熟悉函数建模的方法与过程，能够独立构建函数模型并利用函数模型解决实际生活中的问题。实际体验构建函数模式的全过程，通过教师的引导参与到构建函数模型的课堂教学活动之中，并能够不断增强构建模型的意识和思维方式。能够从身边的实际生活中发现函数关系，具备将客观问题抽象转化为函数问题的能力，并能够通过构建函数模型的方式开展验证与求解。深化对函数知识的理解与认识，感受函数建模的应用意义与存在价值，促进学生对函数知识展开深入探究的兴趣。不断提高学生在数学课堂中的合作与反思能力，促进学生创造能力与实践能力的发展与提升。

3. 教学课时安排

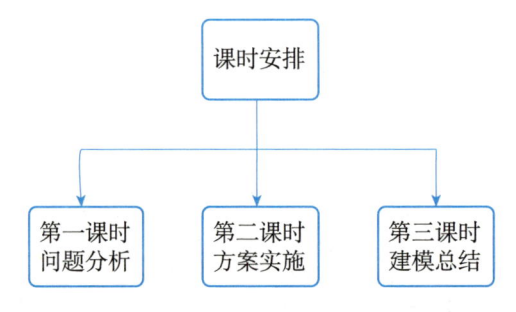

```
            课时安排
      ┌────────┼────────┐
   第一课时   第二课时   第三课时
   问题分析   方案实施   建模总结
```

4. 教学内容分析

在本节课中提出的问题来自学生的实际生活情景，引导学生基于自身生活经验和教师提供的测量数据，探究家用小轿车在行驶过程中的速度与耗油之间的关系。从实际测量数据中分析出两者之间的大致关系为：当家用小轿车的速度很慢时，油耗会很高；当家用小轿车的速度很快时，油耗也会很高。据此，可以将家用小轿车油耗最小时的速度，定义为家用小轿车的经济时速。引导学生将两者之间的关系通过函数模型表现出来，能够基于教师提供的测量数据来绘制散点图，并根据图像信息进行求解验证，最终可以得到家用小轿车的经济时速是 110km/h。

表 4-2-1 预备知识、学习模块与学习目标

预备知识	学习模块	学习难度	学习目标
对函数概念具备基础的认知	第1课时	较难	培养抽象转化为函数问题的能力，将生活中的实际问题抽象为数学问题。
具备丰富的生活认知能力与生活经验	第2课时	难点	学会准确分析问题、找到影响因素，准确找到解决问题的方法，形成数学建模的过程。
具备参与构建数学模型的基础知识与能力	第3课时	较难	将研究结果写成小论文。

表4-2-2　知识和能力掌握维度及其评价量表

各阶段	表现性证据（满分9分）					
	1分	1.5分	2分	2.5分	3分
第1课时 确定问题	能够用文字语言描述和刻画小轿车经济时速问题，但是无法将问题文字叙述转化为数学语言	缓冲级	能够将问题文字叙述转化为数学语言，并提出合理的假设，但是无法设出适切参数及变量	缓冲级	能够找出问题的关键变量并进行因素分析，能设出适切的参数及变量
第2课时 分析问题	能够总结出小轿车在行驶过程中的速度与油耗之间的关系：当家用小轿车的速度很低时，油耗会很高；当家用小轿车的速度很高时，油耗也会很高，但是无法建立具体模型	缓冲级	能够利用函数表达小轿车的耗油量与小轿车的速度之间的关系，选择合理的函数模型，但是不能解释模型参数的实际意义	缓冲级	能够基于表格数据绘制出散点图，结合图像直观地发现小轿车耗油最少时的速度，能充分理解模型参数的实际意义
第3课时 分享与表达	能够汇报展示团队的成果，但是不能形成小论文	缓冲级	能够汇报小组有效成果，并以论文、海报等方式进行展示（此环节多数小组可以完成），但没有对问题进一步拓展	缓冲级	积极参与整个数学建模的过程，对模型的改进提出有价值的建设意见，并可以通过多次迭代，优化模型
合计	总评分：_____分				

三、课堂设计

本节课共3个模块，每个模块1个课时，1个课时为40分钟。

第1课时	教师活动	学生活动	设计目的
环节一 发现生活中的实际问题（约10分钟）	创设情境： 家用小轿车已成为我们生活中必不可少的代步工具，随着家用小轿车数量的逐年增加，社会越来越关注由私家车尾气排放造成的雾霾等环境污染问题。此外，小轿车的油价也呈现出上涨的趋势。人们在购买家用小轿车时，首先都会考虑到它的油耗问题，省油的车型往往十分热门。现在，我们一起分析某家用小轿车（如丰田卡罗拉）在行驶过程中的节油行为，请同学们忽略次要的省油因素，找出家用小轿车行驶过程中省油的首要因素。	引发学生思考： 踩刹车和油门的时候尽量放轻脚步，不在汽车的后备箱存放较沉的物品，在驾驶的过程中要保持稳定的速度，这些方式都能尽量减少汽车的油耗。在行驶过程中保持稳定的车速是最关键的。	通过创设情境促进学生对生活实际的问题的发现，学会用数学的思维观察世界。

续表

第1课时	教师活动	学生活动	设计目的
环节二 讨论实际问题（约15分钟）	**总结学生查阅的资料：** 通过对上一问题的分析，我们发现，汽车在最省油时的速度也被称作经济时速，今天我们就以丰田卡罗拉车型为例，一起探讨家用小轿车的经济时速是多少。	分析影响因素，寻找研究方法。	给学生充分探究的机会，培养学生研究解决问题的能力。
环节三 确定研究问题（约10分钟）	选取研究对象。	明确研究对象。	充分研究学生统计的数据，培养学生解决问题的能力。
环节四 总结与作业（约5分钟）	**课堂总结：** 生活中抽象出数学问题。	**课后作业：** 研究搜集解决问题的方法；调查数据。	通过问题的发现，学生充分认识所要解决的问题，产生对问题解决的欲望，进而促进学生解决问题的能力。

第2课时	教师活动	学生活动	设计目的
环节一 调查数据（约5分钟）	汽车在最省油时的速度也被称作经济时速，今天我们就以丰田卡罗拉车型为例，一起探讨家用小轿车的经济时速是多少。	汇报调查数据的结果	在培养学生解决问题能力的基础上，进一步培养学生用最优办法解决问题的能力。
环节二 数据表示（约20分钟）	下表是丰田卡罗拉家用小轿车的驾驶速度与其对应的油耗之间的关系： 汽车驾驶速度(km/h): 80, 90, 100, 110, 120, 130, 140 百公里油耗(L): 9.4, 8.7, 8.1, 7.6, 8.2, 8.6, 8.9 通过上面这一表格中的数据我们能够发现哪些信息呢？ 家用小轿车油耗最小时的经济时速是多少呢？	家用小轿车在行驶中的油耗和驾驶速度的关系大致如下：当家用小轿车行驶速度较慢时，油耗很高，当行驶速度很快时，油耗也会很高。	通过表格的形式分析问题，提升初中生解决问题的能力。

续表

第 2 课时	教师活动	学生活动	设计目的
环节三 解决问题 （约 10 分钟）	函数能够表现出量与量之间的变化关系，下面我们通过建立函数模型的方式解决问题。我们应选择哪一种函数来表示如上问题的函数关系呢？	通过表格中的数据信息我们可以预测，油耗最小的小轿车行驶速度的大致区间，因此我们可以通过画出函数的散点图来进行预测。 基于表格数据绘制出散点图，将散点用平滑的曲线连接并观察函数图像，发现家用小轿车油耗最小时的行驶速度。	培养学生解决问题时的大胆猜想的能力。
环节四 总结与 作业（约 5 分钟）	课堂总结： 找到解决问题的模型	课后作业： 如何形成数学文章	为接下来将问题的解决形成文稿的能力做好准备。

第 3 课时	教师活动	学生活动	设计目的
环节一 小组汇报 （约 10 分钟）	总结上节课的内容； 引出本节课要解决的问题	学生汇报展示成果，形成数学小论文	培养学生的表达能力、增强学生用文字说明解决问题的能力。
环节二 论文小组 分工（约 20 分钟）	总结小组汇报的内容，分析每组的研究成果	小组文章展示	增强团队合作意识。
环节三 总结（约 10 分钟）	（1）通过引导学生参与构建函数模型的活动不难发现学生大多不理解什么是"模型假设"，在独立探究的过程中学生没有做出"假设"的意识。相比于在解决问题时做出合理的假设，学生还是习惯通过直接思考的方式来解决生活问题。	具备参与构建数学模型的基础知识与能力，如阅读分析、推理判断、抽象概括以及数学写作能力等，学生所具备的基础技能足够用于支撑开展函数的建模活动。	对以上三节课进行总结，培养学生发现问题、解决问题的能力。

续表

第3课时	教师活动	学生活动	设计目的
环节三 总结（约10分钟）	（2）使学生认识并参与数学模型的构建的全过程。在实际开展课堂中我们能够发现，学生对于模型没有验证的习惯和意识，数学建模活动的特点是通过多次迭代来优化模型，然而由于课堂教学时间是有限的，教师只能引导学生参与部分数学建模的过程，对于数学模型验证环节也应指导学生在课余时间认真完成		
环节四 总结与作业 （约5分钟）	课堂总结： 通过构建函数图像模型我们能够得出丰田卡罗拉车型的经济时速为110km/h。 如何对函数模型的研究结果进行验证呢？ 我们可以搜集更加精准的测量数据，通过开展多次测量取平均值的方式就能够减小误差，此外，借助图形计算器等软件能够绘制出更精准的函数图像，这样得出的结果也会更加准确。	课后作业： (1) 在本次研究中所得出的结论是否适用于所有的家用小轿车类型。在不同的汽车车型中影响其经济时速的首要条件是什么？ (2) 家用小轿车的排量与其经济时速存在什么关系？能否通过构建函数模型的方式来表现？	进一步巩固数学建模对学生学习数学的作用，提升学生解决实际问题的能力。

四、重难点解析及教学建议

教学过程中出现如下困惑：

困惑1：学生将实际问题抽象成数学问题的过程中思维较为发散。

学生分析问题存在困难，不明确分析小轿车的经济时速问题要选择怎样的对象进行研究。对于初次接触数学建模的七年级学生来说，解决此类问题较为陌生，针对小轿车的经济时速问题，学生提出多种解决问题的想法，想到多种影响汽车速度的因素，如何将实际生活问题准确地抽象为数学问题，准确地选取影响汽车耗油的研究因素，即小轿车速度对汽车耗油量的影响，帮助学生能领悟到核心问题，明确汽车的速度与耗油的关系。这是本课题研究的关键。

教学建议1：学生充分时间思考要解决的实际问题，通过上网搜索相关资料，了解有哪些因素影响小轿车耗油，大胆猜想影响小轿车耗油的决定因素，对选取的研究对象——"小轿车额度速度"展开充分讨论，进行评价。通过人们在购买家用小轿车时，首先会考虑到它的油耗问题以及耗油量的影响因素进一步说明小轿车的速度与耗油之间的关系。最终分析某家用小轿车（如丰田卡罗拉）在行驶过程中的节油行为,忽略次要的省油因素,找出家用小轿车行驶过程中省油的首要因素,最终确定研究小轿车行驶的速度对小轿车耗油的影响。

困惑 2:针对学生提出的问题如何有效验证方案是否可行、是否为最优方案。

教学建议 2:每个小组汇报小组研究方案,根据小组研究影响小轿车耗油的影响因素进行论证说明,每个小组都有属于自己的思想,统计数据、分析数据、得出结论,过控制变量,会发现当家用小轿车的速度很低时,油耗会很高,当家用小轿车的速度很高时,油耗也会很高,建立函数模型,即找准小轿车的行驶速度与小轿车耗油这两个变量之间的关系。小组将讨论的过程呈现到表 4-2-3 中,对其他小组的内容展开充分研讨,分析利弊,过多次迭代,优化模型,体会最优方案的设计。

表 4-2-3　小组合作学习讨论记录表

小组名称		时　间	＿＿＿月＿＿＿日　星期＿＿＿第＿＿＿节
组长		记录员	
组员			
课题	小轿车的经济时速问题		
讨论问题	(针对其他小组的汇报成果从中发现问题进行讨论)		
讨论过程 (简要记录)	(发现问题的原因、分析发现的问题、如何改良发现的问题)		
讨论结果	(小组最终得出结论)		
发言代表			
评价			

五、学生课后练习及教师拓展阅读材料

学生课后练习

请在以下两题中任选一题完成。

(1) 在本次研究中所得出的结论是否能够适用于所有的家用小轿车类型?在

不同的汽车车型中影响其经济时速的首要条件有哪些？

（2）家用小轿车的排量与其经济时速存在什么关系？能否通过构建函数模型的方式来表现？

六、专家评价

● **总评**：本案例能够关注节能减排的社会发展需求，所选背景具有现实意义，但是教学设计停留在对现象的观察层面，缺少引领学生将现象中的问题抽象成为数学问题的过程，对于函数的使用比较模糊，且学生讨论环节缺少策略引导。

● **改进建议**：

（1）第1课时问题分析部分占用时间应当缩减，并且应通过此环节教会学生因素分析的科学方法，例如分析因素间的分类关系或结构关系。教师应在此处进行有策略的引导。

（2）问题提出应当更加明确：是依据油耗给出选择车型的建议，还是在同一车型下研究如何降低油耗？二者并非同一个问题。

（3）函数型的选取是建模的一个难点，建议教师自己首先设计出几个预案，并结合学生在课堂上生成的函数，分析各种函数型的适用性和选择的理由。函数类型的选取并非只看拟合效果的好坏，还要看其数学结构和参数选取是否具有实际意义。

（4）3课时可以压缩为2课时，并调整课时作业，第1课时作业可以是学生对课上建立的初步模型的改进、求解、分析和检验，在第2课时对作业成果分小组报告交流，最后教师从建模过程、数学思想方法和知识技能层面三方面总结提升。

参考文献

姜启源，谢金星，叶俊. 数学建模. 北京：高等教育出版社，2011.

第三节 三角函数在数学建模中的应用

一、背景

三角函数是初中数学必修内容，乃至到高中，三角函数也是比较重要的部分。它是基本初等函数，是描述周期现象的数学模型。三角函数的重要性很大部分在于它的实用性，它在物理学、天文学、测量学等学科中都有重要的应用，是解决实际问题的重要工具，也是学习其他学科的基础。

本节内容分为两个案例：

案例一：地震模型

地震，是具有强大毁灭性的一种天灾，对人类的生命安全以及财产等造成很大的伤害。应急救援这个工作是很复杂的，需要快速、全面、准确地了解震情灾情、构造背景和灾情预评估等信息。当然，在地震后人员的救助是最重要的，在现实生活中，救援人员可用生命探测仪在废墟下方探测生命的迹象，确定人员位置从而加快救援工作的进度。本案例通过构建数学建模来确定被救人员的位置，让学生对地震救援有参与感，从而培养学生的社会责任感。

案例二：教学楼模型

通过和学生们在课堂上的互动，学生们自己提出问题。教学楼和学生学习生活息息相关，如果孩子们能通过自己构建数学模型来解决自己感兴趣的问题，能大大提高他们的学习兴趣。数学建模对于初中生来说有一些陌生，教师应该加强学生的思维训练，从比较浅显易懂的角度切入数学建模思维，使学生对数学建模过程有一个大致的了解。内容简单学困生也可以参与其中，让他们更好地理解，才能在学习中找到成就感，从而提升他们学习数学的兴趣。本节适合在九年级下册三角函数之后学习。

二、预备知识、学习目标及评价量表（见表4-3-1和表4-3-2）

表4-3-1 预备知识、学习模块与学习目标拆解

预备知识	学习模块	学习难度	学习目标
初等三角函数	模块一 地震模型 （1课时）	★★ 中考难度	（1）能够理解地震模型引入的测量数据的参数及变量。 （2）能够基于对现实的理解，通过建立直角三角形，运用三角函数来建立地震模型。 （3）能够对模型进行基本的误差分析。 （4）通过对地震模型的学习，培养学生的社会责任感。
初等三角函数 初等二元一次函数	模块二 教学楼模型 （1课时）	★★ 中考难度	（1）能够基于对现实的理解，通过建立直角三角形，运用三角函数来建立教学楼模型。 （2）通过对教学楼模型的学习，提高学生学习数学的兴趣。

表4-3-2 知识和能力掌握维度及其评价量表

各阶段	表现性证据（满分15分）				
	1分	1.5分	2分	2.5分	3分
基本假设	能够提出基本假设，但是无法自圆其说	缓冲级	能够提出并解释合理的基本假设，但无法设出适切的参数及变量	缓冲级	能够提出并解释合理的基本假设，并设出适切的变量和参数
模型建立	能够用符号表达基本假设，但是无法建立模型	缓冲级	能基于基本假设列出各变量的参数之间的关系，但无法建立适切的形式化数学模型	缓冲级	能够基于基本假设利用平衡方程建立适切的形式化数学建模
模型求解	能够对模型进行变形，但是无法得到实质结构	缓冲级	只能通过一种方式观察模型，能够得到部分结果	缓冲级	能够同时通过对模型的形式化演绎和数据拟合两种方式得到对规律的观察和未来的预测

续表

各阶段	表现性证据（满分 15 分）				
	1 分	1.5 分	2 分	2.5 分	3 分
误差分析	仅能描述模型的结果但不知其意义	缓冲级	能够将对应的建模结果进行部分误差分析	缓冲级	能够将对应的建模结果进行全部的误差分析
数学建模步骤	能说出数学建模的步骤	缓冲级	理解数学建模各步骤的内涵但无法描述其必要性	缓冲级	理解数学建模各步骤的内涵及其必要性
合计	总评分：_____分				

三、课堂设计

模块一 地震模型（1 课时）

课堂设计

第 1 课时	教师活动	学生活动
环节一 提出问题 （5 分钟）	**问题 1**：研究地震问题有哪些意义？ **备注 1**：这个问题学生回答时会比较发散，不必进行约束，但是应注意维持基本的课堂秩序并限制时间（建议给学生的回答时间不超过 3 分钟）。如果没有学生回答，可以由教师通过第一小节"背景"中的内容予以启发。	**预期回答 1**：通过建立数学模型确定救援人员的位置，加快救援的速度。
环节二 基本假设 （15 分钟）	**问题 2**：大家想一下，我们怎么直观地分析生命点的位置？需要什么工具来帮忙？ **备注 2**：这个问题的回答会比较统一，因为在小学乃至初中的数学学习中，关于位置的问题，我们比较常用的方法就是几何图形模型。 **问题 3**：画简易图的话，我们想一下生命点大约在什么位置？ **备注 3**：这个问题的回答会比较统一，常识上来讲，地震后被救人员一般被压在建筑物下面。	**预期回答 2**：画图，构建几何图形模型。 **预期回答 3**：被救人员会被压在建筑物下面。

续表

第 1 课时	教师活动	学生活动
	问题 4：压在建筑物下面的被救人员，怎么确定其位置？ **备注 4**：这个问题的回答也会比较统一，常识上来讲，地震后救援人员都是从上面往下找被救人员。通过垂直和水平的交点来确定其问题。	**预期回答 4**： 知道生命点距离地面高度及测量点与生命点的水平距离可确定其位置。
	问题 5：画简易图，我们还应该考虑哪些因素？ **备注 5**：教师应该把学生的所有回答抄录到黑板的某个区域，这样一方面便于后面发言的学生看到前面说过哪些，另一方面也方便教师下一步的筛选。 引导学生衡量各种因素的权重大小，关注主要因素，忽略次要因素，从而简化了现实问题。	**预期回答 5**：环境、仪器设备、信号、有无测量点等因素。

环节二
基本假设
（15 分钟）
	问题 6：简单起见，我们先对地震模型建立数学模型。建立数学模型时，往往不会从一开始就考虑很多因素，请大家思考怎么简化因素方便我们建立模型，并画出简易图。
	备注 6：这个问题的回答会比较统一，有个别学生可能不认同这个方法，这时可以让学生们互相辩论，教师要进行必要的指导。
		预期回答 6：
		（1）假定地面是水平的；
		（2）假设生命点位置附近有可以测量的测量点。
		简易图如下：
		
		测量点 ———————●
		       ┊
		       ┊ h
		       ┊
		      生命点

	问题 7：如果没有设备直接测出生命点距离地面的高度，可以运用我们学习过的什么知识构建数学模型，从而求出生命点距离地面的高度？
	备注 7：上节课学过三角函数，学生很自然地想到了通过构建直角三角形的方式，来构建数学模型。
		预期答案 7：
		之前我们学习了三角函数，可以把测量点和生命点连线及其地面构成直角三角形，在直角三角形中，可以通过角度来求边长。角度的测量可以通过测角器。
		简易图如下：
		
		    测量点
		———————●———————
		      ╲ ┊
		     ╲ ┊ h
		      ╲ ┊
		       生命点

续表

第 1 课时	教师活动	学生活动
环节二 基本假设 （15 分钟）	**问题 8**：测量点和生命点只知道一个夹角，能计算出其高度及水平距离吗？如果能，怎么计算？如果不能，我们还需要知道什么呢？画出简易图。 **备注 8**：几乎全部的学生会说计算不出来，在回答第二个问题的时候，大部分同学回答再寻找一个测量点，并测量两个测量点的距离，有个别同学会提出直接测量生命点距离测量点的水平距离，但其难度很大，在实际情况下，很难操作。	**预期回答 8**： 不能，在第一个测量点附近先找到第二个测量点，再构建一个直角三角形，并测量 AB 两个测量点的距离（两个测量点距离较近，所以测量难度较小，并且确保两个测量点与生命点在同一平面内）。 简易图如下：
环节三 建立模型及 模型的测量 误差分析 （15 分钟）	引导学生引入参数变量，利用数学语言表达现实问题并初步建立数学模型。 **问题 9**：我们通过测量的数据，怎么确定生命点的位置？请用你认为合理的方式用数学式表达出来。 **基本假设 1**：测量器可以测量出测量点与生命点形成的探测线与地面的夹角，并暂时将其作为常数。 请你设出必要的变量，并且将它们之间的关系用数学符号语言表达，注意各变量的单位。 **备注 9**：此处大部分学生会使用三角函数作为数学载体。如果有学生提出三角函数以外的模型，可以表扬，并让其用他的模型尝试后面的步骤，并在课下与老师交流。在学生计算的过程中，教师要注意策略引导，尤其对于其数学推理的严密性，教师应充分把关，但不能替代学生去做具体的计算。可以分别请提出各个结论的学生到黑板上给其他同学讲解。如果学生到黑板前无法顺利推出，可以由其他同学到黑板前补充。但是注意：凡是到黑板前进行板演讲解的同学，均要给予表扬和鼓励，不能因为其板演过程中的细枝末节的错误而批评他们。	**预期答案 9**：设两个探测点为点 A、B 且可测量出两点距离，生命点为点 C，两个探测线与地面的夹角分别为 $\angle 1$、$\angle 2$。过点 C 作 CD 垂直于 AB 延长线于点 D，我们可以测角器测量出 $\angle 1$ 和 $\angle 2$ 的度数。如下图： 在 $Rt\triangle BDC$ 中，$\tan\angle 2 = \dfrac{CD}{BD}$ $\therefore BD = \dfrac{CD}{\tan\angle 2}$ 在 $Rt\triangle ADC$ 中，$\tan\angle 1 = \dfrac{CD}{AD}$ $\therefore AD = \dfrac{CD}{\tan\angle 1}$ $\therefore AB = BD - AD$（单位：米）

续表

第 1 课时	教师活动	学生活动
环节三 建立模型及 模型的测量 误差分析 （15 分钟）	问题 10：在现实地震环境中，能准确找到被救人员是关键，在我们所建立的数学模型的结果里测量数字最为关键，如果其有误差，对被救人员的位置的确定产生直接的影响，这里我们需要测量的是 ∠1、∠2 和两个测量点的距离 AB，它们可能存在的误差有哪些？ 备注 10：这个问题学生的回答会比较发散，不必进行约束，学生可能考虑不到这么多因素，教师可适当补充。 问题 11：怎么能减少误差对结果的影响，使我们更加准确地找到被救人员的位置呢？ 备注 11：这个问题学生的回答会比较发散，不必进行约束，但是应注意维持基本的课堂秩序并限制时间（建议给学生的回答时间不超过 2 分钟）。	$\therefore CD = \dfrac{(\tan \angle 2 - \tan \angle 1)}{\tan \angle 1 \times \tan \angle 2 \times AB}$ （生命点距离地面的高度，单位：米） $\therefore AD = \dfrac{CD}{\tan \angle 1} = \dfrac{(\tan \angle 2 - \tan \angle 1)}{\tan^2 \angle 1 \times \tan \angle 2 \times AB}$ （探测点与生命点的水平距离，单位：米） 预期答案 10： (1) 测量工具：基准件的误差，量尺和测量角度仪器的误差。 (2) 测量方法：方法的不得当导致的误差。 (3) 测量环境：特别是地震后的环境是非常复杂的，其影响也可能是最大的。 (4) 测量人员：视差、估读误差等。 预期答案 11： (1) 采用高精度的测量仪器。 (2) 按规范操作仪器。 (3) 重复测量，认真测量。
环节四 总结与作业 （5 分钟）	课堂总结： 本节课已接近尾声，在这里恭喜各位救援人员，你们通过自己的努力建立了一个数学模型，这是综合解直角三角形的问题，通过确定被救人员离地面的高度及测量点距离生命点的水平距离来确定了其位置。	课后作业：去寻找我们生活中还有哪些问题可以通过建立数学建模来解决，并写在问题收集本中。

模块二 教学楼模型（1 课时）

课堂设计

第 2 课时	教师活动	学生活动
环节一 提出问题和 基本假设 （10 分钟）	课前挑选出一个大部分同学都感兴趣的，且可以在初中数学范围内建立数学模型的问题。制订了测量方案，并利用课余时间完成了实地测量。 **问题 1**：上节课我们通过自己构建的数学模型解决了一个现实问题，在问题收集本中，很多同学们都特别希望能知道咱们学校教学楼的高度，这节课探讨一下，如果我们想确定教学楼的高度，需要什么工具，怎么测量？ **备注 1**：这个问题学生的回答会比较发散，不必进行约束，但是应注意维持基本的课堂秩序并限制时间，并且对于提出解决方法的同学给予鼓励。有的同学回答"从楼顶放下一根绳子到楼底，测量绳子的长度就可以测量出教学楼的高度"，这时要通过提问让学生感到测量的难度大且危险；有的同学提出想通过相似三角形求得，教师要给予表扬，让其尝试后面的步骤，并在课下与老师交流。 **问题 2**：大家想一下，那我们测量的方案是什么呢？需要测量哪些数据？ **备注 2**：这个问题的回答会比较统一，因为通过上节课的学习孩子对三角函数的运用已比较熟悉了。 **问题 3**：为了减少测量误差，我们可以怎么做？ **备注 3**：这个问题的回答会比较统一，常识上来讲，对于初中学生很好理解。	**预期回答 1**： 结合上节课学习的地震模型，可以通过三角函数的方法来得出教学楼的高度。 **预期回答 2**：在教学楼底部所在的平地上，选取两个不同测点，分别测量教学楼楼底的仰角及这两点之间的距离。 **预期回答 3**：测量两次，并取它们的平均值作为测量结果。

续表

第 2 课时	教师活动	学生活动
环节二 建立模型 （30 分钟）	**问题 4**：课前我们制定了测量方案，并利用课余时间完成了实地测量。展示出你们的测量数据，并画出测量的示意图。 **备注 4**：在测量的过程中，如果出现较大差异，可检查设备，确保数据准确。	**预期回答 4**： 测量示意图如下： 说明：线段 AC 表示教学楼的高度，测量角度的仪器的高度 $DF=EG=1.5\text{m}$ 测点 F、G 与 C 在同一条水平直线上，F、G 之间的距离可以直接测得，且点 A、B、C、D、E、F、G 在同一竖直平面内，点 B、D、E 在同一条水平直线上，点 B 在 AC 上。 测量数据表： | 测量项目 | 第一次 | 第二次 | 平均值 | |---|---|---|---| | $\angle ADB$ 的度数 | 25.6° | 25.8° | 25.7° | | $\angle AEB$ 的度数 | 31.2° | 30.8° | 31° | | A、B 之间的距离 | 5.4m | 5.6m | 5.5m |
	问题 5：我们通过测量的数据，怎么计算教学楼的高度？请以你认为合理的方式用数学式表达出来。 **备注 5**： $\sin 25.7°\approx 0.43$，$\cos 25.7°\approx 0.90$， $\tan 25.7°\approx 0.48$，$\sin 31°\approx 0.52$， $\cos 31°\approx 0.86$，$\tan 31°\approx 0.60$。	**预期回答 5**： 设 $AB=x$，在 $Rt\triangle ABE$ 中， $\angle ABE=90°$，$\angle AEB=31°$， 由 $\tan 31°=\dfrac{AB}{BE}$，得 $BE=\dfrac{AB}{\tan 31°}$ 在 $Rt\triangle ABD$ 中，$\angle ABD=90°$， $\angle ADB=25.7°$，由 $\tan 25.7°=\dfrac{AB}{BD}$， 得 $BD=\dfrac{x}{\tan 25.7°}$ 由 $DE=BD-BE$， 得 $\dfrac{x}{\tan 25.7°}-\dfrac{x}{\tan 31°}=5.5$ 则 $X=13.2$ $AC=AB+BC=AB+DF=13.2+1.5=14.7$（米）

续表

第 2 课时	教师活动	学生活动
环节三 总结与作业 （5 分钟）	**课堂总结：** 经过这 2 节课的学习，我们以地震模型和教学楼模型为载体，体验了建立数学模型的过程。 我们所建立的数学模型，相对比较简单，很多因素都过于理想化，还有可以完善的地方，同学们可以结合课后练习的建议方向提出自己的改进方案。	**课后作业：** （1）撰写数学建模感悟文章（800 字），描述数学建模的基本过程及感受。 （2）我们可以去寻找更多可以通过数学建模来解决的问题，写在我们的问题收集本上。

四、重难点解析

初中数学题源于实际问题，探讨这类问题的解法具有重要的现实意义，数学建模就是将具有实际意义的应用问题，通过数学抽象转化为数学建模，以求得问题的解决。实际问题是复杂多变的，数学建模较多的是探究性和创造性的，但初中数学应用型问题常见的建模方法还是有规律可以归纳总结的，本章涉及直角三角形问题，常需要建立相应的几何模型，转化为几何或三角函数问题求解。

重点：应用三角函数解决实际问题很好的素材，也是中考的重要内容，但是本章两个案例的计算量较大，学生计算能力偏弱，所以很容易出错。

难点：数学模型的建立——建立直角三角形，把实际问题转化数学问题。确立依据：从认知规律看，学生已经具有初步的探究能力和逻辑思维能力。但当问题被提出的时候，学生还是会有一些不理解、陌生，导致建立直角三角形模型上可能有一些困难，从而不能把实际问题转化数学问题。

五、专家评价

● **总评**：案例围绕三角学在实际测量中的应用，与学生课内知识紧密结合，关注社会民生，具有一定现实意义。但是在建立数学模型时没有从实际出发，导致本节课并没有依据现实需求建立数学模型，只看到在解决教师布置的解三角形习题。

● **改进建议**：

（1）建议教师在课前查找文献考察地震测量的真实情景和真实问题，并通过视频等方式直观展现给学生，以帮助学生了解地震测量的现实需求。

（2）第 2 课时中的问题背景与第 1 课时关联较少，建议围绕地震测量这一个主题来展开。

（3）如果要建立数学模型，一定是因为有现实的需求，模型是现实需求的数学化解释和回答，应当避免为了使用某些数学知识或练习某些数学结构而人为套上某个"实际背景"。数学建模课的重心可以放在发现问题、提出问题和分析问题上，有了分析的思路之后解决问题可以作为第 1 课时和第 2 课时间的作业，在第 2 课时对作业成果分小组报告交流，最后教师从建模过程、数学思想方法和知识技能层面三方面总结提升。

（4）第 1 课时对于问题背景的引入和分析过于发散，建议缩小问题背景，聚焦于地震测量的某一个场景，避免因为考虑场景过于繁杂而偏离课堂重心。

第四节 数学建模的基本过程
——商品利润最大化

一、背景

随着零售业的快速发展，竞争日趋激烈，如何合理定价获取最大利润，是经营者必须解决的问题。

本节我们以商品售价与利润的函数模型为载体，带领学生一起完整地体验数学建模的各个步骤，并通过巧妙设计的课堂环节让学生体会各个步骤的必要性和注意事项。

本节适合在初三下学期二次函数章节后学习，处在这个时期的学生对函数知识已有所接触，具备相应的数学知识基础。生活经验较丰富，有能力通过网络或实地考察获得关于超市商品如何定价以便获取最大利润的间接经验，初步具备了分析、合作、查阅、表达、概括、写作能力等，足够支撑开展数学建模活动。本节针对的是尚不知道数学建模过程、不了解数学建模各步骤的必要性、不了解如何将一个现实问题转化为数学问题并且不了解数学建模的解如何作用于现实世界的学生。

二、预备知识、学习目标及评价量表（见表 4-4-1 和表 4-4-2）

表 4-4-1 预备知识、学习模块与学习目标拆解

预备知识	学习模块	学习难度	学习目标
代数式 打折销售 相关公式	模块一 基本假设与模型建立 （1课时）	★★ 中考难度	（1）初步理解数学建模的意义，了解数学建模的过程，尝试用数学建模的方法解决简单的具有一定实际背景的问题。 （2）在交流合作中，能够提出合理的基本假设，并引入适切的参数及变量。 （3）初步感受建模的过程，提升建模素养。

续表

预备知识	学习模块	学习难度	学习目标
代数式 打折销售 相关公式 二次函数 图像和性质	模块二 模型求解、 模型检验及 结果分析 （1课时）	★★ 中考难度	（1）了解利用最小二乘法原理拟合函数图像求参数的方法。 （2）经历"问题情境—提出假设—建立模型—求解—解释与应用"的基本过程，获得一些研究问题方法和经验。 （3）了解建模的完整步骤，提升对数学价值的理解。

表 4-4-2　知识和能力掌握维度及其评价量表

各阶段	表现性证据（满分18分）				
	1分	1.5分	2分	2.5分	3分
基本假设	能够提出基本假设，但是无法自圆其说	缓冲级	能够提出并解释合理的基本假设，但无法设出适切的参数及变量	缓冲级	能够提出并解释合理的基本假设，并设出适切参数及变量
模型建立	能够用符号表示基本假设，但无法建立模型	缓冲级	能够基于基本假设列出各变量和参数之间的关系，但无法建立适切的形式化数学模型	缓冲级	能够基于基本假设利用平衡方程建立适切的形式化数学模型
模型求解	能够对模型进行变形，但无法得到实质结果	缓冲级	只能通过一种方式观察模型，能够得到部分结果	缓冲级	能够同时通过对模型的形式化演绎和数据拟合两种方式发现规律和预测未来
模型检验	无法对模型进行检验，但是可以讲出对结果的直观感受	缓冲级	能够对模型的有效性进行检验，但不能有效分析模型参数扰动对模型结果的影响	缓冲级	能够对模型的有效性进行检验，且能有效分析模型参数扰动对模型结果的影响
结果分析	仅能描述模型的结果，但不知其意义	缓冲级	能够将对应的模型结果对应到相应的历史时期	缓冲级	能够给模型的结果挖掘出某些历史证据
数学建模步骤	能够说出数学建模的步骤	缓冲级	理解数学建模各步骤的内涵，但无法描述其必要性	缓冲级	理解数学建模各步骤的内涵及其必要性
合计	总评分：_____分				

三、课堂设计

模块一　基本假设与模型的建立（1课时）

课堂设计

第 1 课时	教师活动	学生活动
环节一 发现问题、 分析问题 （10 分钟）	**任务**：挖掘影响利润的因素。 **导入**：PPT 展示葫芦娃和爷爷，引出困扰莱特叔叔的问题：如何实现商品利润最大化？能以数学建模为工具解决这个问题吗？今天我们就来谈论这个问题。 **问题 1**：在销售过程中，商品利润怎么求呢？ **问题 2**：如果你是莱特叔叔，在这次售卖过程中，你的前期成本都包括什么？ **备注 1**：学生在回答时对一些经济术语不是很了解，用词可能不会很准确，但问题不大，能听懂即可。 **问题 3**：怎么才能卖出最多的杯子呢？请分别站在消费者和商家的角度思考。 **备注 2**：这个问题学生的回答可能相对发散，建议老师可以将学生的答案写在黑板上，便于后发言的学生知道前面学生的答案以及老师的筛选。 **问题 4**：基于以上学习，我们知道影响商品利润的因素有很多，但是在用数学建模解决问题时，我们往往不会从一开始就考虑所有因素，那么你觉得影响商品利润最直接的因素有哪些？	**预期回答 1**： 利润＝（售价－成本）×数量 **预期回答 2**：摊位费、商品成本、交通费等。 **预期回答 3**：地段繁华、商品质量与外观、商品价格、服务态度佳、销售策略（买赠活动）等。 **预期回答 4**：售价、成本、销售量。

续表

第1课时	教师活动	学生活动
环节一 发现问题、 分析问题 （10分钟）	**问题5**：到目前为止，你能给出本次售卖过程中利润的表达式吗？如果能，请列出利润的表达式；如若不能，我们缺少什么量呢？该怎么解决？	**预期回答5**：设未知量 设总利润为 r 元，摊位费为 m 元，商品成本为 n 元，交通费用为 p 元，售价为 x 元，总销量为 y 件，则： $r = xy - m - n - p$
环节二 提出基本假设 （15分钟）	**问题1**：在这个函数中，哪些量是变量？哪些量是常量？ **备注1**：引导学生分析变量与常量，帮助学生厘清各量间的关系，否则学生会感觉很茫然，无从下手。 **问题2**：在这个函数中，有两个自变量——售价与总销量，这会给我们分析售价与总利润之间的关系制造障碍。请思考：总销量与售价之间会不会存在某种联系？能否用一个量表示另一个量？ **备注2**：从实际出发，引导学生认识到，价格低、销量相对高，价格高、销量相对低，引出一次函数关系。 **问题3**：通过前面的分析，我们知道影响销量的因素有很多，那么基本假设1成立的前提还有什么呢？ **问题4**：能否将函数进一步简化，将常量合并呢？	**预期回答1**： 变量：总利润 r、售价 x、总销量 y。 常量：摊位费 m、商品成本 n、交通费 p。 **基本假设1**：该商品处于一个垄断竞争市场，并且该商品需求量大，市场同类产品供应量充足，所以该商品的需求曲线满足一次函数，设商品销售量 y 件与商品售价 x 元之间的函数关系式为： $y = kx + b$（$k < 0$，k、b 常数） **基本假设2**：商品质量与外观、地段、商家的服务态度等统一，对商品销量无影响。 **基本假设3**：消费者对商品的需求只受价格影响，并且商品无损耗。 **基本假设4**：将摊位费 m、交通费 p 等固定成本平均到单个商品上是一个常量，不会随着商品销量的增减而变化，将其与单个商品的成本相加作为单个商品的综合成本，设为 c 元。
环节三 建立模型 （10分钟）	**问题1**：请同学们基于以上基本假设对上面的模型进行修改。 **备注1**：一半以上的学生应该可以建立出模型。	**预期回答1**： 商品的总利润 = 单个商品的利润 × 销售量 设商品总利润为 r 元，则 $r = (x-c)(kx+b)$ 其中 c、k、b 均为待定参数。

续表

第1课时	教师活动	学生活动
环节三 建立模型 （10分钟）		**预期回答 2：** 商品总利润＝总销售额－总成本 设商品总利润为 r 元，则 $r=x(kx+b)-c(kc+b)$ 其中 c、k、b 均为待定参数。
环节四 总结与作业 （5分钟）	**课堂总结：** 这节课我们从现实分析和基本假设入手建立了二次函数的模型，在这个过程中体会了用数学建模的手段解决实际问题的前三步：发现问题和分析问题、提出基本假设以及建立模型。下节课，我们将继续探索用数学建模的方式解决实际问题的后几步。	**课后作业：** （1）以个人为单位，总结和梳理本节课的研究过程和研究方法，写一页报告。 （2）以小组为单位研究本节课的二次函数模型，将其转化为顶点式，并尝试给出顶点坐标的实际意义。 （3）以组为单位，收集线下小型零售超市在近一个月内出售某一特定款保温杯售价与利润的数据。

模块二　模型求解、模型检验及结果分析（1课时）

课堂设计

第2课时	教师活动	学生活动
环节一 模型求解 与分析 （15分钟）	**问题1：**我们上节课通过分析问题，提出基本假设并初步建立了二次函数模型，下面请同学们以小组为单位，汇报昨天的作业成果（课前挑选做得较好的小组展示）。 **备注1：**这是一个含参的二次函数，对于刚刚接触二次函数的学生来说，模型求解可能稍有难度，但基础好的同学还是可以做到的。 **问题2：**通过刚才的汇报，你能得到二次函数的什么性质呢？如何得到的？有什么实际意义？ **备注2：**注意顶点横、纵坐标的符号。若有学生说错，可以引导其他学生纠错，老师不要直接给出答案。	**预期回答 1：** $r=xy-m-n-p$ $y=kx+b\ (k<0,\ k、b\ 常数)$ $r=(x-c)(kx+b)$ $=kx^2+bx-kcx-bc$ $=k\left(x+\dfrac{b-kc}{2k}\right)^2-\dfrac{(b+kc)^2}{4k}\ (k<0)$ **预期回答 2：** $k<0$，开口向下，说明函数有最大值，这个最大值即为最大利润。 顶点坐标为：$\left(-\dfrac{b-kc}{2k},\ -\dfrac{(b+kc)^2}{4k}\right)$ 当商品的销售单价 $-\dfrac{b-kc}{2k}$ 元时，商家所获得的利润最大，最大利润为 $-\dfrac{(b+kc)^2}{4k}$ 元。

续表

第 2 课时	教师活动	学生活动
环节二 模型拟合， 确定参数 （10 分钟）	**问题 1**：利用同学们收集到的数据模拟，帮助莱特叔叔估计售卖这款保温杯定价为多少元时利润最大。如何利用所收集的数据拟合参数 k、b、c？ | 售价/元	利润/元
---	---
45	4 190
50	7 530
55	9 210
60	11 475
65	13 100
70	15 427
75	16 282
80	15 463
85	16 196
90	15 423
95	13 206
100	11 544
105	10 308
110	6 567 | **备注 1**：由于此前学生没有学习过最小二乘法原理，对数据的处理和信息技术的使用也不是很擅长，所以可以由老师利用计算机现场演示计算过程，并展示结果。 对数据进行拟合，得到如下结果： $r = -9.92x^2 + 1\,584.92x - 47\,368.12$ 可得拟合值：$k = -9.92$ $b = 1\,190.08$ $c = 39.8$	**预期回答 1**：学生可以画出散点图，并用光滑的曲线描绘出函数图像。 售价与利润的散点图如下：
环节三 模型检验 和分析 （10 分钟）	**问题 1**：分析参数的实际意义。 **问题 2**：商品售价为多少时，利润最大？	**预期回答 1**： (1) k 表示每当单价 x 增加 1 元，销量会随着减少 9.92 个。 (2) b 表示当商品价格为 0 时的销量。 (3) c 表示商品的综合成本为 39.8 元。 **预期回答 2**： 由 $r = -9.92x^2 + 1\,584.92x - 47\,368.12$ $= -9.92(x - 79.88)^2 + 15\,938.63$ 得：当水杯售价为 79.88 元时，利润最大，最大利润为 15 938.63 元。

续表

第2课时	教师活动	学生活动
环节三 模型检验 和分析 （10分钟）	**问题3**：选一组数据代入求一下利润，根据结果分析原因。	**预期回答3**： 将 $x=105$ 代入 $r=-9.92x^2+1584.92x-47368.12$ 得：$r=9680.48$ 与实际有一定偏差。在初始建模时，为了简化模型，我们忽略了一些影响销量及利润的相关因素，比如说顾客消费心理、商品自身损坏等，这些都是导致误差的原因，所以模型还需要进一步优化。
环节四 总结与作业 （5分钟）	**课堂总结：** (1) 同学们，这两节课我们初识了数学建模，就这两节课而言，你有哪些收获？ (2) 什么是数学建模？ (3) 如何利用最小二乘法拟合函数，确定参数（上机操作过程）。 (4) 数学建模的步骤。	**课后作业：** 上网搜索2~3篇有关数学建模的简短论文，写一篇对数学建模的认识（1000字左右）。

四、重难点解析

(1) 通过教学实践发现学生不理解什么是"模型假设"，不假设或过于假设。可以通过设问的方式引导学生思考，一步步剖析问题、提出假设。例如：你的目标是什么？你已经完成了什么？准备做什么？遇到了什么阻碍？怎么解决？等等。在这个过程中，老师应鼓励积极发言，认真思考的学生，让他们建立自信，即使有的学生思考方向偏离太远，老师也不要批评，要适当引导。

(2) 模型拟合求参数对初中生来说有一定难度，他们可以独立地画出价格-利润的散点图，并拟合出二次函数图像，但是初中生的知识储备不足，无法理解用最小二乘法拟合二次函数求参数的推导过程，这个时候我们可以利用计算机将数据进行拟合，指导学生课前查找相关材料，学习用计算机将数据拟合为函数并画图。

(3) 二次函数模型的变换过程：

$$r = (x-c)(kx+b)$$
$$= kx^2+bx-kcx-bc$$
$$= kx^2+(b-kc)x-bc$$

$$= k\left[x^2 + \frac{b-kc}{k}x + \left(\frac{b-kc}{2k}\right)^2 - \left(\frac{b-kc}{2k}\right)^2\right] - bc$$

$$= k\left(x + \frac{b-kc}{2k}\right)^2 - \frac{(b-kc)^2}{4k} - bc$$

$$= k\left(x + \frac{b-kc}{2k}\right)^2 - \frac{(b+kc)^2}{4k} \quad (k<0)$$

拟合函数模型求参数的过程：

由 $r = -9.92x^2 + 1\,584.92x - 47\,368.12$，得：

$k = -9.92$

$b - kc = 1\,584.92$

$bc = 47\,368.12$

解得 $\begin{cases} k = -9.92 \\ b = 1\,190.08 \\ c = 39.8 \end{cases}$

五、学生课后练习

（1）※通过这一问题的解决，体会数学模型在解决实际问题时的作用。

（2）※※阅读简短易懂的数学模型小论文，进一步感悟数学模型。

六、专家评价

● **总评**：计算商品利润，是数学在经济社会中通常的应用场景之一，不同的产品具有不同的盈利模式，其利润最大化过程也不尽相同，本案例的选材具有一定现实意义。但案例提出的基本假设并非依据实际，是为了在后面使用二次函数这个数学知识，这不符合数学建模从问题出发创设数学模型的思想方法。

● **改进建议**：

（1）商品利润问题的一个好的讲法是带领学生分析不同商品的利润模式，在垄断商品、奢侈品和大宗商品的不同情境下，将利润模式使用不同的函数关系来表达。这样既可以帮助学生建立现实社会规律和数学模型之间基于不同基本假设下的不同关联，也能够提升学生对于不同数学模型的适用性的把握。

（2）对二次函数进行参数拟合，也可以通过代数变形变为线性拟合问题，这样对于初中生来说就可以使用很多数学软件和工具（例如手持图形计算器）得到参数的拟合值。

（3）实际问题中，供求关系影响着价格和利润，所以当我们考虑现实问题时，不能认为价格和销量的关系是一直固定不变的。对于初中生而言，定性分析供求关系变化对最大利润的影响，是将模型应用于现实的一个必要环节。

参考文献

[1] 刘禹. 初中数学函数建模活动的教学设计. 科教文汇（上旬刊），2020（2）.

[2] 刘禹. 基于第二课堂的初中数学建模教学设计与实践. 石家庄：河北师范大学，2020（3）.

[3] 栾卉凡. 新课标下初中数学建模教学设计与实施. 济南：山东师范大学，2011.

[4] 李雨珂. 连锁超市门店分布利润最大化的优化模型. 中国市场，2016（44）.

[5] 吴威. 基于"构建主义教学模式"的初中数学建模实践研究. 福州：福建师范大学，2017.

[6] 赵文静. 新课改下初中数学建模教学策略研究. 烟台：鲁东大学，2015.

[7] 王新. 初中数学函数教学中渗透模型思想的研究. 桂林：广西师范大学，2017.

[8] 朱旭帆. 基于数学建模的初中数拓展内容教学设计的研究. 上海：上海师范大学，2020.

[9] 陈欣玥. 七年级数学建模教学研究. 苏州：苏州大学，2018.

第五节 6.5 英寸手机屏幕比例的数学分析

一、背景

人们在生活中使用手机的频率越来越高。新冠肺炎疫情期间在线教学中很多同学都是用手机上课，下课用手机打游戏、聊天。据悉，在线教学使得好多孩子近视了，近视度数增加了。什么样的手机屏幕比例有利于延缓近视速度，成为同学们关注的话题。

本节适用于初三学生，学习了初中所有数学内容以后应用，涉及锐角三角函数、相似三角形、统计等相关知识。针对的是已了解数学建模过程、对数学建模思想有初步认识和体验、喜欢研究、对数学建模感兴趣的学生。以手机屏幕比例为载体，让学生体验数学建模的全过程，构建了对数学建模知识及其思想的初步认识，这时通过对学生自己感兴趣的课题开始研究，加强对这些体验的认识和应用，真正验证了数学来源于生活又服务于生活，有助于数学建模、数据统计、数学运算、逻辑推理等能力的提升。此课题为开放性课题，不局限于形式，不限制学生建立数学模型所使用的数学方法，可以说是整个九年数学知识的综合应用。

本节要求学生以"6.5 英寸手机屏幕比例的数学分析"为课题，利用调查研究及网上搜索资料的实验数据，建立数学模型，基于模型总结 6.5 英寸手机屏幕横屏和竖屏下屏幕比例哪个更实用，把数学知识很好地应用于实际生活，同时为人们购买手机提供参考。在分析研究过程中，还增加了自己的时间管理能力。

本节内容分为三个模块，每个模块一课时。

模块一：提出问题、设计基本假设和建立初步研究模型。

模块二：基本假设下的分析以及验证，并对数据结果进行分析，与现实结果进行比对。

模块三：分组汇报研究成果并评优。

二、预备知识、学习目标及评价量表（见表4-5-1和表4-5-2）

表4-5-1　预备知识、学习模块与学习目标拆解

预备知识	学习模块	学习难度	学习目标
此前所学的所有数学知识（包括小学的和初中以及网上自学获得的知识）	模块一 提出问题、设计基本假设和建立初步研究模型 （1课时）	★★ 中考难度	（1）锻炼在研究过程中逐渐确定研究主题、提出问题的能力。 （2）锻炼通过搜索人眼视角相关知识、精确人眼视角取值、搜索高频使用情境、扩增量化指标的能力，以及提出合理基本假设的能力。 （3）锻炼建立数学模型的能力。
	模块二 基本假设成立的情况下，完善数学模型，对模型结果结合实际情况进行吻合性分析 （1课时）	★★★ 略高于中考难度	（1）锻炼基于实际情况不断调整模型假设的能力。 （2）锻炼完善数学模型的能力。 （3）锻炼模型求解能力以及数据分析能力。
	模块三 分组汇报研究成果并评优 （1课时）	★★★ 略高于中考难度	（1）锻炼数学语言表达能力和逻辑推理能力。 （2）通过成果汇报实现自评和他评。 （3）发现自身不足之处并改进。

表4-5-2　知识和能力掌握维度及其评价量表

各阶段	表现性证据（满分15分）				
	1分	1.5分	2分	2.5分	3分
提出问题	相同机身三围下，探究哪个尺寸比例更适合学生使用	缓冲级	查阅主流手机屏幕尺寸及比例，确定研究主题	缓冲级	对问题的必要性有合理的解释，符合学生关注的热点话题
基本假设	能够在横屏或竖屏背景下提出基本假设	缓冲级	能够提出合理假设，但是缺乏量化指标	缓冲级	能够提出合理假设，扩增量化指标
建立初步数学分析的相关条件	能够描绘尺寸比例优劣的大致结果，但考虑约束条件欠缺	缓冲级	逐步完善约束条件，建立相应的数据统计	缓冲级	基本建立比较完整的数据统计

续表

各阶段	表现性证据（满分15分）					
	1分	1.5分	2分	2.5分	3分
数据的分析与改进	视角大小的确立或确定眼睛与手机的距离	缓冲级	量化指标的确定，寻找出高频、适配度高的软件，官方软件优先	缓冲级	人眼视角大小的确立和确定眼睛与手机的距离 量化指标的确定，寻找出高频、适配度高的软件，官方软件优先
验证结论	在模拟情境下尽可能贴合实际，尽可能减少干扰和知识盲区带来的影响	缓冲级	综合计算结果，提出结论	缓冲级	PS模拟实际结果
合计	总评分：_____分				

三、课堂设计

模块一 提出问题、设计基本假设和建立初步研究模型（1课时）

课堂设计

第1课时	教师活动	学生活动	设计目的
环节一 问题提出与研究方法 （10分钟）	**背景介绍：** 人们在生活中使用手机的频率越来越高。新冠肺炎疫情期间，在线教学中很多同学都是用手机上课，下课用手机打游戏、聊天。在线教学使得好多孩子近视了，近视度数增加了。什么样的手机屏幕比例有利于延缓近视速度，成为同学们关注的话题。	可以在课前布置确定选题，并查阅相关资料，或者用问卷星进行调查研究，了解2020年畅销机型。 **预期回答：** 苹果 19.5∶9	

续表

第1课时		教师活动	学生活动	设计目的
环节一 问题提出与 研究方法 （10分钟）		问题1：同学们，相信大家对手机这个话题并不陌生，那么大家关注过 2020 年销量比较好的手机机型有哪些吗？我们在选择手机时候有什么衡量标准呢？	三星 20∶9 索尼 21∶9 魅族 18.6∶9 预期回答：问卷星、上网查阅资料、画图法、赋分法、统计知识如柱状图。	通过布置任务型前置作业，提出研究问题，引起学生好奇心，进而确定研究方法。
环节二 研究约束 条件界定 （10分钟）		同学们，根据我们网上搜索的资料和小组讨论结果，我们来说说以下几个问题： 问题1：在学习相似三角形研究楼高时我们用到了仰角和俯角，而且测量时可以借助手机自带功能，那么我们在看手机时视角大小又是怎么确定的呢？ 问题2：我们总是在说要保护眼睛，它是我们心灵的窗户，那么观看手机时眼睛与手机的距离是多少比较合适呢？有没有理论依据呢？ 问题3：综合分析确定适用型手机研究方法。	预期回答1：上网搜索视野、人眼视角等知识，结合模拟情景对视角进行调整。 预期回答2：上网搜索护眼距离，结合生活常识对距离进行均值化处理，确定 30 厘米。 预期回答3：根据手机横、竖屏寻求高频、适配度高的软件，官方软件优先。	通过上网搜索，扩大学生的视野，结合学生现有知识拓展知识面，从而提出研究问题的约束条件。

续表

第1课时	教师活动	学生活动	设计目的
环节三 基本假设 （20分钟）	问题1：基本假设的屏幕状态是哪几种情况？ 问题2：请讨论横屏时的基本假设，并且说明理由。 问题3：类比横屏的基本假设，请讨论竖屏时的基本假设的指标，并且说明理由。	预期回答1： 打游戏、看视频基本横屏，浏览网页基本竖屏。 预期回答2： （1）人眼与手机距离屏幕30厘米。 （2）使用时处于垂直坐立，眼球向下偏状态。 （3）观看手机时，头部固定，眼的视线固定在屏幕中心，不考虑注意力的变化。 预期回答3： （1）人眼与手机距离屏幕20厘米（我们几个小伙伴经过了测量和网上搜索资料）。 （2）使用时处于垂直坐立，眼球向下偏状态（生活常识）。 （3）观看手机时，头部固定，眼的视线固定在屏幕中心，不考虑注意力的变化（生活常识）。	学生根据自己的认知提出手机的主要用途以及提出横屏、竖屏两种研究方法。
环节四 总结与作业 （5分钟）	课堂总结： 今天我们从问题提出到基本假设的完成，都是结合实际进行搜索资料并且研究的，下节课我们继续在此基本假设下进行相关论证。	课后作业： （1）每位同学梳理本节课的研究脉络，并撰写研究报告。 （2）根据本节课研究结果，上网查找资料确定下节课的研究方向。以小组为单位进行讨论，做出详细的计划。	梳理一节课的研究方法和思路，然后结合网上搜索资料和生活常识进行梳理。

模块二　基本假设成立的情况下，完善数学模型，对模型结果结合实际情况进行吻合性分析（1课时）

📋 课堂设计

第2课时	教师活动	学生活动	设计目的
环节一 基本假设1的实验数据观察及计算 （20分钟）	**引导**：提醒学生衡量屏幕手机尺寸比例的量化指标从哪几个维度解释。 **提示**：平时我们用手机都在做什么，比如：微信、游戏、网页。	小组讨论，分工合作，网上搜索，测量计算。 **预期回答：** (1) 屏幕占视野面积的百分率A。 (2) 网页搜索状态下输入法占屏幕面积百分率B1。 (3) 微信状态下输入法和聊天框占屏幕百分率B2。 (4) 游戏状态下游戏屏幕占屏幕面积的百分率C（见表1）。	通过小组分工合作培养学生的集体意识，思路和想法共享融合，达到最优。
环节二 基本假设2的实验数据观察及计算 （15分钟）	**引导**：类比基本假设1的维度分析，提醒学生衡量屏幕手机竖屏尺寸比例的量化指标从哪几个维度解释（见下方的举例解析）。	**预期回答：** (1) 屏幕占视野面积的百分率A； (2) 16∶9视频所占屏幕百分率B1； (3) 18∶9视频所占屏幕百分率B2； (4) 游戏状态下游戏屏幕占屏幕面积的百分率C（见表2）。	通过测算数据，对维度分析更加精确化。
环节三 结论及验证 （10分钟）	经过计算与比较，说出你的结论，以及依据。	**预期回答：** (1) 竖屏状态下20∶9是最佳屏幕比例。 (2) 横屏状态下18.6∶9是最佳屏幕比例。	通过计算与比较，得出合理结论。
环节四 总结与作业 （5分钟）	**课堂总结：** 经过我们的分析研究得到了初步结论，但是需要与实际情况相吻合，下课以后希望我们继续研究，看看实际情况和我们的研究结论是否吻合。	**课后作业：** 上网搜索这四个品牌手机的综合排名（其实销量排行榜就能说明问题），验证一下和我们实验的数据是否吻合，并撰写研究报告，下节课展示。	梳理一节课的成果，准备撰写研究报告。

续表

第2课时	教师活动	学生活动	设计目的

表1　横屏计算指标表格

屏幕比例	A百分率	B1百分率	B2百分率	A排名	B1排名	B2排名	C排名	综合排名
19.5∶9								
20∶9								
21∶9								
18.6∶9								

表2　竖屏计算指标表格

屏幕比例	A百分率	B1百分率	B2百分率	A排名	B1排名	B2排名	C排名	综合排名
19.5∶9								
20∶9								
21∶9								
18.6∶9								

举例：（1）竖屏使用微信可以数行数。　（2）竖屏浏览网页。　（3）16∶9竖屏看视频。

模块三　分组汇报研究成果并评优（1课时）

课堂设计

第3课时	教师活动	学生活动	设计目的
环节一 分组成果 汇报与答辩 （30分钟）	在学生报告前，教师可以提醒其他组同学，在别的组做报告时： （1）注意聆听并思考。 （2）对比自己所在小组的数据分析和结果，思考可能改进的方案。 （3）记录对该组模型和结果的质疑，并在答辩环节或质询环节向该组提问。 项目组汇报结束后的答辩环节，教师可以提问的方向： （1）对量化指标的选取出于什么考虑？ （2）基本假设的初衷是什么？基本假设在数据分析中的作用是什么？ （3）此次数学建模的创新点是什么？ （4）小组成员如何分工的？ （5）此次建模带给大家的收获和成长是什么？	学生边听其他组的汇报边记录，下课前上交。 教师提问时，如果小组成员不能回答，也可以其他组成员帮助解释；同时台下小组也可以就疑惑的地方进行提问；也可以对此次建模进行优缺点评议。	展示自我，同时小组之间互相分享结果，并互相提问，修改完善小组方案。
环节二 师生投票 （5分钟）	本环节建议设计方案： 小组投票采取问卷星形式，教师和学生的权重相同。若六个学生小组的话，本小组不能选自己小组，每组只选一票。 小组进行投票时要写出这样投的原因。	小组成员进行深入讨论，对每个小组的优劣进行充分点评，汇总结果交给教师。	体现公平公正原则。
环节三 评优、总结、 发奖与课后 作业（5分钟）	课堂总结： 通过紧张的答辩与投票环节，依次选出三个优秀项目组。各组根据质疑的地方进行修正。各组尽量把报告以最严谨的数学语言进行描述，结合研究经历，撰写研究报告。	课后作业： 以小组为单位，参考各组所提意见，完善本组的研究成果，并撰写研究报告，从问题提出、基本假设、建立模型和模型求解、结果与检验、模型评价五个方面进行论述，3 000字左右即可。	鼓励同学们一路前行。

四、重难点解析及教学建议

手机最佳屏幕比例的研究是依据学生感兴趣的话题开展的，几乎没有可供参考的书籍，学生上网搜资料也比较盲目。

本节的第一个重点是研究过程的确立，需要学生搜索资料、小组讨论、确定机型、搜索销量前 10 名的机型，其实本质就是分析特定机型为什么销量好。

第二个重点是确定好的评价指标，分为横屏和竖屏两个研究方向，自然就有两个研究假设，它们还是有些差别的，见第 2 课时的分析。

难点是如何通过计算来衡量这几个指标；如果综合指标按赋分法来计算，那么如何确定权重比例的设置依据。我们是通过学生投票来决定的。最后把计算结果与网上这四款手机的综合排名来比对，通过验证，分析与研究结果的吻合性。

五、学生课后练习

（1）※数据分析时如果添加图形分析，计算屏幕可视面积的话，需要补充高中反三角函数知识，不过可以适当拓展。

（2）※※要做出比较规范的研究报告，对初中学生而言会很难。需要教师手把手教，然后付诸实践。

六、专家评价

● **总评**：手机的使用和视力的保护是当前的一个教育热点。案例围绕此背景提出手机屏幕设计问题，具有一定现实意义。案例中使用三角学计算眼球运动幅度的方法有一定启示意义，但是对于计算结果和视力保护之间关系的解释存在不足，且没有将影响视力的各个维度进行整合分析，缺少数学化的过程和引导，部分基本假设显得生硬。

● **改进建议**：

（1）手机屏的长宽比对视力有什么影响？有科学依据吗？到底有多少因素制约手机屏的长宽比？建议通过文献或数据挖掘真正影响视力的因素，通过加权平均等方法整合影响视力的各个因素，也可将不同场景下的使用习惯通过使用时长加权平均综合考虑。

（2）案例中缺少对于数学模型建立的策略指导，建议教师首先对该问题深入研究，并根据学情预设出几种不同的解决方案，再结合学生的课堂思路进行策略指导。在模型构建过程中，某些数学结构的选取和处理需要教师示范、类比和追问，不能将数学模型的建立过程完全交给初学数学建模的学生。

参考文献

［1］罗根，倪军．基于机器视觉的手机屏幕玻璃尺寸检测与崩边评价．电子测量与仪器学报，2018（2）．

［2］美国数学及其应用联合会（COMAP），美国工业与应用数学学会（SIAM）．数学建模教学与评估指南．上海：上海大学出版社，2017．

第五章
适用于小学的数学建模案例

第一节 疫情下的放学路队

一、背景

新冠肺炎疫情暴发以来,中国人民众志成城坚决打赢疫情防控的阻击战。孩子是祖国的花朵,校园里的安全防护工作成为重中之重,放学路队如果安排不妥,容易出现拥堵,产生密切接触,该怎样安排放学路队才能做好安全防护呢?本节课从学生视角出发观察生活现象,发现问题,启发学生对放学秩序进行思考。要做到有序、错时放学,应该考虑哪些方面的因素?结合实验学校实际情况进行分析讨论,循序渐进,逐步挖深思路,以一、二年级为例初步制订放学时间安排方案,尝试统筹安排,采集数据,建立模型,迭代完善,使各个班级在放学的时候能够保持一定距离,有秩序地离开校园。考虑到学生实际情况,本节内容以探究时间安排为主,暂不研究放学路线。

本节内容从学生熟悉的真实校园生活场景入手,以疫情防控为问题背景,通过对校门口拥挤场景进行观察思考,发现问题,分析问题,激发学生思维。在对制订放学时间方案的探讨中,启发引导学生逐步从生活现象进入数学层面,结合学生的分析进行适当假设。在生生、师生之间的互相探讨中,教师适时进行梳理和指导,逐渐增加学生思维深度,对最初的想法进行迭代完善,不断提高放学时间安排的科学性和合理性,并建立以小学生知识储备可以完成的简单数学模型。在活动过程中培养学生建模意识,提高学生分析问题和解决问题的能力、团队合作的能力,积累学生建模活动经验,为进一步的数学建模研究打好基础。

本节内容是针对没有建模活动基础的学生设计的,适合在小学中高段年级进行,可以面向全体学生,也可以在部分学生中开展教学,具体实施应结合师生实际情况。研究内容与学生生活密切相关,建模难度不大,更加注重学生的分析和参与，引导学生用数学眼光去观察生活，能够围绕"有序""错时"展开分析。教师对学生的想法应及时给予鼓励和引导，使学生体会"有序""错时"这样的预想在实施过程中需要考虑多方面因素，感受数学方法在具体方案中的重要作用，充分体验运用数学知识分析和解决问题的过程。建立模型所需的数学知识不超出小学阶段所学的知识范围。

放学路队是学生熟悉的校园生活场景，每个学生对此都有切身生活体验，本节设计以学生的认知规律推动课程发展，以学生真实的认知为思维起点，学生根据各自的生活经验对疫情下"有序""错时"的放学路队展开讨论，发表看法，提出问题，话题极具开放性。伴随着学生思维的递进发展，在讨论中逐渐发生理性思考，不只是听从老师安排，还要产生自我意识，运用数学知识进行思考，对放学班级的顺序、时间进行安排。学生在分析过程中产生采集数据的需求，体会和挖掘数据里蕴藏的数学信息，根据数据进一步完善方案，培养学生数据意识。通过学习本节课，学生能够经历一次完整的数学建模探究活动，感受不同于日常课堂教学的学习方式。建模过程中教师应将数学建模的各要素有意识地融入课堂环节，但不必专门给学生介绍什么是数学建模，重在让学生参与探究学习的过程，体会数学建模的思想方法，并在以后的学习和生活中，能够有意识地以数学眼光观察生活，发现问题，创造性地运用已有的数学知识去解决实际问题。

二、预备知识、学习目标及评价量表（见表 5-1-1 和表 5-1-2）

表 5-1-1　预备知识、学习模块与学习目标拆解

预备知识	学习模块	学习难度	学习目标
小学阶段的知识皆可运用	模块一 发现问题，启发学生从数学视角分析问题，初步建立模型 （1课时）	★★	（1）学生能够在疫情防控背景下发现放学路队问题，理解有序、错时的重要性。 （2）学生在分析问题的过程中，从生活现象逐步进入数学层面，发掘路队问题中的数学因素，并能理解适当的基本假设。 （3）得出一、二年级路队初步方案，并制订后续完善计划。
	模块二 根据时间数据完善数学模型，制订出放学路队时间安排方案 （1课时）	★★★	（1）学生汇报收集数据的方法及数据结果，分析数据，并根据数据对原有方案进行修改完善。 （2）各小组得出一、二两个年级在同一楼层、不同楼层两种情况下的放学路队时间安排方案，完善模型。 （3）学生通过投票方式选出最优方案，并进行讨论，在评优过程中评估模型，回顾建模过程，积累建模活动经验。

表 5-1-2　知识和能力掌握维度及其评价量表

各阶段	表现性证据（满分 18 分）				
	1 分	1.5 分	2 分	2.5 分	3 分
关于放学路队	缺乏个人见解，日常放学时能听从安排	缓冲级	有一定的想法，比较笼统	缓冲级	能说出相关路队问题的具体因素
分析过程的表达能力	没有举手发言，但是能认真倾听同学的见解	缓冲级	能表达出自己的想法，观点不一定具有科学性	缓冲级	能从数学角度对路队问题提出见解
模型建立	能用语言描述模型，但不是很清楚	缓冲级	能比较清楚地用语言描述模型	缓冲级	能采用表格、画图或者数学式表达模型
时间数据采集	能配合小组进行有关时间数据采集	缓冲级	能理解数据在方案制订中的重要性	缓冲级	能发现对时间方案起到关键作用的数据
小组合作探究	能基本配合小组进行工作	缓冲级	在小组讨论中能和组员交流意见互相促进	缓冲级	在组内起到组织协调作用
模型的分析及改进	能理解模型	缓冲级	理解模型的含义，但无法提出改进意见	缓冲级	理解模型的含义并能提出改进意见
合计	总评分：_____ 分				

三、课堂设计

模块一　发现问题，启发学生从数学视角分析问题，初步建立模型（1 课时）

要点 1：通过观察思考发现问题、分析问题，从生活表象到数学层面逐层深入，做好合理假设。

要点 2：小组合作探究，初步建立模型，得出安排方案，分析并评估模型，产生采集数据的需求，探寻模型下一步迭代完善的方向。

要点 3：根据小学生的认知特点，建立数学模型时鼓励学生综合使用数学的文字语言、符号语言和图形语言。

第五章　适用于小学的数学建模案例　217

课堂设计

第1课时	教师活动	学生活动
环节一 介绍问题背景，通过观察发现问题，学生意识到放学路队应该遵守秩序 （5分钟）	通过播放课件，向学生简单介绍新冠病毒以及我们国家众志成城抗击疫情的有效举措，使学生产生安全防护意识，理解保持安全距离对病毒防护是有效的。展示对比疫情前后的人群密集场所，比如广场、商场。图片定格在一张放学时间校园门口的拥堵场景，通过观察图片发现问题，使学生意识到学校放学路队需要有秩序进行。 **问题1**：观察图片，你有什么感受？这样放学有什么问题？ **小结**：要做好疫情防控，我们放学的时候要保持班级之间的行进距离，防止人员聚集，这需要有秩序地组织学校放学路队。 **备注1**：学生谈到无序放学造成拥挤，有病毒感染隐患即可，此环节尽量不要超过5分钟。	**预期回答1**： （1）校门口太拥挤了，如果有新冠病毒，容易发生传染。 （2）放学队伍拥堵缺乏秩序，班级之间应该注意前后距离，不能一起涌到校门口。 ……
环节二 分析问题，结合学生的回答教师启发学生从生活表象逐步深入数学层面，思考要达到有序、错时放学，需要考虑哪些因素，进行合理假设 （10分钟）	引导学生从自身的视角出发进行观察和分析，了解学生对有秩序组织放学的认知基础。通过探讨和分析，使学生意识到解决这个问题需要考虑很多方面的因素，充分的思考和数学知识可以帮助我们制订放学路队时间方案，根据学生讨论情况进行假设。 **问题2**：有秩序的放学路队应该是什么样子的呢？ **问题3**：怎样才能使全校所有班级在放学的时候都可以有秩序、不拥堵地离开校园呢？同学们想一想，如果要制订一个放学路队方案，我们应该考虑哪些方面的因素？你有什么想法？	**预期回答2**： （1）一个班接着一个班走出校门，保持距离，不拥挤。 （2）低年级先放学，高年级后放学。 …… **预期回答3**： （1）先站好队再出发。 （2）各班级不能一窝蜂同时出发，这样走到学校大门口就造成拥堵了，应该按照一定的顺序。

续表

第 1 课时	教师活动	学生活动
环节二 分析问题，结合学生的回答教师启发学生从生活表象逐步深入数学层面，思考要达到有序、错时放学，需要考虑哪些因素，进行合理假设 （10 分钟）	**备注 3**：有的学生对放学路队缺乏理性思考，教师可根据回答引导全班学生进行讨论，引发思维碰撞，当学生说到放学顺序、时间、路线，这些都和有秩序的放学密切相关，应及时肯定，同时基于学情划分适当的研究范围。本次建模活动以时间安排为主，忽略对放学路线的规划，此部分内容可以作为后续研究的延伸内容。 **问题 4**：要使学校各个班级有秩序地放学，需要先制订一个详细周全的放学路队时间安排方案，我们先以一、二年级为范围，尝试制订这12 个班的放学路队时间安排方案。想一想，还应该考虑哪些方面的因素？当放学铃声响起时，还会有什么情况会影响放学时间？ 这些的确是需要考虑的因素。对此，我们可以想办法，比如老师拖堂问题，可以建议学校进行要求，疫情防控期间不允许教师拖堂，放学时间到了老师就直接组织放学。放学后学生们需要收拾书包，走出教室站队，那么从开始放学到站好队准备出发，这个时间应该要预留出来，属于放学路队时间的一部分。今天我们制订放学路队时间方案，可以假设老师们最后一节课不拖堂，假设同学们都可以在规定时间内收拾好东西站队。 **基本假设**：老师们最后一节课不拖堂，同学们都可以在规定时间内收拾好东西站队。	（3）哪个班队伍站整齐了，哪个班先走。 （4）教学楼有很多的楼梯口，每个班走离自己班最近的通道。 （5）要考虑楼层，班级太多了，不在同一楼层。 …… **预期回答 4**： （1）一年级 6 个班在一楼，二年级 6 个班在二楼，他们不在同一楼层。 （2）同学们收拾东西快慢不一样，有的同学站队特别慢。 （3）有的老师放学后还要强调一些东西，会延迟几分钟下课。 ……

续表

第 1 课时	教师活动	学生活动
环节三 小组合作，制订一、二年级的放学路队方案，建立模型，评估模型并制定后续计划 （20 分钟）	通过小组合作和汇报交流，教师适时引导和梳理，不断挖深学生思维，丰富学生对方案的认知，激发学生深层次的数学思考，通过分析讨论，使得学生意识到自己的方案需要采集相关数据，为课后学生进一步完善方案指引方向、打好基础。 **问题 5**：接下来我们以小组为单位，制订一、二年级放学路队时间方案，把你们的想法记录下来，可以是文字，也可以画图、制表格等。中午放学时间从 11：30 开始。 时间：10 分钟 **备注 5**：学生初次进行放学时间方案设计，会运用多种方式进行表达，比如简单的图文、表格或者文本，还有的仅仅是语言表达，方案描述比较粗糙，方案设计不严谨，甚至有的会缺乏理性思考，但这些都是学生对放学方案真实的认知基础，也是数学建模教育教学的起点，教师应接受一切可能，抓住契机，不可操之过急。 **问题 6**：各小组汇报本组制订的放学路队时间方案。 **备注 6**：可邀请整个小组一起上台汇报，学生汇报时教师应对学生的回答适时追问，引导学生进行理性思考和分析，使学生的表达逐渐具有数学性。比如：有小组汇报放学顺序是先一年级放学，然后二年级放学，对此的理由是教室位置或者学生年龄、年级高低，而并非仅仅顺应平时学校的安排，缺乏自身的思考。怎样实现一个班接一个班出发，具体应该如何安排？	以小组为单位开始尝试制订一、二年级放学时间安排方案。 **预期回答 6**： 小组 1：先一年级放学，然后是二年级。 二楼　2.1　2.2　2.3　2.4　2.5　2.6 　　　⑦　⑧　⑨　⑩　⑪　⑫ 一楼　1.1　1.2　1.3　1.4　1.5　1.6 放学顺序　①　②　③　④　⑤　⑥ 小组 2：每次放学两个班，一、二年级交错放学，先是一年级一班和二年级一班，再一年级二班和二年级二班，每个班之间隔 3 分钟站队出发。 | 放学时间 | 放学班级 | |---|---| | 11：30 | 一（1）、二（1）| | 11：33 | 一（2）、二（2）| | 11：36 | 一（3）、二（3）| | 11：39 | 一（4）、二（4）| | 11：42 | 一（5）、二（5）| | 11：45 | 一（6）、二（6）| | ⋮ | ⋮ |

续表

第1课时	教师活动	学生活动
环节三 小组合作，制订一、二年级的放学路队方案，建立模型，评估模型并制订后续计划 （20分钟）	**问题7**：听完汇报，请问你对其他小组的方案有什么疑问或者意见？ **问题8**：理不辨不明，同学们在分析讨论的过程中进行了许多思考，发现了一些问题，为了避免从放学队伍出发至校门口发生拥堵，放学方案应明确放学顺序和出发时间，但是现在班与班的时间衔接模糊不清楚，间隔时间成了讨论热点，同学们请思考，这与每相邻两个班的放学时间之间有什么关系？ **问题9**：请问现在同学们可以完成对方案的讨论修改吗？为什么？ **备注9**： 教师引导学生把对放学方案的分析讨论用数量关系式进行显性化表示，对生活问题进行数学表达，突显建模特征。基于此数量关系，学生发现数据缺失造成的问题，产生采集数据的需求，教师应及时肯定，这正是数据意识培养的极好契机。	**预期回答7**： （1）请问第一组，按照你们的放学顺序，应间隔多长时间下一个班出发？ （2）为什么两个班放学时间的间隔3分钟，不是1分钟、2分钟或者更长的时间？ …… **预期回答8**： 经讨论，时间关系可以整理为： 前一个班的放学时间＋间隔时间＝后一个班的放学时间。 **预期回答9**： （1）现在还不能完成修改，因为我们需要知道一些准确的时间数据，否则跟刚才一样，都是凭感觉和估计。 （2）每个班都是在教室外面的通道站队，只要前一个班离开通道，后一个班就可以出发了，数量关系里的间隔时间应该是前一个班队伍的带离时间，需要计时。 ……
环节四 总结与作业 （5分钟）	**课堂总结**： 经过同学们的分析思考和讨论，各小组对一、二年级12个班的放学顺序做出了明确安排，放学安排方案不是唯一的，没有标准答案。总体来说，每个小组都注重了有序、错时的安排原则，思路是对的，同时经过讨论分析，也发现了问题，即缺乏具体时间安排，前后两个班的衔接模糊。原因是缺乏数据支撑，究竟间隔多长时间比较合理，需要采集有关数据。课后请同学们想办法进行数据采集，有什么疑问或者想法及时和老师同学沟通。	**课后作业**： 采集数据。 思考：需要采集哪些数据？采用什么方法进行数据采集？采集到的数据对你的安排思路有什么启发和影响？下一节课以小组为单位进行汇报交流。

续表

第 1 课时	教师活动	学生活动
环节四 总结与作业 （5 分钟）	**备注**：教师对学生呈现的不同方案应及时给予肯定，避免因为对某一方案的过度认可导致全班思维单一化，影响方案的开放性和多样性。对现实问题有意义的解决方案并不是唯一的，放学方案也是如此。	

模块二　根据时间数据完善数学模型，制订放学路队时间安排方案（1课时）

要点 1：分析课前采集到的数据，全班汇报交流讨论方案，让学生感受数据对于制订方案的重要性，体会蕴藏在数据中的数学信息。

要点 2：对最初的模型进行迭代完善，经历模型改进的过程，使学生体会没有完美的模型，解决问题的方案不是唯一的。

要点 3：通过小组汇报体验模型，进一步体会科学安排放学时间的实际意义，通过评优活动，对放学时间方案和学生表现进行评价，回顾探究过程，积累建模活动经验。

课堂设计

第 2 课时	教师活动	学生活动
环节一 各小组讲述课后采集数据的过程，出示数据，分析数据，模型求解 （15 分钟）	使学生体会数据在完善模型中的作用，只有运用数学方法制订的放学路队时间安排方案才更加具有科学性、合理性，才可以达到疫情防控的预期效果。通过分析、讨论，为下一步完善方案做准备。 **问题 1**：组织各个小组讲述第一节课后组内成员做了哪些工作，包括采集了哪些数据，用了什么方法采集数据、汇报数据，对采集到的数据有什么发现，做了这些工作后有什么感受。	**预期回答 1**：各小组派出成员回答： (1) 我们收集了三次放学站队时间，从开始收拾书包到在教室外面站好队，取平均数大概是 3 分钟。

续表

第 2 课时	教师活动	学生活动
环节一 各小组讲述课后采集数据的过程，出示数据，分析数据，模型求解 （15 分钟）	备注 1：汇报交流的过程也是体会数据作用的过程，学生在汇报收集的数据过程中，会对数据产生思考和进行筛选，不同的数据起到的作用不同，有些数据对方案的完善起到重要作用，有些则显得不甚必要，但这些体会对学生而言尤为重要，教师对此要及时鼓励，并适当引导。 问题 2：根据采集到的数据对放学时间关系进行整理，你有什么发现？ 备注 2：学生通过对数据的采集和分析，产生了对数据的初步感知，教师应根据学生的讨论现场对学生进行数据意识的培养，并引导学生将思路继续用数量关系式进行显性化表示，学生通过这一过程可以加深对运用数学知识解决生活问题的体验，帮助学生理解数学知识在制订方案中的作用，高年级也可使用字母式表示。	同样的方法采集到队伍出发到走出校门大概 3 分钟。一年级学生比较小，推测他们站队时间大概 4 分钟，走出校门也是 4 分钟。 （2）我们采集的是一年级的放学站队时间，时间将近 4 分钟。可以假设一、二年级站队时间为 4 分钟。 （3）我们班的队伍下一层楼大概需要近 1 分钟。假设二年级学生下楼时间为 1 分钟。 （4）从队伍出发到离开教室外面通道大约 40 秒，也就是说两个相邻的班级都站好队的话，应间隔 1 分钟出发比较合理。 （5）我们组在上一节课制订的方案需要调整，两个班的放学时间不能间隔 3 分钟，这样的话第一个班已经出校门了，第二个班才出发，距离太远。 （6）如果假设一年级和二年级每个班的站队时间一样，走出校门的时间也一样，那么关键就是相邻两个班的出发时间，二楼的班级要提前 1 分钟准备，因为要预留下楼梯的时间。 …… 预期回答 2： 站队时间 4 分钟＋出发走出校门时间 4 分钟＝8 分钟 一楼班级放学时间＋8 分钟＝一楼班级出校门时间 站队时间 4 分钟＋下楼时间 1 分钟＋走出校门时间 4 分钟＝9 分钟 二楼班级放学时间＋9 分钟＝二楼班级出校门时间 前一个班从站好队伍出发至带离过道需 1 分钟 前一个班出发时间＋1 分钟＝后一个班出发时间 以此为参考，我们现在要重点思考的可以归纳为两种情况：同一楼层的相邻班在放学时间上如何衔接，相邻楼层的楼下最后一个班和楼上第一个班在时间上如何衔接。把这个问题解决了，就可以进一步完善一、二年级的方案，甚至全校的放学方案也可以依据这个方法进行安排。

续表

第 2 课时	教师活动	学生活动
环节二 小组合作，完善方案，并进行全班汇报交流，以投票方式选出最优方案，分析并评估模型 （15 分钟）	可以不断修改放学路队时间安排方案，解决问题的方法并不是唯一的，而且方案是需要验证的，没有完美的模型，学生在方案的迭代完善过程中体会建模思想。对学生呈现的方案多进行肯定，使学生感受成功的喜悦，对有明显漏洞的方案，引导学生接受他人合理建议。 问题 3：组织小组安排成员汇报完善后的放学路队时间安排方案。 问题 4：投票环节：选出你心中的最优方案。 对评选结果进行公示，集体评议，有不同声音的鼓励课后继续讨论。 问题 5：现在每个小组的方案可谓是集体的智慧、精华所在。请思考，现在的方案是否就是完美的方案？	小组合作，修改本组放学时间安排方案。 时间：10 分钟。 预期回答 3： 小组 1：放学顺序为先是一年级 1 到 6 班，再二年级 1 到 6 班，每次出发一个班，依此类推。一年级 6 个班在一楼，同一楼层相邻出发的班级出教室站队时间间隔 1 分钟。二年级 1 班是二楼放学的第一个班级，预留 1 分钟下楼时间，应该和一年级 6 班同时出教室。 二楼班级 2.1 2.2 2.3 2.4 2.5 2.6 放学时间 11:35 11:36 11:37 11:38 11:39 11:40 一楼班级 1.1 1.2 1.3 1.4 1.5 1.6 放学时间 11:30 11:31 11:32 11:33 11:34 11:35 小组 2：每次放学两个班，利用二楼班级下楼梯的 1 分钟错开时间出学校大门。 | 放学时间 | 放学班级 | | --- | --- | | 11：30 | 一（1）、二（1） | | 11：32 | 一（2）、二（2） | | 11：34 | 一（3）、二（3） | | 11：36 | 一（4）、二（4） | | 11：38 | 一（5）、二（5） | | 11：40 | 一（6）、二（6） | | ⋮ | ⋮ | 预期回答 4： 学生评优，陈述自己推优的理由，评估模型。 预期回答 5： 学生对方案提出异议或者疑惑，比如：缺乏对突发事件的处理，下大雨了怎么办？ ……

续表

第2课时	教师活动	学生活动
环节二 小组合作，完善方案，并进行全班汇报交流，以投票方式选出最优方案，分析并评估模型 （15分钟）	**备注5**：模型从来都不是完美的，它们是对现实的简化，评优过程是比较灵活的模型评估过程。一个方案是否科学、合理，还需要实践验证，在实践的过程中出现的问题还要继续完善，如果有学生提出质疑，教师应及时肯定，向学生渗透这样的思想。鼓励学生课后观察学校实际放学路队情况，思考怎样安排突发状况的处理方案。把课堂的研究和生活实际联系起来，从而提高学生对放学方案的认识，加强防护意识。	
环节三 进行课堂个人评优，学生谈数学建模课程学习体验 （5分钟）	学生进行自评和互评，肯定自己的付出，以及学会欣赏他人的优点，体会小组合作的重要性。鼓励学生用数学眼光观察生活。 **问题6**：通过这节课的学习体验，请同学们先完成自评表，对自己的课堂表现进行评价，再评出你认为此次活动中你比较欣赏的同学，简单陈述你推优的理由。 **问题7**：回顾本次数学活动，你有什么感受？对比以往的课堂学习，你觉得有什么不同？ **备注7**：结合学生个人评优，教师肯定学生在此次建模活动中的表现，适时对建模活动中学生的能力发展进行小结，鼓励学生对建模活动的表现有信心，并向优秀的表现者学习。	**预期回答6**： 学生先完成自评，再互评，陈述理由。 **预期回答7**： 学生对数学建模课程发表自己的学习体会，比较与平时课堂的区别，如：觉得特别有趣，更加贴近日常生活了。
环节四 总结与作业 （5分钟）	**课堂总结**： (1) 教师对建模活动进行简单小结，对能够体现建模要素的环节进行回顾，渗透数学建模思想方法，使学生充分感受数学知识可以解决实际问题；鼓励学生今后对生活多观察、多思考，发现问题后从数学角度进行思考，运用数学知识尝试解决。	**课后作业**： 见"五、学生课后练习"。

续表

第2课时	教师活动	学生活动
环节四 总结与作业 （5分钟）	（2）布置作业，引导学生解读作业内容，理解如何根据自身情况选择分层作业。 备注： 帮助学生通过回顾本单元活动直观感受建模过程，不必告诉学生什么是数学建模以及建模流程，重在积累学生建模活动经验，使学生对数学建模这种新型学习方式和通过建模活动对学生综合能力提升等方面得到进一步感知，体会数学方法在解决生活实际问题中的作用，在解决问题的过程中体会数学建模的思想方法。	

四、重难点解析及教学建议

本节课是针对没有数学建模活动经验的小学生设计的，设计本节课的初衷，是希望通过小学课堂上的数学建模教育教学，把建模思想作为一颗种子，植入小学生的心田，打破以往学生心中数学和生活之间的隔膜，革新学生的数学学习方式和对数学学习的认识，培养学生的应用能力和创新意识，为学生的后续发展打好基础。本节课选择学生熟悉的、真实的生活案例——放学站队，基于学生真实的认知，在教学中会发现学生熟悉的生活场景不一定是学生思考过的，引导从生活表象到数学层面，循序渐进地开展小学课堂上的数学建模教学活动。

放学路队时间安排方案抓住"有序""错时"两个关键点进行分析讨论，挖掘学生潜在的认识，引导学生进行理性思考。模块一，初步建立模型，学生根据对教室位置、学生年龄和年级高低等因素的考虑，对放学顺序和时间进行了安排，在分析讨论中发现放学时间衔接模糊。为了实现"错时"，分析数量关系，产生数据需求，课后采集相关数据。模块二，学生在获取数据之后，思考同一楼层的相邻班在放学时间上如何衔接，相邻楼层的楼下最后一个班和楼上第一个班在时间上如何衔接，使得每个班从出发到走出校门整个过程有秩序、不拥堵，细化数量关系，对模型进行迭代完善，从而制订科学合理的放学时间安排方案。

本节用到的数量关系式如下：

前一个班的放学时间＋间隔时间＝后一个班的放学时间

经过采集数据，得出：

一楼路队：站队时间 4 分钟＋出发走出校门时间 4 分钟＝8 分钟

一楼班级放学时间＋8 分钟＝一楼班级出校门时间

二楼路队：站队时间 4 分钟＋下楼梯时间 1 分钟＋出发走出校门时间 4 分钟＝9 分钟

二楼班级放学时间＋9 分钟＝二楼班级出校门时间

每一层楼前一个班级队伍带离通道需大概 1 分钟，得出：

前一个班放学时间＋1 分钟＝后一个班放学时间

教学重点：

（1）引导学生对生活现象进行观察，发现问题，在分析讨论的过程中使学生思维从生活表象逐步进入数学层面，挖掘学生对"秩序"的认识，运用数学方法落实"有序""错时"的放学路队安排。

（2）发挥学生的主体作用，制订一、二年级放学路队时间安排方案，使学生经历一次完整的数学建模活动，积累学生数学建模活动经验。

教学难点：

（1）培养学生对生活问题产生从数学角度分析思考的意识，体会数学方法在解决问题中的重要作用，增强学生数据意识。

（2）使学生体会解决实际问题的方案不是唯一的，并可以不断进行完善，初步体会数学建模的思想方法。

数学建模不仅仅是解决问题，更是在开放的生活情境中，引导学生思考与之相关的数学因素，在探索过程中对最初的想法不断进行迭代完善的过程。学生初次接触以数学建模形式进行探究学习的课堂，教师应有更强的包容心和课堂应变能力，接受学生所有的课堂反应，只要是学生真实的表达，都应被肯定，教师从中寻找切入点，引导学生从生活表象走向数学，逐步加深对问题的思考。本节课堂初探时，学生对放学路队的反应大多是听学校放学铃声，没有自己的思考，学生对于熟悉的生活场景没有理性认识。经过老师启发，从个别同学逐渐开始从数学视角进行参与，到越来越多的学生加入探讨，学生思维逐渐打开，在这个过程中，学生的各项能力得到有效提升。建议教师在学生熟悉的生活里开发案例，使学生感受数学方法对于真实问题的作用，搭建数学与生活的桥梁，增强问题的开放性，引导学生用数学眼光去观察生活，培养学生运用课堂上学习的数学知识解决实际问题的能力，而不是仅仅完成课后练习题或者增加作业量一再刷题。

本节课可以选择部分学生开展教学，也可以面向全体学生。如果在全体学生中开展，应多考虑学生差异和课堂组织，全班交流时适当给中等生创造发言的机会，鼓励能够认真倾听的学生。分组时采取均衡搭配原则，选择组织能力强的学生做组长，带领组员进行探究活动，教师注重培养组员之间的协作互助精神，使得不同特质的学生发挥不同的作用，尽可能使每一个学生都能够真正参与到建模活动中去。

本次建模课程教师在三年级和六年级两个年级均有尝试，教学效果显示在这两个年级皆可实施，但课程难度、侧重点和课堂组织形式需要进行调整，选取部分教学环节进行对比如下：

教学环节	三年级学生课堂实录	六年级学生课堂实录
第一节课上提出问题：怎样安排放学才能做到全校所有班级都可以有秩序、不拥堵地离开校园呢？现在由我们班来制订一个具体的放学安排方案，同学们想一想，你认为应该考虑哪些方面的因素？	学生回答大多是听放学铃声，听从学校的安排。大部分学生缺乏对这一问题的理性分析，对自己作为方案设计者的身份需要老师进一步引导。	学生迟疑片刻后，有少数学生能够参与讨论，大部分学生对此问题需要消化，学生回答内容包括：一个班出发后另一个班在走；低年级先走，高年级后走等。有一定思路，但仍然停留在比较浅显的层面。
数据采集过程	学生在课余时间完成难度较大，需要教师及时跟进、指导，采集数据方案比较单一，很多学生没有真正参与。	学生能够自主采集，课余时间组内进行分工，能够想到多采集几次数据，取平均数。
时间安排方案完成度	学生很难呈现完整的方案，需要教师引导，在共同对一些数据进行讲解的基础上，和教师共同完成方案设计。	学生在采集数据和分析讨论的基础上，小组可以呈现基本完整的时间安排方案，方案能考虑到一些实际因素，并对时间安排进行适当的调整。

反思：在不同年级可以进行同一问题的研究，但是研究的范围和侧重点应根据学情有所区别，三年级学生对熟悉的校园生活场景几乎没有理性思考和个人见解，在老师的启发和追问下，开始逐渐进入数学层面的分析。如果在三年级进行本节建模活动教学，应基于学情，适当缩小研究范围，降低研究难度，把重点放在引导学生分析的过程上。首先让学生理解问题，理解什么是放学秩序、制订放学时间方案是什么意思，再挖掘学生的潜在思维，引导学生运用数学思维去探索和表达，先弄清问题，再谈解决问题。

从六年级学生的反应可以看出，学生对生活场景缺乏数学思考，对解决实际问题缺乏经验，但是有一定思维基础。随着授课的进展，学生思路逐渐打开，不断给出令人惊喜的方案建议。在此次学习过程中，学生的课堂表现发生了很大的变化，从刚开始的迟疑到后面的积极参与、百花齐放，说明学生对于建模活动是感兴趣的，整个过程对学生综合能力的提高非常有益。

续表

> 不论是三年级学生还是六年级学生，此次都是第一次接触数学建模。这种来自生活实际、具有开放性的建模活动，对师生而言都是一次新的挑战。在课堂活动中，教师均能感受到两个年级学生刚开始不适应，而后逐渐跃跃欲试，在开放的问题环境中表现越来越积极。虽然只是初次尝试，建模过程有诸多环节需要推敲和完善，但是教师深感在数学建模活动过程中学生思考问题的方式发生了很大变化，思维逐渐打开，令人欣喜。试想如果学生能从一年级开始就接触数学建模教育教学，在建模思想的指导下进行数学学习和研究，那么他们到了三年级、六年级，建模能力一定比这一次的尝试效果会好很多。数学建模是一个过程，学生可以用六年的时间对同一个建模问题不断进行深化思考，做必要的迭代，不断完善和扩展模型，体会不同学段在建模活动中的不同核心思想，学生的数学应用能力和创新意识一定会有不可估量的发展。在接触和研究数学建模教育教学之后，我对以前那些从未经历过这样的学习方式就结束小学阶段的孩子感到惋惜，也对未来有更多的孩子从小学开始进行数学建模研究活动充满期待。

五、学生课后练习

（1）※把上课内容讲给父母听，给父母介绍你们组的放学路队时间安排方案。

（2）※※反思课堂，进一步完善路队方案，制作出全校所有班级放学路队时间安排方案，并估算全校放学总时间。

（3）※※※观察你校放学路队的实际情况，结合你的方案，给学校提出一份放学路队安排建议书。

六、专家评价

● **总评**：本案例关注疫情下的放学路队规划问题，主要是对放学总时长的规划，紧贴社会热点问题，具有较强的现实意义。案例没有泛泛地研究这个问题，而是聚焦于本学校的情境，让孩子们实地调查和统计获得所需数据，这个过程中包含了"多次测量取平均以降低误差"这样的基本数学思想，对小学生建立朴素的数据观有很大帮助。在得到数据后，通过本质上是数列递推的方法来分析放学所用时间的总时长，再通过计算来比较不同方案的优劣。模型简捷有效，符合小学生的知识和智力水平。作业设计合理且在第 2 课时可以作为课上讨论的素材，起到承上启下的作用。

● **改进建议**：

（1）除了考虑放学总时长之外，建议结合教室和年级的分布情况讨论放学过程中队伍的最大长度的变化规律。队伍越长，越容易出现拥堵和意外，好的放学队列规划除了要考虑放学总时长，还需要考虑队列长度。

（2）案例中有很多隐性的基本假设，可以作为进一步研究的切入点，例如：学校放学时教学楼开放几个门和几个楼梯？是否允许不同年级从不同楼梯和不同的校门放学？这些基本假设的变化都会对结果产生影响，建议作为学生课后的继续研究作业。

参考文献

[1] 中华人民共和国教育部. 义务教育数学课程标准（2011年版）. 北京：北京师范大学出版社，2012.

[2] 美国数学及其应用联合会（COMAP），美国工业与应用数学学会（SIAM）. 数学建模教学与评估指南. 上海：上海大学出版社，2017.

第二节 打电话

一、背景

"打电话"这节课是人教版小学数学五年级下册的综合实践活动课，是继烙饼问题、沏茶问题、等候时间之后又一次向学生渗透运用运筹思想解决实际问题的内容。教材提供的素材是学生生活中所熟悉的案例：合唱队在假期接到一个紧急任务，老师打电话"尽快"通知到 15 名队员。让学生帮助老师设计一个打电话的方案，并从中寻找最优的方案。通过这个实践与综合应用，旨在让学生进一步体会数学与生活的密切联系以及优化思想在生活中的应用，培养学生应用数学知识解决实际问题的能力，同时通过画图的方式发现事物隐含的规律，培养学生归纳整理的思维能力。

打电话是生活中非常熟悉、常见的一种与他人联系的方式，对这方面的生活经验学生已经积累了很多，因而很容易进入活动氛围，激发研究兴趣。打电话虽然是一个培养学生运筹思想的案例，但在学生发现打电话中隐含的规律后就有了更吸引学生的对数学原型的探究：人数的倍增隐含的竟然是等比数列，等比数列在生活中的应用竟然能创造更大的财富，"数学味"从打电话到等比数列一层一层呈现出来，学生在尝试寻找答案时，不是简单地应用已知的信息解答，也没有可直接利用的方法、公式，他们必须在老师的引导下自己从实践活动中发现特点、找到规律。

本节课我们将以打电话活动为载体，带领学生经历完整的数学建模的各个环节，并通过巧妙设计的课堂环节力争让学生在解决问题过程中建立运筹优化的思想，体会到数形结合、推理等数学思想在生活中的实际应用。

本节内容安排在五年级下学期,一共两个模块(见图5-2-1和图5-2-2)。模块一需要学生有前期时间优化的学习经验,知道缩短时间的关键是"同时",最终都能找到最优方案。模块一也可以在四年级完成。模块一的研究结果是模块二的研究基础,模块二的内容相对来说更抽象,需要学生有较强的数感,通过模块一的活动体验"后一分钟接到通知的师生总数是前一分钟的2倍",进而发现整个数列的规律。模块二需要老师给足学生思考的时间,适度引导,对于一些缺少数感、发现能力不足的学生来说难度很大。本节课适合五年级下学期的学生,或者六年级学生。

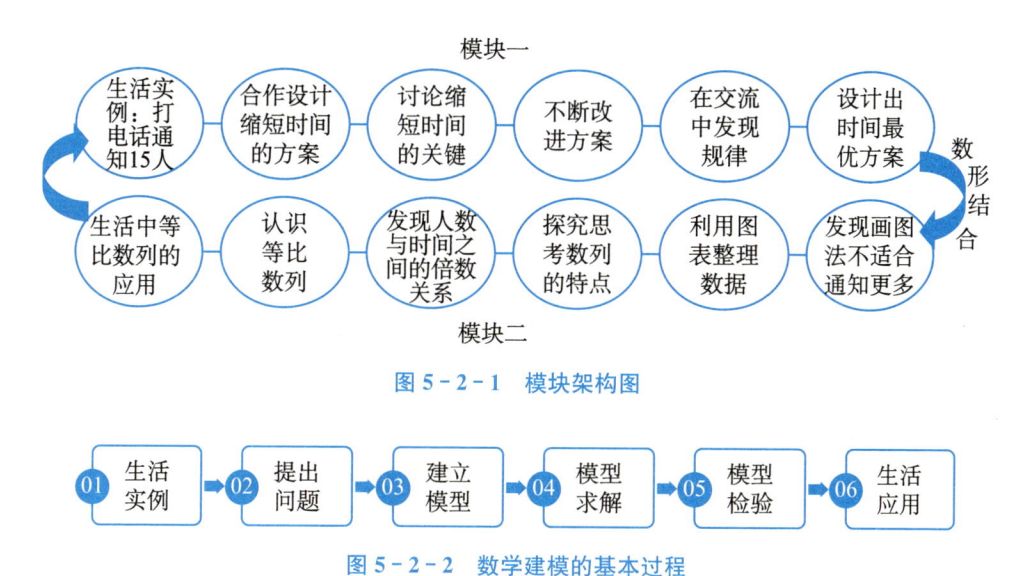

图 5-2-1 模块架构图

图 5-2-2 数学建模的基本过程

二、预备知识、学习目标及评价量表(见表5-2-1和表5-2-2)

表 5-2-1 预备知识、学习模块与学习目标拆解

预备知识	学习模块	学习难度	学习目标
时间优化生活经验	模块一 设计最优化的打电话方案 (1课时)	★★ 五年级学业考试难度	(1) 学会用符号解决问题,根据自己的想法设计出打电话的方案。 (2) 经过交流互动使打电话方案不断优化,学会听取、吸收、借鉴、合作。 (3) 在实践活动中不断完善优化打电话方案,体会数学与生活的密切联系,培养学生应用数学知识解决实际问题的能力,培养学生研究数学的兴趣。

续表

预备知识	学习模块	学习难度	学习目标
常见数列的变化规律	模块二 发现人数的变化中隐含的等比数列规律 （1课时）	★★★ 五年级学业考试难度	（1）发现接到电话师生总数中隐藏的规律，从人数的变化规律抽象到数列的变化规律，发现等比数列、倍增现象。 （2）经过符号化、表格分析、数据整理、交流讨论的过程，体会数形结合、推理、优化、模型等数学思想。 （3）理解并发现等比数列在生活中的应用，体会倍增的魅力，并产生研究数学的兴趣。

表 5-2-2　知识和能力掌握维度及其评价量表

各阶段	表现性证据（满分 12 分）				
	1 分	1.5 分	2 分	2.5 分	3 分
优化模型的建立	积极参与活动，但不能发现生活情境中的优化问题。	缓冲级	经提示能从生活情境中抽象出优化问题，并能根据经验给出解决方法	缓冲级	能根据以前学习经验迅速从情境中抽象出优化问题，给出解决方案，并建立优化模型
优化模型的求解	无法调动自己已有的经验解决问题	缓冲级	能在提示下根据生活经验不断优化打电话方案，从而产生简单的优化模型	缓冲级	能根据实际问题选择解决策略，建立优化模型，并能举一反三地用优化思想解决其他问题
等比数列模型的建立	积极思考，但不能发现打电话方案图中的等比数列，不能理解等比数列的特点	缓冲级	经提示能发现人数变化中的数的规律，发现等比数列	缓冲级	能立刻从图表的数据中发现数的变化规律，并能从简单的数列规律中发现更为抽象的数列递推规律，建立等比数列模型，能从生活实例中发现等比数列
等比数列模型的求解	不能发现等比数列的规律	缓冲级	经提示能发现等比数列的规律，并能举一反三地发现其他等比数列的规律	缓冲级	能发现等比数列的特点，知道等比数列的关联性
合计	总评分：_____分				

三、课堂设计

| 模块一 | 设计最优化的打电话方案（1 课时） |

要点 1：设计打电话方案时鼓励学生模拟演示通知的过程，这样学生的代入感更强，学生最初想到的一般是平时里老师收作业最常用的分组法。肯定学生的所有想法，只要缩短了时间就行。

要点 2：引导学生将关注点从方法的不同上转移到发现缩短时间的关键是什么上。

要点 3：学生能用数学语言将打电话时间最优方案中时间与人数的变化关系描述清楚，这是建立模型的关键。

要点 4：建立数学模型时需要综合使用数学的文字语言、符号语言和图形语言。

要点 5：数学模型的建立，是将现实问题转化为数学问题的过程。

第 1 课时	教师活动	学生活动
环节一 创设情境， 提出任务 （5 分钟）	新冠肺炎疫情发生以来，老师每天早晨都要督促班里每位同学报体温，因为很多家长不能及时回复短信，所以只能一个一个打电话。咱们班一共有 40 人，每人按 1 分钟计算，顺利的话老师至少需要 40 分钟，这让老师非常苦恼，同学们有没有办法帮老师缩短通知时间？	分析讨论任务，明确关键信息：40 人，打电话通知，每人 1 分钟，缩短时间。 **讨论核心问题**：怎么缩短时间？ **预设方法**：分组，老师通知小组长，小组长再通知组员。
环节二 合作探究，设计打电话方案，建立优化模型 （12 分钟）	下面各小组同学就从小组内研究一下，看能不能找到缩短打电话通知的时间。 **活动要求**：用最简符号记录本组打电话方案。 **组织集体交流**：要想尽快通知到每一位组员，缩短时间的关键是什么？ **预设发现**：每一分钟尽可能多的人一起打电话通知。每一个人都不闲着。	**小组活动 1**：如果 4 人一组，小组长最快几分钟通知完？ 预设 1：一一通知，共 3 分钟； 预设 2：互相通知，2 分钟（优化）。 **小组活动 2**：如果 8 人一组，小组长最快几分钟通知完？ 预设 1：3 分钟（最优方案）； 预设 2：3 分钟以上（非最优方案）。 **小组活动 3**：调整本组通知方案，找到最优方法。 预设：每一个小组都找到最优方案，即 8 人一组 3 分钟通知完。

续表

第1课时	教师活动	学生活动
环节二 合作探究，设计打电话方案，建立优化模型 （12分钟）		师→生1→生3→生7 　　　　↘生5 　　　↘生2→生6 　　　　↘生4 （1分钟：生1；2分钟：生2、生3；3分钟：生4、生5、生6、生7）
环节三 全班交流，优化方案，解模 （18分钟）	（1）刚才同学们化繁为简将通知40人变成各小组通知，并找到了最优通知方案，用你们的方案试试：老师打电话通知15位同学至少需要多长时间？ 要求：用最简单的符号画出本组方案。 （2）组织讨论：刚才已经发现，每分钟尽可能多的人一起通知就能缩短时间。这个尽可能多的人都是哪些人？（难点） 预设：每一分钟所有已经知道通知的学生和老师，都同时打电话。 （3）同学们不仅设计出了打电话的最优方案，还用简单的符号画出了方案图。下面请同学们将这个方案用表格的方式整理一下，看能不能发现什么，帮老师计算出通知40人至少用多长时间？ | 时间/分 | 1 | 2 | 3 | 4 | 5 | 6 | |---|---|---|---|---|---|---| | 接到通知的师生总数 | 2 | 4 | 8 | 16 | | | | 接到通知的学生总数 | 1 | 3 | 7 | 15 | | |	小组活动4：设计15人打电话方案。 （1）学生独立完成打电话方案，用自己喜欢的符号化方式表示出来。 各小组交流讨论，查缺补漏，制订最优方案。 （2）全班交流讨论，确定最优方案，发现问题关键。 预设1：4分钟（最优方案）。 预设2：4分钟以上（非最优方案）。 各小组发现本组方案漏洞，看看每一分钟接到通知的学生和老师是不是都同时继续拨电话通知别人。再次修改本组方案，直到最优化（4分钟通知15人）。 小组活动5：用表格整理打电话方案，计算老师通知40人所需时间。 预设1：少数学生能发现人数的变化规律，推理出第5分钟总数有32人，第6分钟总数64人，所以40人需要6分钟通知完。 （树状图：1层→2层→3层→4层的分支图） 预设2：多数学生需要继续通过画图才能推导出40人所需时间。

续表

第1课时	教师活动	学生活动
环节四 总结与作业 （5分钟）	**课堂总结：** 优化打电话的方案，需要让每一个接到通知的人都不闲着，这要让每一分钟优化到最大，才能在最短时间通知到更多人。关于老师通知40人需要多长时间，同学们课下继续研究，下节课将你们研究的结果进行汇报。	**课后作业：** 研究老师打电话通知40人至少需要多长时间。用自己喜欢的方式展示你的想法。

模块二　发现人数的变化中隐含的等比数列规律（1课时）

要点1： 兴趣是最好的老师，建模活动中不要用讲代替学生的体验过程。引导学生发现通知的人数多了画方案图不方便，激发学生产生继续探究的兴趣。

要点2： 数感的培养是学生数学学习的基础。在发现数列中隐含的规律时，一定是学生根据活动体验抽象概括出来的。这也是数学建模的重要过程。

要点3： 求解出模型后，还需要对模型进行检验。一般的做法是用几组练习来检验，也可以给出学生另一个事例，让学生用本节课所学经验尝试解决问题，以学生表现来衡量数学建模的效果，并将其作为模型检验的依据。

要点4： 注重模型对现实的指导意义，将数学与生活密切联系起来。

课堂设计

第2课时	教师活动	学生活动
环节一 整理归纳， 建立模型 （5分钟）	（1）上节课老师布置了作业，请同学们帮老师计算：打电话通知40人至少需要多长时间？同学们说说自己得出的结果。 （2）组织讨论：如果通知1 000名学生，最少需要几分钟？也这样画方案图吗？看看从表格中整理的数据中能不能找到些规律。	**活动1：** 交流打电话通知40人最短用时。 预设1：借助上节课整理到表格中的数据推导出5分钟、6分钟总共通知到的人数，得出通知40人至少需要6分钟。 预设2：用符号画图得出至少需要6分钟。 **活动2：** 讨论表格中的数有什么规律。

续表

第 2 课时	教师活动	学生活动
环节二 合作探究， 发现规律， 解模 （15 分钟）	（1）仔细观察这些数，你发现了什么？ （2）引导学生观察，后面的总数都是前面人数的 2 倍，那么每一分钟的师生总数和 2 什么关系？如果我想知道第 6 分钟一共有多少人知道通知怎么办？ （3）将这组数列单独拿出来看： 2、4、8、16、32、64、（ ）、（ ）… 这样的数列属于等比数列，你有没有见过这样的数列？举个例子来说明。	活动 3：观察每一分钟接到通知的师生总数有什么变化？ 预设 1：发现后 1 分钟是前 1 分钟总数的 2 倍。 预设少数学生能发现：第 1 分钟师生总数 1 个 2，第 2 分钟 2 个 2 相乘，就是 2 的平方；第 3 分钟 3 个 2 相乘，即 2 的 3 次方，依此类推。每 1 分钟就是几个 2 相乘。所以第 6 分钟就 2 的 6 次方。 活动 4：举例说明自己对等比数列的理解。
环节三 模型检验， 生活中的应用 （15 分钟）	（1）仔细观察，这组数列有什么特点？按照这样的规律，第 N 分钟一共有多少师生接到通知？ 第 N 分钟接到通知的师生总数 $=2^n$ 第 N 分钟接到通知的学生总数 $=2^n-1$ 	第（ ）分钟	1	2	3	4	5	6	n
---	---	---	---	---	---	---	---
所有知道通知的学生和老师的总数	2 2^1	4 2^2 2×2	8 2^3 $2\times2\times2$	16 2^4 $2\times2\times2\times2$	32	64	…	2^n
所有知道通知的学生总数	1 2^1-1	3 2^2-1	7 2^3-1	15 2^4-1	31	63	…	2^n-1 | 推算一下：通知 1 000 个人至少需要多长时间？ （2）这组数列中数是递增变化的，像这样数的成倍地增长的规律，数学上也称为倍增。生活事例拓展。 **事例 1**：在棋盘上放大米粒，第一格放 2 粒，第二个格 4 粒，第三个格 8 粒，依此类推，你知道一个围棋盘能放多少粒大米吗？ **事例 2**：把一张足够大的纸连续对折，不停地对折。当你把这张纸对折了 51 次的时候，所达到的厚度是多少？打个比方说一说。 小视频：一张 A4 纸折叠 51 次高度为 2^{51} * 0.1 毫米≈2 亿公里，资料显示，地球距离太阳的近日点约 1.47 亿公里，远日点约 1.52 亿公里，日地平均距离约 1.50 亿公里。 **事例 3**：细胞分裂视频。	（1）用自己的语言描述这组数列的规律，理解数列是成倍增长的。 （2）在充分理解的基础上得出计算方法。 活动 5：根据规律计算通知 1 000 个人至少需要 10 分钟。 活动 6：试用计算器计算一个围棋盘能放多少粒大米。 活动 7：试用 A4 纸连续对折。 学生观看视频思考，在这些事例中找到等比数列，检验学生建模的成效。

续表

第 2 课时	教师活动	学生活动
环节四 总结与作业 （5 分钟）	**课堂总结：** 通过帮老师缩短打电话时间，同学们找到了打电话的最优方案，但是这个方案要实现需要很多条件，所以我们通过这个打电话方案的设计发现了数据中的变化规律，并从生活中找到了这组数列的原形。只要同学们今后细心观察，一定能够发现更多有趣的数学规律。	**课后作业：** 发现细胞分裂中等比数列，绘制出简单直观的分裂图。

四、重难点解析

难点一：通过设计打电话方案，建立优化模型。对于一部分学生来说，能想到用分组的方法缩短时间，但是统筹安排所有人这种意识是欠缺的，需要学生在实践活动过程中不断地比较、发现。

解决策略：

（1）通过比较不同的方案，发现缩短时间的关键：和老师同时打电话的人越多，用的时间越少。

（2）学生进行模拟演示很重要，通过 4 人小组、8 人小组模拟打电话表演，帮助学生发现缩短时间的方法，实现方案最优化。这里要鼓励学生尝试用简单符号绘图，学会用数学语言表达自己的思考。

难点二：等比数列的模型求解、模型检验。将打电话这一数学活动抽象成一组数列是一个数学建模的过程。对于学生而言这个建模过程是有难度的，但模块一的活动帮学生突破了这一难点。然而，最难的是学生要通过观察思考，发现这组数列的特点，并从思维上把每分钟接到通知的师生总数与这组数列的特点建立联系。

解决策略：

（1）使用列表法。引导学生观察优化方案图，将下图中的信息整理到表格中。给足学生观察、思考的时间，发现数列中隐含的 2 倍的增长规律，即为倍增。这个难点学生大都能突破。

（2）引导学生深度思考：想知道某一分钟接到通知的总人数，怎么办？

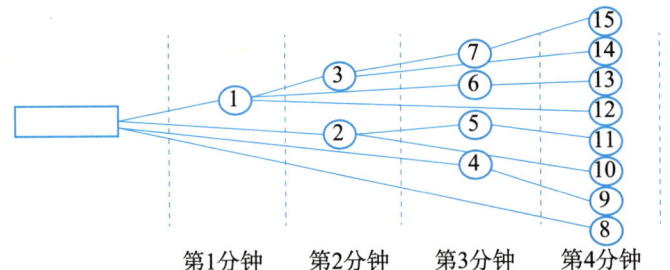

第1分钟　　第2分钟　　第3分钟　　第4分钟

第（　）分钟	1	2	3	4	5	6	…	n
所有知道通知的学生和老师的总数	2 (2^1)	4 (2^2) $2×2$	8 2^3 $2×2×2$	16 2^4 $2×2×2×2$	32	64	…	2^n
所有知道通知的学生总数	1 2^1-1	3 2^2-1	7 2^3-1	15 2^4-1	31	63	…	2^n-1

从第一行可看出：每增加1分钟，收到通知的学生和老师的总人数是前1分钟的2倍。

从第二行可看出：收到通知的学生总数＝收到通知的学生和老师总数－1。

（3）发现2、4、8、16这一组数字本身的特点，需要学生有很强的数感，对于部分学生来说难度很大，可以适时引导 $4=2×2$，$8=2×2×2$……

（4）检验学生是否建立了等比数列的数学模型，可以让学生独立完成以下练习：

　　　　2，4，6，（　），（　），12　　等差数列
　　2，4，8，（　），32，64，（　）　　等比数列

五、学生课后练习

（1）一份工作，假如有两种薪资发放方案：

A：一个月给你30万元，每天给你1万元。

B：按天发放，第一天给你一分钱，然后，后一天是前一天的2倍。

选择A，还是选择B？请说明理由。

（2）参考细胞分裂视频，试着画出细胞分裂图。

六、专家评价

● **总评**：本案例是人教版数学五年级下册的综合实践活动课，如何使用数学帮助优化打电话的过程，是一个既有趣又深刻，同时还能由高年级小学生尝试体验的研究课题。案例使用树形图的方式构建数学模型，以找规律的方式来求解模型，符合小学生的知识和智力水平，简捷且有效。课堂设计能够让学生充分讨论，课时划分和课时容量合理。作业设计合理且在第 2 课时可以作为课上讨论的素材，起到承上启下的作用。

● **改进建议**：

（1）本案例不仅可以作为面向高年级小学生的教学素材，还可以引申到初中对于进制转化的应用上，作为初中低年级的教学素材加以使用。实际上，与树形图相关的优化问题往往都会和进制、编码以及图论发生关联，背后的延展性较强，针对不同学段的学生都可讲授。

（2）案例中的问题在不同的基本假设下具有不同的结果，例如，最多允许几人同时打电话？每个人最多打几个电话？而且在现实中，通过电话通知某件事的时候，传递链条越长，传递信息出错的可能性越大（回忆小时候我们玩的传话游戏），所以还可以考虑具有最佳容错率的打电话网络结构，或者限制电话链条中的路径长度，从而得以将出错概率限制在某个值以下。这些都可以作为进一步完善和思考的方向。

第三节 小学低年级测量

一、背景

1. 指导思想与理论支撑

日常生活中,物体的长度、面积、体积、质量、温度、时间和货币值等都是量。通常认为,量是客观世界中的物体或现象所具有的可以定性区别且能够测定的属性。对量进行赋值,得到量数的过程就是测量。量与日常生活、生产劳动和科学研究有密切的联系,因此能够认识量、会测量就成为每个人必备的知识和技能。

"测量"就是"度量"。在我国《义务教育数学课程标准(2011版)》中,也有"测量"的内容,分别是数与代数中的"常见的量",包括货币、时间和质量;图形与几何中的"测量",包括角度、长度、面积、体积和容积。这两部分内容本质上都是测量,需要学生明确测量的意义、经历单位量的认识、掌握测量的方法、比较和估计量的大小、解决相关的实际问题等,都蕴含着很多共性的数学思想与方法。小学阶段,测量内容的本质是(1)认识单位量守恒,理解单位和整体的关系;(2)测量方法的本质是抽象、推理和建模;(3)测量单位系统的构建是测量能力形成的标志;(4)测量的精确性是测量学习的追求。

2. 内容背景分析

本节学习的内容是北师大版数学二年级上第六单元"测量",属于"图形与几何"领域中的测量部分。纵向梳理小学阶段关于测量的学习(见图5-3-1),我们发现进程是这样的:先学习对事物"多重属性的比较",随后按照"长度、面积和体积"的脉络学习,从三个维度"具体刻画事物的属性"。本节是测量学习的起始部分,是学生建立"测量模型"的基础。

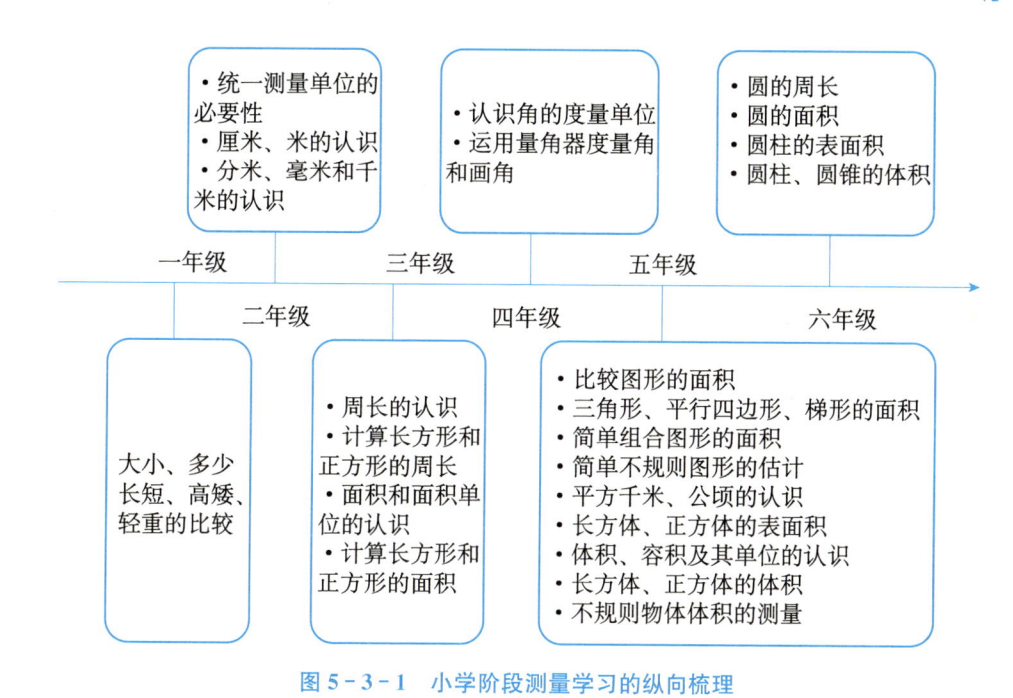

```
┌─────────────┐      ┌─────────────┐      ┌─────────────┐
│•统一测量单位的│      │•认识角的度量单位│    │•圆的周长     │
│ 必要性      │      │•运用量角器度量角│    │•圆的面积     │
│•厘米、米的认识│     │ 和画角       │      │•圆柱的表面积  │
│•分米、毫米和千│     └─────────────┘      │•圆柱、圆锥的体积│
│ 米的认识    │                           └─────────────┘
└─────────────┘
```

一年级　　　　　三年级　　　　　五年级
　　二年级　　　　　四年级　　　　　六年级

```
┌──────┐  ┌─────────────┐  ┌──────────────────┐
│大小、多少│  │•周长的认识   │  │•比较图形的面积        │
│长短、高矮│  │•计算长方形和  │  │•三角形、平行四边形、梯形的面积│
│轻重的比较│  │ 正方形的周长 │  │•简单组合图形的面积     │
│        │  │•面积和面积单 │  │•简单不规则图形的估计    │
│        │  │ 位的认识    │  │•平方千米、公顷的认识    │
│        │  │•计算长方形和  │  │•长方体、正方体的表面积   │
│        │  │ 正方形的面积 │  │•体积、容积及其单位的认识  │
│        │  │            │  │•长方体、正方体的体积    │
│        │  │            │  │•不规则物体体积的测量    │
└──────┘  └─────────────┘  └──────────────────┘
```

图 5-3-1　小学阶段测量学习的纵向梳理

通过纵向对比小学阶段测量学习内容，我们发现从长度、面积到体积的学习，都是按照"确定测量对象—选择测量单位—单位累加—求出测量值"，这样的脉络来展开测量学习的。选择工具就是选择测量单位，从开始的自选到后来的统一，再到单位的扩充。度量可分为工具度量和公式度量，无论哪种测量工具的测量其本质都是"测量单位的累加"。

对比本节的 3 课时内容，第 1 课时"教室有多长"通过自选单位体会测量方式与工具的多样性。第 2 课时"课桌有多长"体会统一单位的必要性，认识厘米。第 3 课时"1 米有多长"认识 1 米，掌握 1 米＝100 厘米。3 课时的学习内容虽然不同，但都渗透着一个共同的数学思想，感悟测量的关键是"度量单位"，测量的本质是"单位的累加"。

本节的思维框架按照"量什么、怎么量、正确吗"的主线展开。量什么：图形的大小是可以度量的，一维图形的大小即长度，长度是对线段长短的度量。怎么量：测量的关键是建立单位，且测量的过程要用统一的单位去量。正确吗：为确保测量结果的准确，需要选择合适的单位和方法（见图 5-3-2）。

3. 学情分析

本节适合在小学二年级上学期学习。通过对某校二年级 5 班 37 名同学进行单元学前访谈，发现 94.6％的学生知道一天有 24 小时、一周有 7 天、一个月约 30 天、一年有 365 天；100％的学生能够比较事物的大小、长短和高矮等多种属性，

```
对象 → 单位 → 单位累加 → 测量值
        自选 — 统一 — 扩充    工具 — 公式
```

量什么? 图形的大小是可以度量的,一维图形的大小即长度,长度是对线段长短的度量

怎么量? 测量的关键是建立单位,且测量的过程需要用统一的单位去量

正确吗? 为确保测量结果的准确,需要选择合适的单位和方法

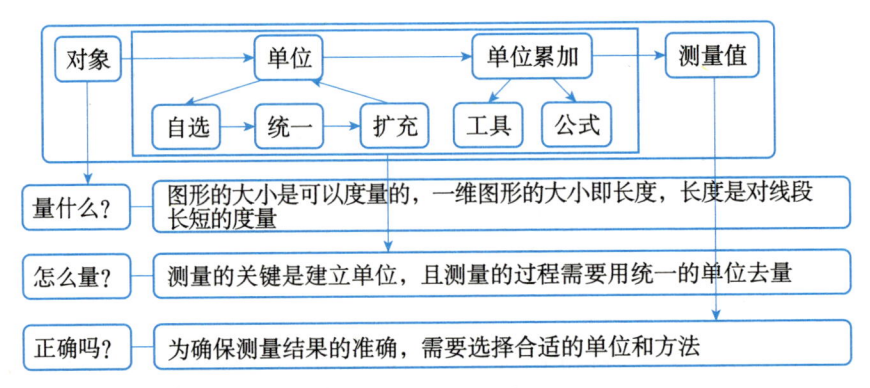

图 5-3-2　本节学习思维框架梳理

学生具备一定的量的比较及自然测量的意识。仅有 24.3% 的学生能够使用直尺正确测量课桌的长度,并准确读出测量结果;仅有 10.8% 的同学还知道可以用"一拃"来测量课桌的长度。

4. 能力提升点

(1) 在测量活动中了解测量方法的多样性,经历用不同方式测量物体长度的过程,体会建立统一单位的必要性。

(2) 在实践活动中认识厘米和米,理解厘米和米的实际意义,掌握 1 米 = 100 厘米,并进行简单的单位换算。

(3) 初步学会用刻度尺测量长度(限整厘米数),能估测一些物体的长度,能选择恰当单位表示物体的长度。

(4) 在实际活动中,体会测量长度在日常生活中的重要意义,激发学习兴趣,发展观察、操作的能力。

二、单元教学分析

1. 预备知识和学习目标(见表 5-3-1)

表 5-3-1　预备知识、学习模块与学习目标拆解

预备知识	学习模块	学习难度	学习目标
数数、同数连加求和、乘法口诀	模块一 基本假设与模型的建立 (2 课时)	★★ 中	(1) 多种方式测量教室的长,感受测量方法的多样性,体会单位的作用。 (2) 能清晰表达自己的思考并提出相关的数学问题。 (3) 经历用不同方式测量物体长度的过程,体会建立统一单位的必要性。 (4) 认识厘米,建立厘米的表象。

续表

预备知识	学习模块	学习难度	学习目标
模块一、测量和估量	模块二 模型求解、模型检验及结果分析（2课时）	★★★ 高	（1）体会产生新的度量单位的必要性，认识米并建立米的表象。 （2）掌握1米＝100厘米，并进行简单的单位换算。 （3）初步学会用刻度尺测量长度（限整厘米数），能估测一些物体的长度，能选择恰当单位表示物体的长度。 （4）在实际活动中，体会测量长度在日常生活中的重要意义，激发学习兴趣，发展观察、操作的能力。

2. 评价量表（见表5-3-2）

表5-3-2 知识和能力掌握维度及其评价量表

各阶段	表现性证据（满分12分）				
	1分	1.5分	2分	2.5分	3分
基本假设	自选工具进行测量，体会测量方法的多样性	缓冲级	自选工具进行测量，体会测量方法的多样性，体会测量单位的作用	缓冲级	自选工具进行测量，体会测量方法的多样性、测量单位的作用；能清晰表达自己的思考并提出相关的数学问题
建立模型	感悟统一单位的必要性	缓冲级	感悟统一单位的必要性；认识厘米，建立厘米的表象；能用厘米测量课桌的长度	缓冲级	感悟统一单位的必要性；认识厘米，建立厘米的表象；能用厘米测量课桌的长度，会使用刻度尺准确测量
模型求解	体会产生新的度量单位的必要性，认识米并建立米的表象	缓冲级	体会产生新的度量单位的必要性，认识米并建立米的表象，掌握1米＝100厘米	缓冲级	体会产生新的度量单位的必要性；认识米并建立米的表象；掌握1米＝100厘米，并进行简单的单位换算
模型检验	初步学会用刻度尺测量长度（限整厘米数）	缓冲级	初步学会用刻度尺测量长度（限整厘米数），能估测一些物体的长度	缓冲级	初步学会用刻度尺测量长度（限整厘米数）；能估测一些物体的长度，能选择恰当单位表示物体的长度
合计	总评分：_____分				

3. 单元整体教学结构图（见图 5-3-3）

模块一：自选工具测量物体有多长 → 说出自己的思考并提出相关的数学问题 → 体会测量的方法的多样性，测量单位的作用 → 感悟统一单位的必要性，认识厘米，建立厘米的表象 → 能用"厘米"准确测量课桌的长度

模块二：能估测一些物体的长度，能选择恰当单位表示物体的长度 ← 初步学会用刻度尺测量长度（限整厘米数）← 掌握1米=100厘米，并进行简单的单位换算 ← 体会产生新单位的必要性，认识米并建立米的表象

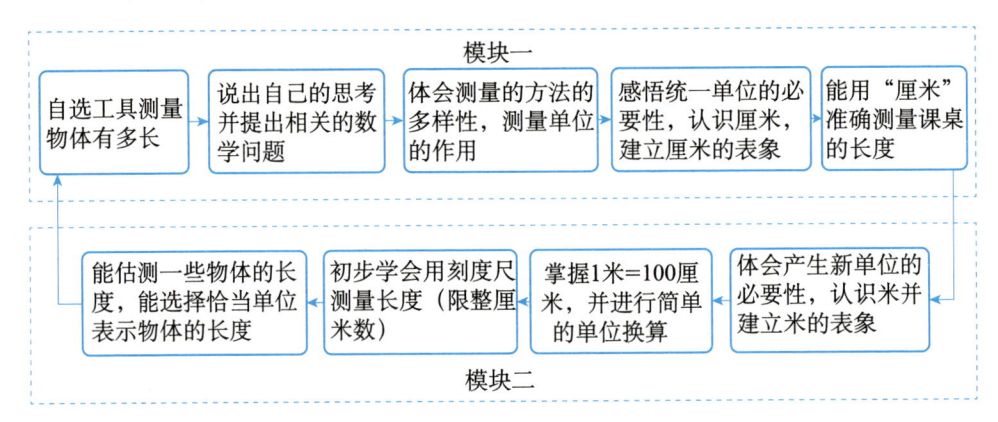

图 5-3-3　单元整体教学结构图

4. 数学建模基本过程（见图 5-3-4）

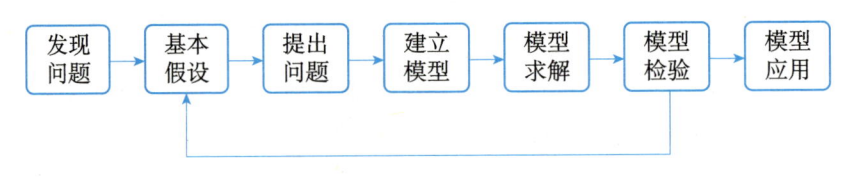

发现问题 → 基本假设 → 提出问题 → 建立模型 → 模型求解 → 模型检验 → 模型应用

图 5-3-4　数学建模基本过程

三、课堂设计

模块一　基本假设与模型的建立（2 课时）

要点 1：多种方式测量教室有多宽，感受测量方法的多样性，体会单位的作用。

要点 2：能说出自己的思考并提出相关的数学问题。

要点 3：经历用不同方式测量物体长度的过程，体会建立统一单位的必要性。

要点 4：认识厘米，建立厘米的表象。

课堂设计

第 1 课时	教师活动	学生活动
环节一 了解身体上的尺子 （5 分钟）	阅读了绘本《我家漂亮的尺子》，你读懂了什么？想到了什么？	太有趣了！原来我们的身体上有这么多尺子，一拃、一步、一庹、一脚印……

续表

第1课时	教师活动	学生活动
环节二 自选工具测量 教室有多宽 （15分钟）	（1）尺子不仅在我们的身体上，也在我们的生活中，例如，一支笔、一本书……都有可以成为我们的"尺子"去量物体的长度，这些"尺子"都是我们的测量工具。 （2）想一想，如果测量我们的教室的宽，你会选择什么工具呢？ （3）同伴合作，测量教室的宽。	小组：使用脚印、步宽、数学书、直尺、笔袋、水壶、椅垫、书包进行测量…… 活动要求： （1）每组选两种工具进行测量，分别测量教室的宽有多长。 （2）商量如何测量，然后开始测量，填写测量记录单。
环节三 发现并提出 相关的数学 问题 （10分钟）	（1）拍图展示各组的测量情况；请各组汇报，教师记录各组的测量情况，包括测量工具、测量结果。 （2）仔细看看大家的记录结果，你有什么发现？有什么疑问呢？请记录下来。	（1）各组测量教室宽的结果：文件袋16个半、数学书21本、纸盘子22大＋1小、纸盘子24个、5人的手臂、水壶25个、铅笔36支、书包14个…… （2）发现与疑问： 组1：铅笔之间有空隙可以吗？ 组2：同样的工具，结果怎么不一样？ 组3：怎样才能测得更准呢？ 组4：有的水壶长，有的水壶短，这样测准吗？ 组5：铅笔摆歪了，测量的结果就不准了！
环节四 总结：体会测 量方法的多样 性和测量单位 的作用，探索 测量的方法 （10分钟）	（1）针对刚才大家提出的这些问题，请大家发表意见。 （2）通过实际测量教室的宽有多长，我们发现可以选择很多的工具去测量，工具不同也就选择了不同的测量单位，正因为单位不同，我们测量的结果也可能不同。例如：这组的测量结果是21个，如果不告诉你用的是数学书，你能清晰地知道有多长吗？可见测量时单位是多么的重要！ （3）有的同学提出，我们要用一样长的铅笔来测量，这真是个特别值得关注的好想法，带着这样的思考，我们下节课继续研究测量吧！	班级交流： 生1：一个一个接着摆，不能有空隙才能测得准。 生2：不能摆歪了，歪了就会比实际的长啦！ 生3：铅笔有的长有的短，36支是36支长铅笔还是36支短铅笔呢？我们要用一样长的铅笔。 课堂练习： 这两根木条的长度都是3个回形针的总长，所以它们一样长。 右面的木条要比左面的木条长。 这是怎么回事呢？

第 2 课时	教师活动	学生活动
环节一 体会统一单位的必要性 （5 分钟）	（1）学校打算为我们的课桌定制一批桌套，桌套要多长呢？请同学们选择自己喜欢的工具量一量课桌有多长吧！ （2）如果把我们测量的结果告诉工厂，工人可以做出我们想要的桌套吗？我们该怎么办呢？ （3）看来为了方便交流，我们要选择同样的测量工具，也就是使用相同的测量单位。	（1）同伴一组测量： 生 1：数学书 2 本多。 生 2：铅笔 4 支。 生 3：4 拃多。 生 4：尺子 3 把多。 （2）班级交流： 生 1：不能，工人不知道我们的书或铅笔是多长的，没法做出合适的桌套。 生 2：我们需要用工人也知道的工具来测量，再告诉他们结果就行啦！
环节二 认识厘米，建立厘米的表象 （5 分钟）	（1）人们规定了测量单位——厘米，厘米是常用的测量单位，用字母 cm 表示。 （2）拿出你的"厘米条"，用手比一比它有多长。找一找，身边 1 厘米长的物品。 （3）看一看，比一比，你觉得 1 厘米的长度怎么样？	（1）找 1 厘米： 生 1：扣子的宽约 1 厘米。 生 2：食指的宽约 1 厘米。 生 3：橡皮的高约 1 厘米。 （2）说感受： 生 4：1 厘米太小了！
环节三 用厘米条测量课桌的长 （15 分钟）	（1）使用厘米条再来测量课桌的长度吧！ （2）通过刚才使用厘米条测量课桌的长，你发现了什么？	（1）同伴合作，测量课桌的长： 组 1：一个一个厘米条摆起来，课桌长 59 厘米。 组 2：把 10 个厘米条粘成一长条，10 厘米 10 厘米地测，课桌长 59 厘米。 （2）班级交流： 生 1：大家都用厘米条测量，我们就能准确地测出课桌的长 59 厘米，交流起来就更方便。 生 2：10 个粘起来的厘米条，多像我们的尺子呀！

续表

第 2 课时	教师活动	学生活动
环节四 认识尺子， 并用尺子 进行测量 （10 分钟）	（1）尺子就是不同数量的厘米串，快拿出来，比一比，认一认吧！ （2）有了尺子，测量就更方便了，同学们快量一量你身边的学具吧！	（1）认识尺子： 生1：尺子上的厘米串是从0开始标的，0到1是一个厘米，2到3也是一个厘米。 生2：只要是相邻的两个数之间就是1厘米。 生3：这把尺子有15厘米长。 （2）用刻度尺测量： 生1：数学书长29厘米。 生2：橡皮长3厘米。
环节五 总结测量方法 （5 分钟）	用尺子测量时，应该注意些什么，才能使结果更准确呢？	（1）班级交流： 生1：把物体一端对准尺子的0，看另一端，到几就是几厘米。 铅笔长17厘米 生2：如果测量时不是从0开始的，就数数开头到结尾之间有几个厘米。 生3：也可以计算，比如从1到4，4－1＝3，就是3厘米。 （2）课堂练习： 1）说一说各是几厘米。 2）哪辆汽车能从桥下通过？在能通过的汽车下面画"√"。 3）想一想，怎样用下面的"断尺子"画出一条长6厘米的线？

模块二 模型求解、模型检验及结果分析（2课时）

要点 1：体会产生新的度量单位的必要性，认识米并建立米的表象。

要点 2：掌握 1 米＝100 厘米，并进行简单的单位换算。

要点 3：初步学会用刻度尺测量长度（限整厘米数），能估测一些物体的长度，能选择恰当单位表示物体的长度。

要点 4：在实际活动中，体会测量长度在日常生活中的重要意义，激发学习兴趣，发展观察、操作的能力。

课堂设计

第 1 课时	教师活动	学生活动
环节一 感悟扩充 单位的必要 （5 分钟）	（1）同学们，上节课我们用厘米条接起来测量了桌子的长。如果让我们用厘米条测量教室宽多少、操场长多少、你家到学校的距离，你觉得怎么样？ （2）（出示情境图）仔细观察，你看到了什么，想到了什么？	（1）体会产生新单位的必要： 生 1：这样太麻烦了，什么时候才能把厘米条摆好呀！ 生 2：我们需要更大的单位来测量，这样就会方便了！ （2）引出 1 米： 生 1：小动物们在游乐园门口排队买票，身高 1 米以上的要买票。 生 2：长颈鹿要买票，乌龟不用买票。 生 3：1 米是多长呢？
环节二 建立 1 米和 厘米的关系 （10 分钟）	（1）大家在生活中见过"米"吗？ （2）拿出厘米条和米尺比一比，你发现了什么？ （3）我们记作 1 米＝100 厘米，米可以用字母 m 表示。	（1）班级交流： 生 1：排队时，有 1 米安全距离。 生 2：我的身高是 1 米 30 厘米。 生 3：教室里的米尺有 1 米长。 （2）同伴合作，比一比： 生 1：米尺上的一个小格就是 1 厘米。 生 2：100 个厘米接起来就是 1 米。
环节三 建立米的 表象，用米尺 测量 （20 分钟）	（1）同伴合作，用米尺比一比，在自己的身体上、教室里找找 1 米长。 （2）你们想用米尺测量什么呢？ （3）用米尺测量我们教室宽多少吧！	（1）同伴合作，找 1 米： 组 1：1 米是从地面到我胸前，到小菲同学的肩膀。 组 2：两臂打开的距离大约是 1 米，个子高的同学两臂要收一些，个子矮的同学两臂要放一些。 组 3：地面到门把手的高度大约 1 米。

续表

第1课时	教师活动	学生活动
环节三 建立米的 表象，用米尺 测量 （20分钟）	（4）测量时，不够1米的部分要用厘米表示出来，这样测量的结果就更准确了！	（2）想用1米测量什么： 生1：测量身高、测量黑板的长度、门的高度。 生2：有了米，测量更长的物体就方便啦！ （3）用米尺测量教室宽多少： 组1：我们组的测量结果是7米多一点儿。 组2：我们组的结果也是7米多一点儿，仔细看看，正好多出2个小格，所以是7米2厘米。 组3：有了米，我们测量教室的宽可真方便！
环节四 总结 （5分钟）	同学们回顾一下，在今天的学习中你有哪些新的收获？还有哪些新的思考呢？	生1：我们认识了米，1米＝100厘米，用米可以测量更长的物体。 生2：如果要测量我家到学校的距离，还有没有比米更大的单位呢？ 课堂练习： 填一填： （1）铅笔长约17 _____。 （2）橡皮长约3 _____。 （3）旗杆高约8 _____。 （4）房子高约3 _____。 （5）毛巾长约60 _____。 （6）丝瓜长约35 _____。

第2课时	教师活动	学生活动
环节一 初步掌握估测 的方法 （5分钟）	（1）估一估，小明和机灵狗分别有多高呢？ 小明高约（ ）厘米。 机灵狗高约（ ）厘米。 （2）同学们真棒，通过已知的长度去估测，这样更合理，测得更准确。	生1：门有2米高，小明的身高大约是门的一半，2米的一半是1米，1米就是100厘米，小明高约（100）厘米。 生2：小明高约100厘米，机灵狗大约是他的一半，机灵狗高约（50）厘米。

续表

第 2 课时	教师活动	学生活动
环节二 估测身高 （10 分钟）	（1）估一估身高，说说你是怎样思考的？ （2）（请模特公布自己的身高）同学们估测得比较准，看来用"已知长度"去估测真不错！	生 1：女同学比 1 米高一些，我觉得大约有 1 米 20 厘米。 生 2：男同学比 1 米高更多，而且比女同学高一头，我猜大约是 1 米 40 厘米。
环节三 先估测再实测 （15 分钟）	（1）同伴合作，先估测长度，再进行测量。 **估一估，量一量：** |	估计长度	测量长度
门高	___米	___米___厘米
黑板长	___米	___米___厘米 | （2）测量时，先量出整米，不够 1 米的部分要用厘米表示出来，汇报的时候就说"几米几厘米"。	各组： 门高：估计高 3 米，测量高 2 米。 黑板长：估计长 5 米，测量长 3 米 83 厘米。 …………

续表

第2课时	教师活动	学生活动
环节四 练习与总结 （10分钟）	（1）请小组合作，完成练习。 （2）说说你今天的新收获与新思考？ （3）知识拓展。 米和厘米是国际上通用的长度单位，我们国家也有自己的长度单位，比如尺和寸。它们之间的关系是： 1米=3尺，1尺=10寸。 比一比，1尺有多长？1寸呢？	（1）课堂练习：先估计，从你们的座位处走到讲台处大约有多长？与同桌合作量一量。 （2）反思总结： 生1：用已知长度去估测，我现在能够估计得比较准，觉得自己很棒！ 生2：我知道了很多的单位可以测量长度，比如厘米、米、尺和寸。

四、重难点解析

本节的重点是理解厘米和米的实际意义并建立直观表象，学会简单测量。教学时组织丰富的操作活动，例如：先在尺子上找找1厘米、1米有多长，然后在生活中找找哪些物品的长大约是1厘米、1米，把厘米和米变成看得见、摸得着的具体东西，帮助学生建立厘米和米的长度观念。

本节的难点是感悟测量的关键是"度量单位"，测量的本质是"单位的累加"，并能够进行简单估测。教学中通过自选单位测量教室宽多少，帮助孩子感悟度量单位的重要性；通过用厘米条接起来测量课桌的长，帮助孩子感悟"单位的累加"；通过用已知长度去估测，帮助孩子形成更好的数感与长度观念。

五、课后练习及解析

（1）想一想，怎样用下面的"断尺子"画出一条长6厘米的线？

此题是一道拓展练习，通过用断尺子画线，培养学生具体问题具体分析、灵活运用所学知识解决问题的能力。学生可以由8画到14，也可以由9画到15，还可以由10画到16。

（2）谁猜得对？

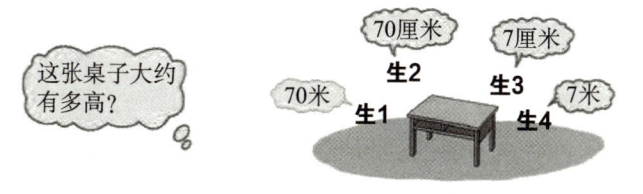

此题充分利用教室里的实物，先让学生想一想 70 米、70 厘米、7 厘米、7 米各有多长，然后分析推理选哪个答案比较合理。最后让学生估一估课桌有多高，再动手量一量，进行验证。

六、专家评价

- **总评**：测量一直是数学发展过程中的一项重要任务。本案例的教学对象是小学低年级学生，如何通过数学综合实践活动的形式，让小朋友们建立对测量的基本概念和认识，是本案例关注的核心问题。案例通过设置丰富多彩且可实操的互动环节来一步步引导学生从对长度和测量的基本认识，过渡到对单位及单位间换算的认识，最后达到对估测的认识，梯度鲜明，符合低年级小学生的认知规律。

- **改进建议：**

（1）建议在模块一第一课时给出一个待解决的"核心问题"，例如："如何衡量一个人的身高？"从这个核心问题出发，首先通过将人体和周围物体的比较来衡量身高，但是因为不同的人选取的对比物可能不同，自然过渡到统一单位的必要性，再引出不同单位间的换算和估算。这样通过一个核心问题将所有知识环节串成一个有机的整体，可以让学生体会"数学是在解决问题的过程中逐步构建起来的，数学的发展方向是由解决问题的需要所决定的"。

（2）估算和精确测量虽然都是对长度的一种衡量，但是对前者的理解本质上基于对不等关系、比例关系和单调关系的朴素认识，所以有必要设置相应课堂环节对估算和精确测量的联系和区别进行讨论和讲解。

参考文献

[1] 中华人民共和国教育部. 义务教育数学课程标准（2011 年版）. 北京：北京师范大学出版社，2012.

[2] 刘坚，等. 数学教师用书：二年级上册. 北京：北京师范大学出版社，2013.

[3] 美国数学及其应用联合会（COMAP），美国工业与应用数学学会（SIAM）. 数学建模教学与评估指南. 上海：上海大学出版社，2017.

[4] 刘娟娟. 小学数学测量的内容本质分析和教学建议. 南京晓庄学院学报，2019，5（3）.

第四节 魅力小超市

一、背景

生活中我们经常可以看到一些商家为促进消费搞一些积分兑换活动。在小学的低年级学生班级管理过程中，也经常会设立一些相应的奖励制度。某校为更好地促进学生积极健康成长，也推行了一系列的奖励制度，为班级发放闪光卡和魅力卡，并开设魅力小超市。学生通过自己在班级内不同程度的良好表现可以得到相应的闪光卡、优异卡和魅力卡。学生可凭借手中的卡片到小超市兑换礼物。魅力小超市兑换细则见图 5-4-1。按照兑换的要求，学生需要在兑换之前先统计自己手中的已有的各类卡片的数量。数据来源于跟学生切身相关的现实日常生活，真实可靠。

本学期，学生已经了解兑换规则，并体验过兑换的过程，积累了相关的经验。虽然小学低段学生不知道什么是数学建模，但在此过程中学生已经初步体验了数学建模的过程，并且感受了数学建模的思想。

本节要求以"魅力小超市"为课题进行研究。利用学生已经统计的真实数据建立模型，并通过建立模型对相关兑换规律进行进一步探索，通过实践验证。

本节分为两个模块，每课时为一个模块。

模块一：提出问题，确定标准，并提出基本假设，建立初步的数学模型。

模块二：基本假设的迭代修正，完善数学模型，并对模型的结果进行分析；实践验证，并分组汇报研究成果。

本节适用于一年级上学期已掌握 10 以内的加减法的学生，他们已有一定校园生活经验，对数学建模的思想有一定感知，在实际生活中对数学建模的过程有初步了解和体验。本节内容为开放式研究，不限制学生在数学建模过程中所用的方法。学生可应用此前学习过的任何知识（不限学科和学习渠道）。本节可作为学生此前积累学习知识的一个项目式回顾。通过本节的学习可以提高学生多方面考虑问题及寻找事物之间联系的能力，并通过兑换模型的建立和解决实际兑换问题的过程，加深学生对"进制"转换关系的理解，提高学生的语言表达能力，初步培养学生团队合作的能力，帮助学生在活动中体会学习数学的乐趣，培养积极乐观向上的生活态度。

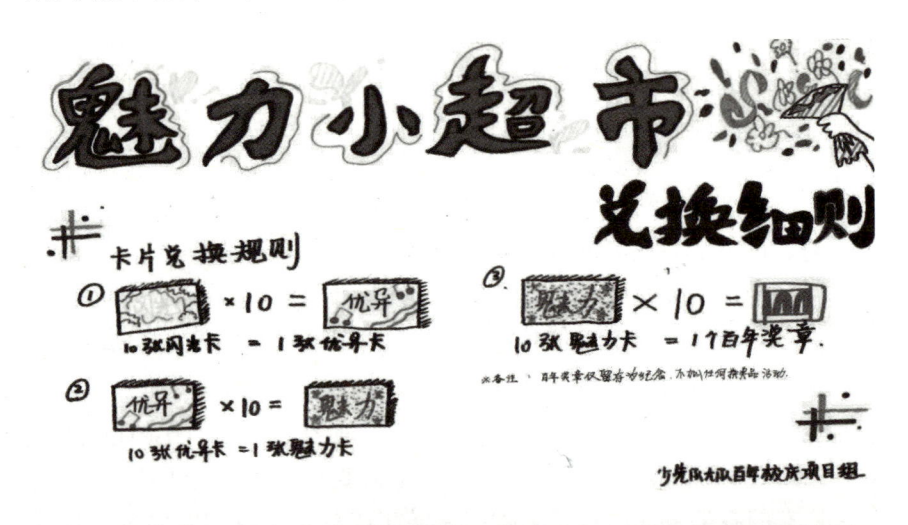

图 5-4-1　魅力小超市兑换细则

二、预备知识、学习目标及评价量表（见表 5-4-1、表 5-4-2 和表 5-4-3）

表 5-4-1　预备知识、学习模块与学习目标拆解

预备知识	学习模块	学习难度	学习目标
小学一年级上册数学基础的分类知识和 10 以内加减法	模块一 统计数据、提取信息、确定标准，并提出基本假设，建立初步的数学模型 （1 课时）	适中	**知识与技能**：在具体的情境和实际操作中，使学生理解加减法的实际含义，熟练掌握 10 以内的加减法能够按照一定标准进行分类，能正确比较 20 以内的数的大小，能够建立初步的数学模型。 **过程与方法**：在建模过程中，培养学生提取有效信息的能力，培养学生基本的统计数据的能力，培养根据已有信息提出问题的能力及语言表达能力，促进学生德智体美劳全面发展，培养学生小组合作能力，培养学生初步建立数学模型的能力。 **情感、态度与价值观**：在活动中体会学习数学的乐趣，培养学生积极乐观向上的生活态度。
	模块二 基本假设的迭代修正，完善数学模型并实践验证模型的结论 （1 课时）	适中	**知识与技能**：在具体的情境和实际操作中，使学生进一步理解加减法的实际含义，正确熟练地比较 20 以内数的大小，能够按照一定分类标准正确分类，能够发现建模过程中的问题，并进一步完善解决问题。 **过程与方法**：在完善数学模型的过程中，进一步培养学生提取有效信息的能力，进一步培养学生基本的统计数据的能力，在初步建立模型的过程中培养发现并解决问题的能力，进一步培养学生语言表达能力，进一步培养学生小组合作能力。 **情感、态度与价值观**：在建模过程中进一步体会学习数学的快乐，培养学生面对失败和挫折时乐观积极的生活态度。

表 5-4-2　知识和能力掌握维度及其评价量表

各阶段	表现性证据（满分 12 分）				
	1 分	1.5 分	2 分	2.5 分	3 分
基本假设阶段	能够确定兑换标准，但不能提出相应的基本假设	缓冲级	能够确定兑换标准并提出相应的基本假设，但不能自圆其说	缓冲级	能够确定兑换标准，并提出相应的基本假设，能够自圆其说

续表

各阶段	表现性证据（满分12分）				
	1分	1.5分	2分	2.5分	3分
兑换模型的初步建立和求解阶段	能够找到相应的兑换信息及其联系，但不能建立模型	缓冲级	能够找到相应的兑换信息及其中的联系，建立初步模型，正确求解，但不能够解释模型的实际意义	缓冲级	能够找到相应的兑换信息及其中的联系，建立初步模型，正确求解；能够解释模型的实际意义
兑换模型的进一步分析和完善阶段	能够找到模型存在的问题，但不能进一步优化	缓冲级	能够找到模型存在的问题，并且能够进一步优化，但缺少创新意识	缓冲级	能够找到模型存在的问题，并且能够进一步优化，有创新意识
兑换模型的实际检验阶段	结合实际生活，知道实践验证兑换模型的方式方法，但操作过程出现错误	缓冲级	结合实际生活，知道实践验证兑换模型的方式方法，操作过程正确，但不知道如何与数学模型的结论结合起来，判断模型结论的正确性	缓冲级	结合实际生活，知道实践验证兑换模型的方式方法，操作过程正确；能与数学模型的结论结合起来，判断模型结论的正确性，并表述清楚
合计	总评分：＿＿＿＿＿＿＿分				

表 5-4-3　魅力小超市数学建模课堂评价表

评价内容		自评		互评		师评	
		合格	再努力	合格	再努力	合格	再努力
知识与技能	正确计算10以内的加减法，正确比较20以内的数的大小，能够按照一定标准进行简单的分类						
过程与方法	积极主动参加班级讨论，认真聆听他人发言，并进行思考，态度认真						
情感、态度与价值观	积极参与学习，积极回答问题，善于思考和总结；能够勇敢顽强，克服困难，永不放弃；喜爱数学课程						

三、课堂设计

> **模块一**　统计数据、提取信息、确定标准，并提出基本假设，建立初步的数学模型（1课时）

📺 课堂设计

第 1 课时	教师活动	学生活动
环节一 统计数据 并提取信息 （5 分钟）	**介绍背景信息（情景导入）：** 介绍魅力小超市各类卡片兑换规则，并出示魅力小超市兑换价格表（教师辅助阅读文字，见图 5-4-1）。 **引出建模的必要性：** （1）看完魅力小超市海报上的兑换信息，你有什么感受？你对兑换奖品这件事儿有什么看法？ （2）我们今天就来学习如何把这个复杂的问题，用简单的方法解决。 学生语言表达能力相对较弱，不能将头脑中的思维用语言表述清楚。教师需鼓励学生并耐心引导。	**预习作业：**统计好自己手中的各种卡片数量。想一想小超市中自己想要兑换的奖品。 观察了解价格表，并提取相关信息。教师辅助阅读，并进行相应内容的讲解。 **预期回答：**信息太多了，太麻烦了，不知道怎样换奖品。
\multicolumn{3}{l}{**设计意图：**通过情景导入，增加学习的趣味性，提高学生的学习兴趣。在学生提取和分享相关信息的过程中，培养学生的观察能力和语言表达能力，并引出建模的必要性。}
环节二 （解读）确定 兑换标准、 提出基本假设 （15 分钟）	（1）根据以上信息，你想怎样兑换？选取学生有代表性的问题记录在黑板上。（预留例1，单人兑换某一件物品。预留例2，多人合起来兑换某一件物品。） （2）现在我们就来帮助小明（班级内学生姓名代号）同学来解决他的兑换问题。 （3）小明同学，你都有哪些卡片，分别有多少张呢？ 经过以上师生互动过程，生成： 小明有 13 张闪光卡，能换一套彩笔吗？ （4）引导学生提出例1中的基本假设相应的基本假设。	思考怎样兑换，兑换哪些物品，并举手发言分享。 **预设第 1 类兑换标准和基本假设** 兑换标准：单人或多人卡片合起来兑换，兑换其中的某一件或是某几件奖品。 基本假设：够兑换/不够兑换。 **预设第 2 类兑换标准和基本假设** 兑换标准：单人或多人卡片合起来尽可能多的兑换奖品 基本假设：最多可以兑换 n 件，有可能是 mm 奖品。

续表

第1课时	教师活动	学生活动
设计意图：通过确定兑换标准、提出基本假设的过程，培养学生提出问题、分析思考问题、提取信息的能力。		
环节三 建立初步的数学模型 （初步设计兑换方案） （15分钟）	（1）引导学生进一步提取信息。 想一想，你要研究的问题都需要哪些数学信息？ （2）请同学们用自己喜欢的方式研究解决这个的问题。（可小范围活动，可利用身边的任何可用的物品和工具） 教师巡视并加以引导。 （3）引导学生小组讨论沟通初步建模思路。请同学们在小组内分享自己的想要研究或解决的问题，说一说自己的初步的想法和遇到的问题，听一听组内其他成员的意见和建议。 巡视指导，并选取有代表性的问题。 （4）选取学生有代表性的问题进行小组汇报，引导学生解决遇到的问题。 （5）鼓励引导学生完成初步的数学建模。	开始初步建立数学模型。 可能出现以下问题： （1）依旧有学生提取的信息不充分。 （2）统计数量简单的计算出现错误。 （3）不知道如何用数学语言、图形语言、文字语言等承载想要解决的数学问题。 （4）不知道怎样在基本假设下建立相应的模型。 （5）统计数量较大，不能灵便地用已经渗透过的建模思维进行计算。 （6）建立了初步的数学模型，但不知道后续如何分析（分析的方向，分析的所用到的数学工具）。 （7）不知道如何判断所建立模型的合理性。 学生小组交流，相互学习对方解决不同问题的思路，学习并借鉴。 学生进行汇报，同小组的同学协助进行补充，解决遇到的困难。并尝试建立数学模型。
设计意图：在具体的情境中培养学生提取有效信息、统计数据的能力，培养在初步模型中发现并解决问题的能力，进一步培养学生语言表达能力，进一步培养学生小组合作能力，培养学生勇于面对挑战的勇气。		
环节四 总结与作业 （5分钟）	课堂总结： 教师请学生举手发言总结本节课上学会了什么（不限制内容）。	预期回答： （1）我知道了两种卡片之间怎样兑换。 （2）我会用"凑十法"来计算了。 （3）我知道想去小超市怎么兑换奖品了。 课后作业： 课后跟同学或家长说一说你是怎样解决这个问题的，听一听爸爸妈妈的想法和建议。
设计意图：课堂以学生为主，通过总结发言，让学生感受数学建模带来的成就感；课后作业为模块二数学模型的进一步完善做铺垫；进一步培养学生语言表达能力。		

| 模块二 | 基本假设的迭代修正，完善数学模型并实践验证模型的结论（1课时） |

课堂设计

第 2 课时	教师活动	学生活动
环节一 （5～7 分钟） 修订基本假设， 进一步完善 数学模型	（1）引导学生回忆上节课的内容。 如果课后又有些新的改进想法，跟同学们说一说。随后引导学生进一步独立完善数学模型。 （2）巡视指导讲解，了解班级整体建模的情况，并选取典型问题以备后续集体分享解决。 经过了模块一的学习，学生已经有了小组内部同学之间相互帮助解决问题的经验。本环节教师要适当放手，适时加以引导，让学生在小组内解决问题，重点问题集体分享讲解。	学生进一步完善数学模型。 可能出现以下问题： （1）意识不到模型存在问题，找不到改进的方向。 （2）改进后的数学模型偏离要研究的问题。 （3）调整过几次基本假设之后，依旧不能建立数学模型。 （4）学生被困在某一个环节中，无法找到合适的解决办法，不能够开创思维或者听取他人建议。 （5）对简单的问题模型处理得太过复杂烦琐。 （6）对模型的结果不够敏感，无法判断是否已经得到了结果，以为没有结果。
设计意图：同学之间相互交流，培养合作能力。在修正完善兑换模型的过程中，培养勇于面对困难与挫折的良好心理素质。		
环节二 分析实践验证 数学模型 （15 分钟）	组织学生去魅力小超市进行实践兑换。验证数学模型的结果。 （注意：因为学生年龄较小，离开班级到校园内公共场所要强调一下常规纪律，如：安静排队，礼让他人，礼貌待人，等等，适当进行德育教育）	学生带上兑换需要的各种卡片去魅力小超市兑换。 **可能出现以下问题：** （1）数学模型结论错误，无法兑换。 （2）数学模型结论正确，实际操作出现了问题，导致兑换结果与预期结果不同，模型结论验证失败。 （3）多人合起来一起兑换，临时出现更改兑换目标的分歧，导致无法验证模型结论。
设计意图：一年级学生年龄小，通过学生最为关心的实际兑换活动，充分调动学生的积极性，帮助学生对模型的结论进行认真思考并进行兑换，以实际的兑换结果来验证模型的正确性。		
环节三 经验交流分享 （10～13 分钟）	组织学生兑换完毕返回教室后，进行集体经验的分享。 （1）哪些同学兑换成功了？跟同学们说一说：你是怎样兑换的？为什么要这样兑换？其他同学请认真听。 （2）哪些同学兑换遇到了困难？你遇到困难了吗？同学们一起解决。	（1）兑换成功的同学汇报分享经验。 （2）兑换失败的同学说明原因，同学们一起思考，帮忙解决。

续表

第2课时	教师活动	学生活动
	设计意图：师生互动，生生互动，同伴互助，进一步帮助学习有困难的学生解决建模之路上遇到的困难，以达到人人通关目的。通过沟通分享不同兑换方法，感悟不同兑换模型之间的联系。学生兑换到奖品，切身地体验到数学建模带来的成功与喜悦。培养学生面对失败面对挫折积极向上的良好心理素质。	
环节四 总结与作业 （5分钟）	**课堂总结：** 同学们通过这两节课研究如何兑换奖品这个问题，你都学会了什么呢？有哪些收获？	**预期回答：** 生1：我会熟练地用"凑十法"了。 生2：我懂得了谦让可以和好朋友一起兑换了。 生3：我知道以后去魅力小超市怎样兑换了。 生4：通过这两节课的学习，我觉得数学课特别有意思，更喜欢数学课了。 **课后作业：** （1）课后和同学分享你是怎样解决兑换问题的，说一说你的好方法。 （2）完成课堂评价表。
设计意图：课堂以学生为主，通过总结发言，让学生感受数学建模带来的成就感。进一步培养学生语言表达能力，开阔学生的思维。		

四、重难点解析

重点： 确定兑换标准，能够正确地进行不同种类卡片之间的相互转换（即"10进制"关系的实际应用），能够正确地进行不同奖品的兑换（即在不同"进制"关系下的实际应用）。

难点： 能够正确地进行不同奖品的兑换（即在不同"进制"关系下的实际应用）。

虽然要解决的问题不同，但是意思相近，都是如何兑换奖品，然后按照不同的标准进行思考。一年级学生年龄小，不必让学生用标准的语言说清楚建模的过程，肯定学生的进步，不限制学生的思维和发展方向。

五、专家评价

● **总评：** 本案例可以看作对一个简单的虚拟金融体系的数学分析，具有时代气息和创新价值，同时也具有较强的趣味性和实操性。本案例设计了丰富的学生实践环节，让学生实验不同的兑换方案，体会和总结数学规律。但是教师在教学设计中缺少策略指导，使得学生的实验和讨论具有一定的盲目性。

● **改进建议：**

（1）面对低年级学生或数学建模的初学者，教师的策略指导十分重要，必要时教师可向学生进行示范、演示，建议教师结合课堂上学生生成的想法，对其中出现的数学思想方法的萌芽进行提炼和总结，以达到"做中学"的目的。

（2）案例中提到部分学生在小组讨论时会偏离主题，这也是由于缺少教师的策略指导所导致的。建议教师设置递进的问题串，帮助学生步步为营地逐步深入分析，这样学生的思维路线就会相对集中，更容易体验到我们希望他们经由本节课所获得的数学体验和思维提升。

第五节 估算漏水量

一、背景

随着社会经济的发展，淡水资源已然成为21世纪最宝贵的资源之一。同时，在工业污水、生活污水等对本就稀缺的水资源的进一步污染，使得节约用水迫在眉睫。节约用水的好习惯需要学生从小培养。结合当前背景，让学生探究深圳市中小学水龙头一天漏水量的估算模型，目的在于借助模型建立过程使学生能够在学习中体会到节约用水的重要性，养成节约用水的好习惯。同时，在过程中体会到数学知识在生活中的应用，培养学生学习数学的兴趣。最后，也希望在建模的过程中，能优化学生理解问题、分析问题以及解决问题的思维方式。

估算深圳市中小学水龙头一天漏水量，需要从简单到复杂地考虑问题，从估算一个水龙头一天的漏水量到估算一个学校的水龙头一天的漏水量，再到估算某个区域内所有中小学的水龙头一天的漏水量。但是在估算的过程中需要掌握整数和小数的乘除法、分数乘法等数学知识，还有一些数学的分类思想。综合来说，本节学习内容适用于小学五六年级高段学生。

本节课首先引导学生利用一些实验方式建立估算一个水龙头一定时间内漏水量的数学模型，然后从简单到复杂循序渐进拓展至建立一个学校水龙头一天的漏水量，乃至深圳市中小学所有水龙头一天的漏水量。

本节内容的模块一在学生有一定实验测量水平的基础上，加入小数和整数的乘除法作为主要预备知识；模块二在模块一知识的基础上进一步融入分数乘法知识，以及数学分类思想等，适合在五年级上册学习小数的乘除法和分数的乘法之后开展。通过本节课的学习，可以促进学生对五年级小数的乘除法和分数知识等的理解和运用。

二、预备知识、学习目标及评价量表（见表5-5-1和表5-5-2）

表5-5-1 预备知识、学习模块与学习目标拆解

预备知识	学习模块	学习难度	学习目标
小数、整数的乘除法	模块一 一个水龙头一天漏水量测量模型的建立、求解与分析（1课时）	★★	（1）利用小数、整数的乘除法解决生活中的实际问题。 （2）学会从简单到复杂地分析问题、解决问题的策略。 （3）从学习中意识到水资源的重要性，培养节约用水的习惯。
小数、整数的乘除法 分数乘法 数学分类思想	模块二 深圳市中小学水龙头一天漏水量模型的建立、求解与分析	★★	（1）利用分数乘法、数学分类思想解决生活中的实际问题。 （2）学会从简单到复杂建立估算多水龙头一天漏水量的模型。

表5-5-2 知识和能力掌握维度及其评价量表

各阶段	表现性证据（满分12分）				
	1分	1.5分	2分	2.5分	3分
基本假设	能够针对问题，考虑到需要提出假设条件	缓冲级	能够针对问题提出解决问题的假设条件	缓冲级	能够提出假设条件，并合理解释提出的假设条件对解决问题的帮助
一个水龙头一天漏水量模型的建立和求解	能够大致建立一个水龙头一天漏水量的模型	缓冲级	能够建立一个水龙头一天漏水量的模型，并在估算模型建立中考虑到部分影响估算量的因素	缓冲级	能够结合小数和整数的乘除法建立合理的水龙头一天漏水量的模型，并在建立的过程中明确给出减小估算误差的条件，并给出解释

续表

各阶段	表现性证据（满分12分）					
	1分	1.5分	2分	2.5分	3分	
深圳市中小学水龙头一天漏水量模型的建立和求解	无法建立模块一模型与深圳市中小学水龙头一天漏水量模型的递推关系	缓冲级	能够利用模块一合理递推建立深圳市中小学水龙头一天漏水量的模型	缓冲级	能够建立合理的深圳市中小学水龙头一天漏水量估算模型，并对递推过程中的细节处理和参数给出合理解释	
模型的分析和改进	无法给出一个水龙头一天漏水量模型的建立过程，无法给出深圳市中小学水龙头一天漏水量的估算模型	缓冲级	在提示下能够较为完整地给出整个估算模型，并对部分模型细节有考虑到优化	缓冲级	能够建立完整的估算模型，并能够根据实际情况对模型的细节进行处理，能够根据实际情况对模型进行一定的优化	
合计	总评分：_____分					

三、课堂设计

模块一 一个水龙头一天漏水量模型的建立、求解与分析（1课时）

要点1：基本假设是基于对实际问题解决过程中现实因素的考量，为了适合小学阶段学生对建模问题的解决，在探究漏水因素中假设不同学校的水龙头的规格、材质都一样，漏水速率也是匀速的等。

要点2：在数据的收集和处理中，为了避免基本假设对实验数据产生的绝对误差过大，结合小学的知识水平采用了多次测量取平均值的做法减少实验误差。

课堂设计

第1课时	教师活动	学生活动
环节一 提出问题与基本假设 （20分钟）	背景介绍： 在日常生活中，我们一拧水龙头，水就源源不断地流出来，但其实淡水资源在地球上是匮乏的。长时间、大规模的水龙头漏水将会造成大量水资源的浪费，就我们深圳市而言，如果中小学学校的水龙头漏水，一天大概能浪费多少水呢？	完成课前布置的预习任务：通过网络、书籍、调查走访查阅相关资料，观察自家水表了解生活中浪费水的情况。可以以任务学习单的形式开展预习，小组分工合作，探讨活动的形式、活动用具、活动记录以及活动怎么样应用到课堂。

续表

第1课时	教师活动	学生活动
环节一 提出问题与 基本假设 （20分钟）	**问题1**：收集水龙头漏水的量，思考漏水量与哪些因素有关？ **问题2**：水龙头的尺寸和规格不一样，以及水压不一样会影响漏水量的测量，怎么样在测量过程中避免产生过大的误差呢？ **问题3**：测量水龙头一天的漏水量，测量时间该怎么样选择，你能说一说你的理由吗？ **问题4**：同学们，想想怎么样在课堂上开展探究水龙头一天漏水量的活动呢？ **问题5**：漏水情况下一滴水的水量好测量吗？你认为该借助什么样的工具测量？ **备注**：(1) 在估算模型建立的过程中，思考怎么样去度量漏水量的大小时，学生主要会使用两种处理方法，分别是以容积的形式和以重量的形式。这时可以向学生提问："水是液体的一种，所以在测量的时候应该选用哪种方式合适呢？"教师应该在此引导学生明白估算漏水量应该选用容积的度量形式，一方面比较符合实验的要求，另一方面也易于操作和比较。 (2) 这里其实提出了模型的四个基本假设，教师应该在学生回答后明确指出并抄写在黑板的显著位置： **基本假设1**：水龙头的尺寸和规格相同。 **基本假设2**：收集过程中，容器中残留水量忽略不计，蒸发量忽略不计。 **基本假设3**：模拟收集过程中，滴水是均速的。 **基本假设4**：深圳市某区域内学校的规模没有差别，学校水龙头数量一致。	**预期回答1**：水龙头的尺寸和规格不同，所以不同水龙头滴水的水量存在差异，其次由于不同的地方水压有区别，水龙头滴水的速率也是不同的。 **预期回答2**：在相同时间下对漏水量进行多次测量，对测量数据取平均值减小实验的误差。 **预期回答3**：测量一天水龙头漏水量可以用容器收集24小时的水量，再称出收集水量的重量。 **预期回答4**：可以以模拟实验的方式进行，选择有刻度的容器装入一定量的水，扎孔模拟水龙头漏水，测出漏掉一定量的水需要的时间。 **预期回答5**：(1) 一滴水的水量不好测量，可以收集一定量的水，根据设定的收集量选取测量工具如量筒和烧杯，或者选择生活中的带有刻度的杯子、瓶子等。 (2) 可以先称量出烧杯的重量，再用烧杯收集一定时间内漏水量，再减去烧杯的重量得到一定时间内漏水的重量。 (3) 用量筒收集一定时间内水龙头的滴水量，如1分钟、5分钟、10分钟，再类比推理到一天的漏水量。 (4) 可以收集固定体积的水量，如收集500ml，同时用计时器（秒表）得出花费的时间，再求出一天的漏水量。

续表

第1课时	教师活动	学生活动
环节二 建立单个水龙头一天漏水量测量模型 （10分钟）	**问题1**：同学们觉得这个问题解决的关键是什么？ **问题2**：研究问题一般从简单到复杂展开，我们可以首先建立简单的单位时间内漏水量表吗？ **问题3**：基于学生们在科学学习中的经验，为了减小误差，在统计漏水量时可以进行多次相同的实验吗？ **问题4**：在进行了单位时间内水龙头漏水量的统计实验后，为了估算出一天的漏水量，需要建立怎么样的模型？	**预期回答1**：怎么建立单位时间内漏水量的统计方法？ **预期回答2**：在模型假设的前提下，以及结合课堂需求的实际可以选择统计1分钟、3分钟、5分钟时的漏水量情况。 **预期回答3**：根据实验原则，为了减小实验误差，选择进行不同单位时间下的多次实验测量，再取实验数据的平均值进行模型估算，于是采取下面表格的形式进行小组活动。 **实验数据记录表** | 数量/次	1分钟	3分钟	5分钟
---	---	---	---
一			
二			
三				 **预期回答4**：这里以单位时间为1分钟的漏水量估算值为例，建立估算单个水龙头一天漏水量模型： 总量＝单个水龙头每分钟漏水量×60×24
环节三 求解并分析单个水龙头一天漏水量模型 （10分钟）	**问题1**：在实验估算单个水龙头一天漏水量模型时，为了保证减小数据误差，采用在相同时间下进行3次实验取其平均值的方式，同学们能用式子将其表示出来吗？ **问题2**：在单个水龙头每分钟漏水量模型的基础上，该如何拓展到估算单个水龙头一小时漏水量以及单个水龙头一天漏水量？	**预期回答1**：通过字母表示数将3次测量数据表示出来分别是a、b、c，进而取它们的平均值$v=(a+b+c)/3$，所以单个水龙头每分钟漏水量＝$(a+b+c)/3$。 **预期回答2**：因1小时等于60分钟，所以估算单个水龙头1小时漏水量就在每分钟的基础上乘以进率60，又因为一天等于24小时，最终需要再乘以24得到单个水龙头一天的漏水量模型。 单个水龙头漏水量模型＝$(a+b+c)/3×60×24$

续表

第1课时	教师活动	学生活动
环节四 总结与作业 （5分钟）	**课堂总结：** 今天我们研究了估算单个水龙头一天漏水量的模型，这个模型是一种小数或整数的乘法形式。模型在生活和学习中有较强的实际意义，下节课我们将在估算单个水龙头漏水量模型的基础上建立深圳市学校水龙头（多个）在生活中漏水量估算的模型。请同学们思考：这节课建立的单个水龙头一天漏水量的模型对下节课模型的建立有什么样的帮助呢？	**课后作业：** （1）以个人为单位，尝试在单个水龙头一天漏水量模型的基础上建立估算深圳市学校（多个）水龙头漏水量的数学模型，并将思路以思维导图的方式表示出来，写清楚在建立过程中需要考虑哪些因素的影响。 （2）建立学习讨论小组，将自己所完成的研究成果在小组中分享，以小组为单位对组内成员的方案进行总结、归纳、完善，得到一个可行的方案。

模块二 深圳市中小学水龙头一天漏水量模型的建立、求解与分析（1课时）

要点1：基于第1课时，需要统计从单一到复杂模型的漏水量，考虑到中学和小学在学生数量和学校规模方面的不同，引入数学分类思想将中学和小学的数据分开进行统计。

要点2：不同行政区域内学校数量有差别，为了减少统计数据的误差，可以基于某个行政区域的数据推算全市的数据，引入分数除法的意义和比例使得漏水量数据更加真实。

课堂设计

第2课时	教师活动	学生活动
环节一 多个水龙头 一天漏水量 模型建立 （20分钟）	**导语：**上节课我们建立了估算单个水龙头一天漏水量模型，这节课我们在此基础上建立估算深圳市学校中水龙头一天漏水量的模型。 **问题1：**根据第1课时的估算一个水龙头漏水量的情况，拓展至估算一个学校水龙头一天漏水量的模型，需要调查水龙头的哪些数据呢？	拿出上一课时的作业，基于在作业中的思考准备回答教师的问题。 **预期回答1：**需要调查清楚整个学校水龙头的总数量及其中漏水水龙头的数量。

第 2 课时	教师活动	学生活动
环节一 多个水龙头 一天漏水量 模型建立 （20 分钟）	**问题 2**：在调查的过程中，不同规模学校的水龙头总数量和漏水水龙头的数量不同是否会影响估算的数据？该怎么样减小误差呢？ **备注 2**：这里教师主要引导学生发现学校有大有小，水龙头的数量也会有差距，这样如果直接以学校数量估算会有一定的误差。在考虑这个问题时可以将学校分为中学和小学分别来估算，可以适当减小误差。 **问题 3**：在统计出一个学校的水龙头漏水量的前提下，怎么样估算出某个区所有学校的水龙头漏水量呢？ **问题 4**：在估算深圳全市学校水龙头漏水量的模型中，不同行政区之间有没有区别？ **备注 4**：教师在这里注意引导学生注意到不同区域的学校数量是不一样的，所以会造成每个区域内水龙头的漏水量不一样。在估算全市水龙头漏水量时不能直接以某一个区域的水龙头漏水量直接乘以区域的数量得到全市区域的总漏水量。	**预期回答 2**：学校的规模不同，为了减小估算数据的误差，在估算学校水龙头漏水量时需要区别计算，例如应区分中学和小学的类型，这样能更好地估算出全区或全市学校的水龙头漏水量。 **预期回答 3**：在第二个问题的引导下，我们要估算某行政区域内学校的漏水量，应该将学校分成小学和中学两类，统计出其中一个小学和中学的水龙头漏水量再分别乘以区域内学校的数量。 **预期回答 4**：在估算全市中小学学校漏水量时，因为不同区域内学校数量有差别，所以为了更符合实际情况，在建立模型时采用分数的表示形式，如： 深圳市中小学水龙头一天的漏水量＝某个区所有学校的漏水量×区域数量
环节二 估算一个学校 水龙头漏水量 的任务主题 （10 分钟）	**问题 1**：在得到了一个水龙头一天的漏水量后，怎么计算出一个学校的水龙头一天的漏水量？ **问题 2**：在得到了一个学校一天的水龙头漏水量后，怎么求出某个区域内所有学校的水龙头一天的漏水量？ **问题 3**：在得到了某区域内所有学校水龙头一天的漏水量后，该如何拓展估算出整个深圳市中小学水龙头一天的漏水量？	**预期回答 1**： 某个学校的水龙头一天的漏水量＝一个水龙头一天的漏水量×漏水的水龙头数量 **预期回答 2**：在建立模型的时候为了减小误差，将学校分为中学和小学两个类型。 某区域内所有学校的水龙头一天的漏水量＝一个小学水龙头一天的漏水量×小学学校数量＋一个中学水龙头一天的漏水量×中学学校数量 **预期回答 3**：深圳市中小学水龙头一天的漏水量＝某区域内所有学校的水龙头一天漏水量×区域数量

续表

第2课时	教师活动	学生活动
环节三 模型结果基于 实际的优化 （10分钟）	**问题1**：在建立某个区域内学校的水龙头一天的漏水量模型中，为了提高数据测量的真实性，将学校分为了中学和小学两种类型。这样区分在实际数据估算中的意义明显吗？ **问题2**：在基于某区域内所有学校的水龙头一天的漏水量模型拓展至深圳市中小学水龙头一天漏水的模型过程中，不同行政区域内学校的数量是不同的，这会不会影响估算数据的真实性？	**预期回答1**：基于模型建立的实际情况，区域内九年一贯制学校较少，中学和小学的学校规模差距较小，所以为了更好地契合课堂和实际情况，可以将模型简化为直接乘以区域内学校的数量。 **预期回答2**：在这个过程中，考虑到不同行政区域内学校数量的差异，直接用某个区域内水龙头一天的漏水量乘以区域数量会使数据缺乏说服力，所以可以将模型优化如下： 深圳市中小学水龙头一天的漏水量＝某区域内中学的水龙头一天漏水量×深圳市中学学校数量/区域内中学学校数量＋某区域内小学的水龙头一天漏水量×深圳市小学学校数量/区域内小学学校数量
环节四 总结与作业 （5分钟）	**课堂总结：** 我们用两节课时间建立了深圳市中小学水龙头一天漏水量的估算模型。在估算模型建立的过程中，同学们回顾一下，我们都用到了哪些数学知识和方法？你在这个过程中学会了什么？你能否在此基础上，尝试去建立降雨量的测量并划分雨量的等级？	**课后作业：** （1）以个人为单位，梳理在两个课时中所学到用到的数学知识和方法，并提交一份关于你在建模过程中的数学感悟。 （2）以小组为单位，开展研究"生活中降雨量的测量及等级划分"的模型，提交一份关于模型的思维导图。

四、重难点解析

数学建模要解决的问题均源自实际生活，生活中的问题往往受很多因素的影响，所以在建模的过程中需要在不同阶段去评估不同因素对模型结果的影响。同时，结合实际问题分析，数学建模一般会做出部分合理的假设来简化因素对模型的影响。

对于估算深圳市水龙头一天漏水模型来说，需要同学们掌握并运用建模的由繁入简、由局部到整体的思想，首先从相对简单地估算单个水龙头漏水量的模型开始，再在此基础上建立某个学校乃至整个深圳市水龙头漏水量估算模型。

本节课的模块一的重点是研究建立估算单个水龙头一天漏水量模型，结合生活实际和建模过程中的问题分析，建立了以下四个基本假设：

基本假设 1：水龙头的尺寸和规格相同。

基本假设 2：收集过程中，容器中残留水量忽略不计，蒸发量忽略不计。

基本假设 3：模拟收集过程中，滴水是均速的。

基本假设 4：深圳市某区域内学校的规模没有差别，学校水龙头数量一致。

在模型建立的过程中，在考虑怎么测量水龙头漏水量时主要以两种方式进行：一种是学生选用容器收集完成后用称量的方式称出重量，另一种是直接用容积的形式来度量漏水量。因为水是液体，在测量液体时引导学生选择采用容积度量工具，这样利于测量实验的开展及结果的表示。

接着选择带有刻度的容器收集一定时间内水龙头的漏水量。在实验测量的过程中，不同的水龙头规格、不同的水压都会对漏水量的大小和速度有较大的影响，所以在模型假设时应让学生探讨这个因素的影响。由于当前阶段学生的知识水平限制，可引导学生将这个因素忽略不考虑。但在实际测量中为了减小测量过程的误差，应引导学生在一定科学探究的基础上选择多次实验取均值的方式。此外，教师可在课堂设计中添加模拟实验环节，在前述"收集漏水量"方案的基础上，分别针对 1 分钟、3 分钟、5 分钟这三种收集时间，让学生收集数据并完成数据测量表格。

在模块二估算深圳市中小学学校水龙头漏水量时，需要从模块一出发层层推进。在估算一个学校水龙头的漏水量时需要统计学校的漏水的水龙头数量，在估算某个区域的水龙头漏水量时，应注意不同学校的规模有差别，引导学生将学校分为中学和小学两类来进行估算。从估算某个区域学校水龙头漏水量拓展至估算整个深圳市中小学水龙头漏水量模型：

深圳市中小学水龙头漏水量＝某个区域学校水龙头的漏水量×区域数量

但考虑到不同行政区之间学校的数量有差别，直接采用这样的模型会使结果产生一定的误差。所以应对此模型进行改进，这里考虑到五年级学生学习了分数的意义，将上述模型改为：

深圳市中小学水龙头漏水量＝某个区域学校水龙头的漏水量×深圳市中小学学校数量/区域学校数量

五、学生课后练习

（1）以小组合作的形式，通过调查走访附近一所中学和小学的校园，利用课上学习的模型建立过程，建立估算深圳市中小学水龙头一天漏水量的模型，并利用学过的知识对模型进行求解，给出漏水量的具体数据。在此过程结束后，需要撰写一篇调查报告，在报告中写清小组成员的分工情况、模型的计算和推导过程等。

（2）※模块一为了在课堂上完成估算的测量，进行了模拟实验。请你思考怎么能将模拟试验和实际数据的误差减小。

（3）※※请你结合课上学到的方法和知识，尝试建立一个模型用来估算下雨时降雨量的大小和等级，并撰写一份研究报告。在报告的模型里需要详细说明模型的背景、建立、推导、改进以及求解方法。

六、专家评价

- **总评**：水资源是宝贵的生命要素，利用数学建模估计水龙头漏水量，既具有生活指导性，又具有德育价值。案例中通过实地测量某个水龙头在某一时段的平均漏水量，再按照时长和水龙头数量进行等比例放大，得到对一天甚至一个月学校总漏水量的估计。这个过程中包含了"多次测量取平均以降低误差"和"不同尺度背景下数据之间的比例关系"这样的基本数学思想，对小学生建立朴素的数据观有很大帮助。当考虑地区的总漏水量时，也采用了这个思想。但是区域中不同学校的水龙头数量不同，并且不同水龙头的漏水情况也不同，等比例放大的估计方法过于粗糙。案例在最后尝试改进这个估算方法，对不同类型的学校进行加权平均，对于帮助小学生建立对加权平均之必要性的朴素认知有帮助。

- **改进建议**：

因为案例中使用等比例放大的方法估计区域总体漏水量，所以所考虑的区域尺度越大误差就会越大。这一点是该方法无法避免的问题，建议设计相应教学环节让学生体会其中的道理，即局部的较小误差通过比例放大之后就会积累到很大。现实中应当降低所考虑的区域尺度，将较大区域尺度分割成几个较小的区域尺度，在每个小尺度区域中对不同类的学校设置多个检测点，以提升估算精度。但是这样一来又会涉及精度与效率之间的矛盾。实际上，精度和效率之间的矛盾几乎是所有数学模型都要面对的问题，利用这个问题刚好可以让小学生初步理解这一点。

参考文献

[1] 傅晓英．核心素养视角下小学数学建模思想的策略研究．科技资讯，2020（5）．
[2] 赵佳妮．小学生数学建模能力的培养策略研究．小学科学（教师版），2017．

[3] 郭小龙. 在数学建模中培养学生的核心素养：以人教版五上"平行四边形的面积"教学为例. 新教师，2018（11）.

[4] 王永凤. 谈数学建模在小学数学教学中的重要性. 文理导航·教育研究与实践，2018（12）.

后记
Postscript

从 2014 年北京大学刚毕业到北京十一学校高中部执教，同时开始推动数学建模进课堂，我的职业图景就变得十分轻快和富有创造力。在随后的 8 年里，为了设计出围绕不同话题的不同数学建模课程，我先后结识了很多行业的不少翘楚，有科学家、工程师、企业家、艺术家、导演甚至厨师，和他们的交谈不仅拓宽了我的学术视野，也让我看清了中国社会发展的趋势和未来的方向。

不仅如此，这 8 年来经过我直接教授数学建模知识一年半的高中学生超过 300 人，他们中有不少都步入了世界顶级大学继续深造，最早的一届已经开始攻读博士学位。这些孩子中每年都会有一些回来看我，我也成立了数学建模实验室的校友组织，不定期组织聚会。每次见到这些学生的时候，与其说是因为看到自己的学生学有所成、逐渐成长而感到欣慰，倒不如说是因为从他们身上看到了中国未来的希望而兴奋激动。

可以说，数学建模带给我的收获感和幸福感远远大于我为数学建模进入中小学课堂带来的那一点点推动。不仅是我，这些年因为工作原因结识的很多老师，他们在亲身讲过数学建模课后，都表现出了类似的激动和收获感。我想这一定不是偶然，而是因为数学建模就是有这样一种"模"力，能够让课堂中的老师和学生、课堂外的伙伴和队友，感受到用数学描述、解释甚至改造世界的魅力。

没有人不向往美好的事物，教师通过数学建模教育教学获得的关于数学和生命的美好感受一定会通过课堂课外传递给学生们。很多学生在接触过数学建模之后，都表现出了前所未有的对数学学习的兴趣和驱动力。即使不提在数学建模课题研究过程中学生对于已有知识的巩固和提升，单单从激发兴趣的角度而言，数学建模也为传统的数学教育输入了一股充满生机的新鲜血液。

让我更加激动的是，通过未来学校大会这个平台结识了来自全国的 20 位优秀的数学建模种子教师，他们和我一样都从数学建模教育当中获得了来自学科、社会和学生的超出常规的感动和喜悦。在没有任何薪资报酬的情况下，这 20 位老师组成数学建模教师俱乐部，定期以小组或大组的形式开展线上、线下研讨，呈现了丰富的实践方案和课程案例。这些老师携手共进，有困难大家一起想办法，有案例大家一起分享，有成功大家一起欢呼。来自中国大江南北的这些人本来不会有交集，是数学建模让大家聚在了一起，并各自创造出属于自己的、独特的、不可替代的价值。这本书就是这种价值的一个侧面展现。

本书的第一章和第二章由我主笔，其中第一章是根据我在 2021 年发表于《数学建模及其应用》杂志第 1-2 期上的两篇论文为基础改写的。第二章为 2020 年北师大数学科学学院主办、"IB 教学研"承办的"数学建模名师大讲堂（线上）"活动的典型章节采编，由北师大数学院黄海洋教授指导修订。代毅、管慧慧和张銎琪三位老师参与了第二章第一节的编写，段运鹏、黄钲贤、吴文庆三位老师参与了第二章第二节的编写。本书的第三章各节依次由谷耀东、王海华、简焕森、张欢、代毅、王尧六位老师主笔。第四章各节依次由马积良、马丽婧、李爽、刘丽、李丽五位老师主笔。第五章各节依次由董万琳、刘文静、周新然、李昉、周加兴五位老师主笔。在此对各章节的参编与主笔老师和黄海洋教授表示由衷的感谢！

未来一定还会有更多的老师加入这支创造价值的队伍，一定会有更多、更好的案例涌现出来，也一定会有越来越多的孩子能够从数学建模的学习中获得好奇心的满足，同时获得对于数学、对于社会、对于国家的使命追求。

数学建模，功在当代，利在千秋；功成不必在我，而功夫必不唐捐。

朱浩楠

2021 年 9 月 17 日于北京